JN123923

探証

日本書紀の謎

中学生が解き明かすこの国のはじまり

田原明紀
tahara akinori

海鳥社

はじめに

考えてみるに、わが国がどのようにしてできあがったのかわかっていません。私たちには『古事記』と『日本書紀』という国の成立過程を語る歴史書が残されているのですが、それらに書かれていることすべてを真実とみることができないからです。私は、日本のはじまりを知るまで死にたくないと思いました。それで、日本史に関する様々な本を読んでみたのですが、納得できるものがありません。その結果、自分で探し出すことにしました。あれやこれやと歴史書をひっくり返していると、少しずつ古代の真相がみえてくるようになりました。わかったことを年代順に並べて整理しているうちに、これは子や孫のために残しておかなければならないとの思いが強くなり、刊行に踏み切ったのです。

この本の内容は遺跡や遺物を踏査して、その結果を積み上げたものではありません。『古事記』や『日本書紀』のなかに隠されている歴史を、言葉の端端から推理・推測し、当時の状況に矛盾しないように紡ぎ直したものです。「いつ」「どこで」「何が起こったか」のできごとのみを追求するのでなく「なぜそのようなことが起こったのか」をも併せ考えることで、時代の流れを見落とさないようにしたつもりです。

引用文には、その場で著者名や出典を紹介するよう心がけましたが、漏れがあるかもしれません。また、記憶の中から引き出したもので、どうしても出典を確認できなかったものが一カ所ありました。文中にはその旨断りを入れました。ご容赦ねがいます。

筆を執るにあたり、歴史に詳しくない人にも分かりやすいよう、対話の形で話を進めました。歴史書というより、歴史小説の感覚で読んでいただけたらいいかと思います。

令和二年十月二十三日

田原明紀

目次

探証　日本書紀の謎

中学生が解き明かすこの国のはじまり

第五章 熊野帝国幻影

第六章 蘇我氏の王朝

第七章　皇位転変

終章　日本書紀その後

【登場人物】

東雲　日夏：歴史が得意。趣味は神社めぐり

阿比留　翔：地理が得意。趣味は旅行

菊池　智彦：国語が得意。趣味は古墳めぐり

太宰府市御笠中学校の二年生

探照　日本書紀の謎

中学生が解き明かすこの国のはじまり

序章

万葉集の謎

枕詞「やすみしし」

▽令和元年九月二十五日

翔　朝からずっと、むつかしい顔して考え込んでいるな。また古代史の謎にでも挑んでいるのかい。

日夏　今度は国語なの。先週習った『万葉集』二番の歌のことよ。

智彦　ああ、舒明(じょめい)天皇の歌で大和の国を称えるものだったね。

大和には　群山(むらやま)あれど　とりよろふ　天の香具山　登り立ち　国見をすれば　国原は　煙(けぶり)立ち立つ
海原(うなはら)は　かまめ立ち立つ　うまし国そ　あきづしま　大和の国は　二番

「大和の国には多くの山々があるが最も近い天の香具山、そこに登り立って国見をすると広い平野には炊煙があちこちから上がっている。海原には白いカモメの群れがしきりに飛び交っている。すばらしい国であるよ、大和の国は」と訳されていたね。

日夏　そうよ、それ。習ったときに二人ともおかしいとは思わなかったの。

翔　そりゃあ、いくら香具山に登ったとしても海やカモメが見えるはずはないよな。でも、天皇が日本の国全体に想いをめぐらせてうたったのであれば、こんなものかなと思ったよ。

日夏　わたしは、なんてデタラメな、恥ずかしげもなく歌集の二番目に載せるなんてどうかしているって思ったの。『万葉集』を開いてみたら、一番も三番もおかしいのよ。それで悩んでいるの。

智彦　一番は雄略(ゆうりやく)天皇の歌だね。

籠(こ)もよ　み籠持ち　掘串(ふくし)もよ　み掘串(ぶくし)持ち　この丘に　菜(な)摘ます児　家聞かな　告(の)らさね　そらみつ
大和の国は　おしなべて　われこそ居(を)れ　しきなべて　われこそ座(ま)せ　われこそは　告らめ　家をも
名をも
一番

翔　よくそんなに覚えているよな。どこか間違えてない？

智彦　それを「疑心暗記」と言うんだよ。

日夏　「疑心暗鬼」でしょ。知らない人が本当かと思うじゃないの。ところで、一番は天皇が丘で菜を摘んでいる娘に声をかけて名前を尋ねている、早い話がナンパの歌なの。春の日の王の結婚を祝うめでたい歌で、歌集の最初を飾るのにふさわしいと解説しているものもあったわ。でもね、王が正妃を迎える歌ならわかるとしても、通りすがりに見かけた娘との恋の戯れが歌集の一番だなんて理解できないわ。

翔　三番はどんなものなんだ？

日夏　舒明天皇の娘の中皇命(なかつすめらみこと)が間人連老(はしひとのむらじおゆ)を使者に立てて、狩に出ている天皇に献じたものよ。

やすみしし　わご大君の　朝には　とり撫でたまひ　夕には　い倚り立たし　御執らしの　梓の弓の
金弭の　音すなり　朝猟に　今立たすらし　暮猟に　今立たすらし　御執らしの　梓の弓の　金弭の
音すなり　　三番

金弭は弓の両端にある、弦をかける金属部分のことね。それで、「狩に出ている天皇の弓の音が聞こえてくるようだ」の訳なら無難なところよ。「やすみしし」は「わご大君」にかかる枕詞ね。「八隅を治める」で日本中を治める意味とされているわ。でも、わたしには「天皇が愛用していた弓が独りでに鳴った」「常世の国でおやすみになられている天皇が何事かを訴えて弓を鳴らした」という意味にしか思えないの。

智彦　そうかもしれないね。金弭が鳴ったのは「やすらかに眠っているはずの大君なのに、この世に言い残したことがあって娘の中皇命に伝えようとしたため」と、捉えることもできそうだね。

日夏　でしょ。大体、すみずみを治めるなんてみみっちい表現だわ。日本全国を治める意味で「八」の字を使うのであれば、国産み神話の「大八洲」のように「八洲知之」とでもすべきところよ。

智彦　原文は「八隅知之」だね。でも、日夏さんの言うように「お亡くなりになった天皇」とすれば、別の見方もできそうだよ。この枕詞は『万葉集』三番ではじめて使われたもののようで、三番以降では天武天皇や文武天皇に対して使われているよ。

日夏　舒明天皇より前にはなかったの？

智彦　『古事記』で、宮簀媛が日本武尊に対してうたったものに「高光る　日の皇子　やすみしし　わが大王（下略）」があるよ。ただし、この歌は日本武尊の時代に詠まれたものではなく、もっと新しいもののようなんだ。『万葉集』四十四番の「やすみしし　わご大王　高照らす　日の皇子（下略）」（軽皇子へ、柿本人麻呂）や、五十番と五十二番の「やすみしし　わご大王　高照らす　日の皇子（下略）」（作者不詳）、一七一番と一七三番の「高光る　わが日の皇子の（下略）」（草壁皇子へ、作者不詳）などの歌に似ているから、きっと人麻呂の時代の歌を日本武尊の話に挿入したんだよ。だから「やすみしし」は舒明天皇が最初とみていいと思うよ。

そして、推古天皇や用明天皇の陵が方墳なのに対して、舒明天皇の押坂内陵（段ノ塚古墳）は上八角下方墳で、舒明天皇以降の天智天皇の山科陵（御廟野古墳）や天武・持統天皇の檜隈大内陵（野口王墓）などは八角形墳なんだ。斉明天皇陵は数年前に話題になった牽牛子塚古墳が有力視されているよ。牽牛子は朝顔のことで、花の形に似た八角形の古墳だよ。だから八角形墳は舒明天皇にはじまると言えるんだ。枕詞「やすみしし」を八角形墳に結びつけると、「八角形の陵でおやすみになられている大君」を指しているとみることもできそうだね。

翔　歴然としているじゃないか。そんなことが今までわかっていなかったのか？

智彦　歴史学者は枕詞に注目していないし、国語学者は陵墓の形までは知らないよね。それに三番を大君が亡くなったあとの歌と考えていないから、二つのことを結びつける人はいなかったんだ。それにしても日夏さんの感覚はすごいね。

翔　智彦も十分にすごいと思うよ。だが、三番が「死者の訴え」の歌となると、ふつうではないな。

日夏　でしょ。『万葉集』は最初からヘンな歌ばかりではじまっているの。でも、もう少し先まで読んでみるわ。歌の傾向がわかれば別の見方ができるかもしれないものね。そのうえでもう一度考えることにするわ。

古代史研究会結成

▽十月一日

翔　日夏、歴史大賞受賞おめでとう。
智彦　日夏さんおめでとう。
日夏　ありがとう。でも『わたしの魏志倭人伝』は三人で研究した結果なんだからね。翔、おめでとう。智彦、おめでとう。
智彦　ボクまで賞をもらっちゃったよ。うれしいね。
翔　ところで、日夏が発表前からうれしそうにしていたのは、相当自信があったからなのかい？
日夏　そうではないの。この前、『万葉集』はおかしな歌ばかりではじまっていると言ったでしょ。それをどう読み解いていけばいいのか道筋が見えてきたの。それで朝からウキウキしていたのよ。
翔　受賞の喜びを超越していたのか。それで「ナンパ」と「デタラメの大和」と「死者の訴え」の歌が歌集の最初に並べられていた理由がわかったのか？
日夏　そう、発想の転換でね。二番の歌はデタラメではなく本当に大和のことを詠んだものではないかと考え直してみたの。もちろん奈良の大和とは別の「海に近くてカモメが飛び交っている大和」のことよ。いわば「隠された秘密の大和」ね。そうとわかったら、一番の歌の別の意味も浮かんできたの。「隠された大和のことを明かしなさい。あなたが言わないのならわたしが言ってしまいますよ」となるの。そして三番は「娘よ、誑（たぶら）かされるのではないと、大君が八角形の陵の中で呻吟（しんぎん）している」と読めるのよ。
翔　それはただごとではないな。『万葉集』がまるで大和王朝告発歌集のようではないか。

日夏　そのとおりなの。『万葉集』は全二十巻で大伴家持(おおとものやかもち)が撰者とされているわ。でも、巻一と二に限れば柿本人麻呂が主な歌作者であり撰者でもあったのよ。巻一、二の歌の多くが名の知れた人の作で、詠んだときの状況も添えられているの。ときどき正体不明の詠み人が出てくるのは、自分の名を出しては都合が悪いときに、人麻呂が偽名を使ったためと考えられるわ。家持が関わったのは第三巻以降で、人麻呂の告発歌を四千五百余首の万人の歌にまぎれ込ませて発表したのよ。

翔　『万葉集』をそのような眼で見た人は今までいなかっただろうな。

智彦　それで、日夏さんは『万葉集』の秘密についての研究に打ち込むつもりなの？

日夏　違うわ。『万葉集』は人麻呂がわたしに残してくれたヒントなの。目指すところはその先にあって、日本の古代史の真相、つまり『古事記』や『日本書紀』の中に隠された秘密に迫ることよ。

翔　どうしてここで『古事記』や『日本書紀』が出てくるんだ。

日夏　隠されたのは「カモメ飛ぶ大和」だけでなく、日本の歴史そのものなの。人麻呂の時代に編纂された歴史書は『古事記』と『日本書紀』でしょ。記紀にはあまりに多くの重要なできごとが隠されているので、人麻呂は何とかして真実を後世に伝えようとしたの。考えてみると、日本という国が、いつ、どこで、誰の手によってつくられたかわかっていないのよね。『日本書紀』には、大和王朝がはじめからずっと日本を統治していたように書かれているけれど、それがいつからなのか曖昧(あいまい)よ。初代神武天皇のときなのか、または十五代応神天皇いや、二十六代継体天皇のときなのか、はっきりしていないわ。わたしは日本がいつどのようにしてできたのか追究してみたいの。自分が生まれ育った国のはじまりは知っておきたいもの。

翔　大きく出たな。邪馬台国に続いて日本の古代史までも暴いてしまうつもりなのか。

智彦　となると、記紀を研究するだけでは済まないだろうな。『万葉集』や『風土記』にもあたる必要があるだろうね。

日夏　当然よ。端っからそのつもりでいたわ。

翔　また三人で研究会をつくって結果を発表するかい？

日夏　そう来なくっちゃ。「わたしの魏志倭人伝の会」は今日で解散。明日からは「日本古代史研究会」よ。さっそく予定を立てるわね。今月はそれぞれに予備知識を得る期間とするわ。記紀は共通の勉強課題よ。智彦は『万葉集』にもあたってね。翔は『風土記』に目を通しておいてくれる？　わたしは中国や朝鮮半島の日本に関わる資料を探してみるわ。第一回の研究会を十一月二日の土曜日として、そのとき改めて『万葉集』の一番から三番を見直しましょう。特に「カモメ飛ぶ大和」がどこにあったのか見つけたいわね。二人も考えてきてね。

第一章　訴える万葉集

人麻呂からの告発

▽十一月二日　日本古代史研究会　第一回

菜を摘む娘

日夏　はじめに、記紀を読んで感じたことを聞いておきたいわ。

翔　『古事記』の神話がおもしろかったな。ただ後半は尻切れトンボだった。編集をあわてて取りやめたように感じたよ。何かわけがありそうだな。

日夏　そうね。前半と後半は明らかに違うものね。それに、四十二代元明（げんめい）天皇のときにできたのに、三十三代推（すい）古（こ）天皇で終わっているのもおかしいわね。およそ八十年も前のことになるわ。

智彦　ボクは大和王朝がはじめからずっと日本を統治していたように書かれていることに疑問を持ったよ。十二代景行（けいこう）天皇が熊襲（くまそ）征伐のため日向に向かい、ことごとく平らげたとなっているのに、十四代仲哀天皇のときにはすでに熊襲は九州北部に蟠踞（ばんきょ）していたんだ。仲哀（ちゅうあい）天皇と神功（じんぐう）皇后は橿日宮（かしいのみや）に入ることさえやっとだったのだから、新羅征伐に向かうどころではなかったはずだよ。それどころか、神功皇后は熊襲に追われて大和へと落ち延びていったのではないかと思ったよ。そうすると、そのときの大和王朝は大和地方の一支配者にすぎず、熊襲の方がはるかに強大な国だったことになるよ。

日夏　それはあるかも。記紀が仲哀天皇よりあとの時代の熊襲のことにまったく触れていないのはそのためなのかな。わたしは、記紀が何かを隠したとき、その「隠された真実」が文章の片隅に垣間見えるよう、執筆者が何とか書き残そうとしているようにみたの。特に『日本書紀』では、「一書に曰く」という形で本文に異説を添えたり、大和王朝とは無関係にみえる伝説やわざうたを挿入したりしているのも、後世に真実を伝えるための手段ではないかと思ったの。記紀の中にもヒントが残されているのかも。

智彦　大まかな感想を聞いたところで、もう一度『万葉集』の歌を見直すことにします。

日夏さんは一番の歌を大和王朝告発の歌と考えたんだね。どのように訳したの？

日夏　「み籠」は「りっぱなカゴ」、「み堀串」は「上等なシャベル」で、これらのいい道具は強い権力を意味していて、娘に摘まれる菜は本当の大和を指していると見たの。するとこうなるわ。「強い権力を持って本当の大和を隠している娘よ、大和のことについて真実を言いなさい。私もこの国の政治に関わってきた者だから、あなたが言わないのであればわたしが言ってしまいますよ、すべてのことを」、娘を口説いて家と名を尋ねていると読むのは上っ面の意味しか捉えていないことになるわ。仮にそうであれば、「われこそは」でなく「われにこそ　告らめ　家をも名をも」となるところよ。

翔　そのような読み方もあったのか。日夏はすごいな。

日夏　すごいのは柿本人麻呂よ。まったく別の意味の歌に見せかけて告発しているんだもの。

智彦　菜を摘んでいる娘とは誰のことなんだろう。権力を持った娘だから女性天皇が考えられるね。

日夏　そうね。七二〇（養老四）年『日本書紀』完成のときの元正天皇か、その直前の元明天皇のどちらかね。わたしは元明天皇だと思うわ。七一三（和銅六）年、『風土記』編纂の官命を出して「郡郷名には好字（漢字二字）を著けよ」と命じているからよ。いわば地名変更の強制で、これにより「カモメ飛ぶ大和」は二度と大和を連想できない地名に変えられてしまったのよ。

智彦　すると『風土記』にも何らかの秘密があると考えているの？

日夏　そうよ。『風土記』の編纂は、地方の情報を集めることが目的とされているわ。でもそうではなくて、地方の歴史を書き換えさせることに狙いがあったのよ。でなければ、せっかく記紀で隠した真実が地方ではそのまま残ってしまうもの。

翔　『風土記』は全国から集められたはずなのに、残っているのが出雲、播磨、常陸、肥前、豊後の五つだけの理由がそれでわかったよ。大事なことは、出雲や播磨などの五国が命じたとおりに歴史を書き換えたかどうかを確かめることだったんだ。だから重要でないものは残されていないんだ。

智彦　話を戻すよ。一番の歌を人麻呂が詠んだとみたんだね。作者として雄略天皇の名を借りたわけだが、雄略天皇と元明天皇とでは時代が違うよ。人麻呂は誰のつもりで歌を詠んだのだろう。

日夏　それも考えてみたわ。菜を摘む娘が元明天皇として、天皇に声をかけることができたのは夫の草壁皇子だけよ。草壁皇子は歌に先立つこと六八九（持統三）年に薨じているので、墓中から声なき声をあげたの。「菜」は「カモメ飛ぶ大和」のことでもあり、皇子の名の「草」も指しているの。草壁皇子は死後、岡宮天皇と称されているので、歌中の「この丘」は皇子が葬られているところを示しているのでしょうね。

智彦　草壁皇子は天武天皇と持統天皇の子で、文武天皇の父だね。皇太子になって、将来を嘱望されながらも即位することなく没してしまったんだ。『万葉集』には、人麻呂をはじめとして皇子へのたくさんの挽歌が

日夏　収録されていて、その人柄が偲ばれるよ。なのに、その陵（束明神古墳）は、天武・持統天皇陵（野口王墓）や文武天皇陵（中尾山古墳）とは離れた真弓の丘の南西片隅にポツンとつくられているんだ。何かわけがあって遠ざけられているみたいだよ。

智彦　若くして死んだことにも不自然さを感じるわ。舒明天皇と同じように、墓中から声をあげなければならないような無念の死だったのかもしれないわね。

日夏　舒明天皇も草壁皇子もさぞかし「槨下搔痒」の思いだったんだろうね。

翔　それは「隔靴搔痒」。

日夏　「槨」って何だ？

智彦　棺を入れる外箱のことよ。

日夏　人麻呂が歌の作者を草壁皇子としなかったのはなぜなんだろう。

翔　それでは元明天皇を批判していることがすぐにバレてしまうもの。人麻呂自身が危うくなるわ。それでも人麻呂は雄略天皇の名を借りながら、草壁皇子として歌を詠んだことがわかるように工夫しているの。生前の皇子は泊瀬の地がお気に入りで、折節につけて訪れていたの。そのときのことを人麻呂は『万葉集』四十五番から四十九番でうたっているわ。また、雄略天皇は「泊瀬朝倉宮に天の下知らしめしし天皇」なので、当時の人ならば「泊瀬」から草壁皇子を思い浮かべることができたはずよ。一六七番から一九三番までが草壁皇子のための挽歌で、そのあとに「泊瀬部皇女に献る歌」を並べているのも「草壁皇子」と「泊瀬」を結びつける仕掛けになっているの。

翔　一番の歌は草壁皇子になり代わって詠んだ人麻呂の告発歌と理解したよ。それで作者が借り物ならば、歌も借り物で、誰かのものを引用したということはないのかな。

智彦　「歌」の語源から考えてもそれはないと思うよ。『日本国語大辞典』によれば、
①歌うの語幹　／　②訴うの語根　／　③ウーイタイヒの義（意味不明）
④写すの約転　／　⑤ワクツラの反（意味不明）　／　⑥アゲトナウの約（下略）
などが語源候補で、はっきりしたものはないんだ。ボクは②の「訴う」と考えているよ。ただ、現代のように裁判所に訴えることではなくて神に訴えることなんだ。万葉の人々は歌に「天地の神々を動かす力がある」と信じていたから一旦、神に訴えた歌を引用したり、改竄（かいざん）したりするなど恐ろしくてできなかったんだ。だから一番の歌は人麻呂自身が詠んだものと考えるよ。

翔　すると、『万葉集』や記紀に残された歌は真実を探る手がかりになり得るということだな。

カモメ飛ぶ大和

智彦　では、二番の歌に入るね。

日夏　歌の「カモメ飛ぶ大和」を奈良の大和と考えることがおかしいのよ。「奈良大和より前に、このような大和の国があった」と舒明天皇の名を借りた人麻呂がうたったのだわ。

智彦　その「カモメ飛ぶ大和」をこれから探し出せばいいんだね。

翔　隠された大和には「やまと」という地名は残されていないだろうな。わざわざ隠したのだから現代にまで残っているとは考えられないよ。だから大和町や山門町などの地名の場所ではなく、逆に「やまと」には縁がなさそうなところに正解があるんだ。

日夏　歌の語句を見直していけば、何かわかるのではないかしら。

智彦　それがいいね。少しずつ区切って考えていこうか。まず「大和には　群山あれど」。

日夏　「大和の国には多くの山々があるが」の訳ね。大和三山はふもとが接しているわけではないし、ポツンポツンと小山がそれぞれ独立しているの。とても群れているようにはみえないわ。

翔　「群山」ならば高くて折り重なるような山々をイメージするよな。

日夏　次の「とりよろふ」は「最も近い」の訳ね。

智彦　「高さ、姿ともに整っていて一番すぐれた山、取り上げるならこの山」の意味でなくてはおかしいよ。「最も近くにあるこの山」ではありがたみがないよ。「よろふ」は「寄る」ではなく「選(よ)る」の意味だね。

日夏　次の「天の香具山」は、奈良県の天香久山では低くて形も特にすぐれているように思えないわ。とても「取り上げるならこの山」ではないわ。

智彦　「香具山」は火山のはずだよ。神話の火神が軻遇突智(かぐつち)だったように鹿児島も「かぐしま（火を噴く島）」がその名の起こりなんだ。奈良の天香久山は火山ではないよ。

ここでちょっと横道にそれて桜の語源について。『日本国語大辞典』によれば、

①此花咲耶姫(このはなさくやひめ)から　／　②咲きむらがるから　／　③咲麗（さきうら）の約

④咲光映（さきはえ）の約転　／　⑤樹皮が横に裂けるので裂くるの転

⑥割開（さけひらく）の略　／　⑦咲きくもる義（中略）

⑬サはサガミ（田神、穀霊）、クラは神の憑りつく所、座

などが挙げられているが、どれかわかっていないんだ。ボクは、「サ」は「山の神」、「クラ」は「場所、神が降りてきて留まるところ」だと考えているよ。辞典の⑬が近いかな。桜は山の神が斎(いつ)く木で、神が里に降りてきたとき一斉に咲き誇るんだ。「里（サ・ト）」は山の神が留まる所で、桜が咲くと人々は神が来

たことを知って稲作の準備をはじめたんだ。
漢字の郡、郷、都などの旁(つくり)は「おおざと」で、降、隆、階などの偏(へん)は「こざとへん」だね。ところが、なぜ「おおざと、こざと」と呼ぶのかわかっていないんだ。この部首の形を漢字学者の白川静さんは、神が降りてくる階段の形と説明しているよ。つまり、「こざと」は神の階段下の祭祀を執り行う、あまり広くない場所のイメージで、「おおざと」は神が降りてきた村で、「こざと」より広い範囲を指しているんだ。どちらも神が留まるところを指していることになるね。
桜島は、火を噴くことから神が斎くと考えられたんだが、噴火することを強調するなら「かぐしま」なんだ。だから「かぐしま」と同じく「香具山」も火を噴く山のはずだよ。

日夏　次は「登り立ち　国見をすれば」。天香久山は標高約一五〇メートルと低く、奈良盆地は相当に広いから、とても国全体を見渡すことはできないわ。原文は「騰立」で、もっと高い山に登った印象よ。続けて「国原は　煙立ち立つ」には「広い平野には炊煙があちこちから立ちのぼっている」の訳ね。

智彦　この歌は大和の自然を賛美するものだよ。なのに、ここだけ国民の繁栄を意味する炊煙を持ってきてはおかしいよ。自然の煙であってこそ、この歌の高い格調が保たれるんだ。

日夏　訳者は、仁徳(にんとく)天皇が、炊煙が多く上がるようになるまで（民が豊かになるまで）課税を猶予したという記紀の話に惑わされたのね。

翔　「香具山」が火山なら、歌の煙も火山によるものだな。それも、山腹のあちこちから噴出しているんだ。

日夏　原文も「煙立竜」だから、火山の煙が正解ね。炊煙に「竜」の字はふさわしくないわ。次は「海原は　かまめ立ち立つ」。天香久山から海は見えないし、カモメが飛んでいるはずもないわ。

智彦　「立ち立つ」の表現からカモメは乱舞しているようだよ。火山の香具山は海の近くにあってカモメが飛び交っているのが見えるんだ。

日夏　「海原」は池のこと、「かまめ」はカモとする説もあるのよ。

智彦　かなり強引だね。それを「牽強付海」と言うんだ。

日夏　出たわね。それは「牽強付会」。智彦の凝りすぎた故事のカモにされないようにしなくちゃ。
次の「うまし国そ」の訳に異議はないわ。次は「あきづしま」で「大和」にかかる枕詞ね。蜻蛉のとなめ（トンボの交尾）のようだから「秋津洲」となったとされているわ。

智彦　トンボより地名の方が先だよ。「秋津」は「大きくゆるやかに湾曲した海岸」を指しているんだ。陸地がゆっくりと海を取り囲むようにめぐっている地形だと思うよ。

日夏　さあ、これで歌の語句の分析はできたわ。あとは翔の出番よ。何とかなりそう？

翔　ここまで条件を並べてくれたら、すぐにわかったよ。
まずは海の近くの火山について。なぜか九州に多いね。桜島に開聞岳、雲仙岳と鶴見岳かな。本州では富士山くらいだよ。この中で、すべての条件をクリアするのはただ一つ大分県別府市の鶴見岳しかないよ。近くに由布岳や内山、伽藍岳があるし、大分市には高崎山、障子岳、霊山、本宮山などもあるから「群山あれど」といえるよ。鶴見岳は標高一三七五メートルと高くて姿かたちも良く、見晴らしもいい山だよ。もっとも、八六七（貞観九）年に大噴火して山の形が変わってしまったというから、今の姿とは違っていたかもしれないが。
山のふもとの別府ではいたるところで湯煙が上がっていて、煙立ち立つ国原そのものだし、別府国際観光港でカモメがたくさん舞っているのも見たことがあるよ。それに別府湾は智彦が言うとおり、国東半島の東南部からゆっくり湾曲して杵築、日出、別府、大分を経て佐賀関半島に包まれるような地形だよ。湾口

日夏　北側の国東市安岐町は「秋津」と関係があるかもな。さらにここは『風土記』が残された豊後国であることも強みだな。「カモメ飛ぶ大和」の有力候補地だよ。

日夏　それって『魏志』倭人伝に出てきた「大倭」のことではないの？　翔の説ではもともと湯布院が倭国で、のちに広い大分に国を遷して大倭になったというものだったわね。

翔　そうなんだ。当てずっぽうが正解だったのではないかと、自分でも怖くなってきたよ。

智彦　二番の歌は湯布院には合わないね。大分大倭の情景をうたったものなのかな。

日夏　そのようね。それにしても大和がたくさんあってややこしいわ。今後は、湯布院の「やまと」は「倭」、大分は「大倭」、奈良は「大和」としておくわね。

死者の鳴弦

智彦　次は三番の歌だよ。

日夏　この歌が死者をうたったものであることは反歌で確信したわ。

たまきはる　宇智の大野に　馬並めて　朝踏ますらむ　その草深野　　四番

「朝早く狩に出た舒明天皇が深草を踏みしめていることであろう」と読めるのよね。でも、次の歌と並べてみると見方が変わるわ。

日並（ひなみしの）皇子の命（みこと）の　馬並めて　御猟（みかり）立たしし　時は来向（きむか）ふ　　四十九番

智彦　これは亡くなった草壁皇子を偲んで人麻呂が詠んだことがわかっているの。どちらも死者を偲ぶ歌だから似ているのよ。三番、四番の歌を詠んだ間人連老（はしひとのむらじおゆ）は人麻呂の別名ね。「たまきはる」は「命」や「内」にかかる枕詞で、「生まれてから死ぬまでの内」の意味とされているよ。でも、どうもピンとこないんだ。「魂が極まる」で命が尽きるとした方が理解できるね。人麻呂は一番で「大和について本当のことを言いますよ」と宣言し、二番で「真の大和はこのようなところだ」と明かし、三番で「舒明天皇も幽界から訴えている」と並べたんだ。

翔　『万葉集』に対する日夏の直感は正しかったんだ。

智彦　これから記紀を読み解いていくとき、この三首を頭の片隅に置いておかなければならないんだ。

日夏　そういうことね。記紀は遠い神代のことからはじまっているわ。神話の前半は省略して伊奘諾尊（いざなきのみこと）、伊奘冉尊（いざなみのみこと）から入ろうと思うの。朝鮮半島から渡って来た人々が日本で国をつくりはじめたと思われる頃ね。伊奘諾尊、伊奘冉尊は渡来人で、大和王朝の先祖神と考えているから神話であっても無視したくないの。

智彦　神話から見直すのもおもしろそうだね。

日夏　その前に一つだけ済ませておかなければならないことがあるわ。『日本書紀』の年代のことよ。初代神武天皇が大和を建国したのが紀元前六六〇年となっていて、これではいくらなんでも古すぎるわ。この頃に村はあったとしても、国と呼べるようなものだったとは思えないもの。神武東征と言いながら、征服する相手さえいなかったのではないかしら。それに、初期の多くの天皇が百歳を超える長寿なのも問題だわ。神武（じんむ）天皇が一二七歳で五代孝昭（こうしょう）天皇、六代孝安（こうあん）天皇、七代孝霊（こうれい）天皇、八代孝元（こうげん）天皇、九代開化（かいか）天皇、十代崇神天皇、十一代垂仁天皇、十二代景行天皇、十三代成務天皇、十五代応神天皇がすべて百歳以上で十六代仁徳天皇は一四三歳よ。そんなことはあり得ないわ。でも、デタラメでもないと思うの。きっと、年の数え方が違っていたのよ。

倭国の年紀

智彦　ボクも『日本書紀』の年代はおかしいと感じていたよ。神功皇后の新羅征伐が二〇〇（仲哀九）年となっているね。新羅が国として成立したのは三五六年だから「海月の骨」だよ。

翔　何だ。それは。

智彦　あり得ないもののたとえだよ。

日夏　神功皇后の話は干支が二巡（一二〇年）ずれているとされているの。それでもまだ合わないわね。

翔　年代はいいかげんに書かれたわけではなくて、ある時点から前のできごとが引き伸ばされたと思うよ。たとえば、白村江の戦い（六六三年）については『日本書紀』と朝鮮半島の記録にずれはないだろ。だから「ある時点」は、六六三年より前のことなんだ。それがいつなのかは、天皇の崩御年齢が参考になるよ。三十代敏達天皇（五八五年、四十八歳）以降は目立って長寿の天皇はいないから、敏達天皇より一代前の欽明天皇のときと考えたらどうだろう。ちょうど仏教伝来の頃だよ。仏教とともに暦も伝わって中国や朝鮮半島と同じように年を数えるようになったのではないか。

日夏　『魏志』倭人伝を陳寿が編纂したことは覚えているでしょ。その倭人伝に裴松子が「倭人は正歳四節を知らず、春耕秋収を計って年紀とす」と注を加えているの。倭人は春で一年、秋で一年と計算していることになり、年数は現在の二倍になるの。これが、年代が引き伸ばされた原因ではないかしら。

智彦　春耕秋収で二年としても年の区切りがあいまいだね。地域や作物によっては時期がずれてしまうのではないの？

日夏　それが、六月と十二月が区切りになったと考えて良さそうなの。神社で六月と十二月の晦日に祝詞の大祓詞が奏上されることを知ってる？　大祓詞は年の終わりに奏上するもののようで、六月の晦日も年の終わりと考えられていたとみられるの。

智彦　そのような年の数え方を何と呼べばいいのかな。「春秋二年制」なんてどう？

日夏　いいわね。そうしましょう。

翔　それだと、一四三歳の仁徳天皇は七十二歳。ほかの百を越える初期の天皇も五、六十歳になるな。古代でも七十歳代の人がいておかしくはないし、紀元前六六〇年とされている大和建国もぐっと現代に近づくよ。

日夏　次に考えることは春秋二年制がいつまで採られていたかね。

智彦　中国や朝鮮半島の記録と『日本書紀』を比べたらどうなの。

日夏　それは今まで多くの学者がやってみたようよ。にもかかわらず、神功皇后の事蹟は一二〇年ずれているという結論で止まっているの。

翔　大和王朝は、大陸側の記録とそのまま比較してもわからないように『日本書紀』を編纂したんだよ。その頃、日本で知られていなかった大陸側の記録はないのかな。

日夏　広開土王（好太王）碑文はどうかしら。四一四年に建てられたものよ。発見されたのは一八八〇年で、大和王朝には知られてなかったかもしれないわ。

翔　その碑文に日本のことが出ているのかい？
智彦　何カ所か倭と戦ったことが刻まれていたはずだよ。
日夏　ちょっと調べてみるわね……。三九一年に「倭が百済と新羅を臣民とした」とあるわ。これに該当するものが『日本書紀』にないかしら。
翔　二四七（神功摂政四十七）年の「百済朝貢す、新羅も使い詣り」が似ているな。一四四年ずれているが、内容は同じだよ。
智彦　三九一に一四四を足すと五三五だね。ずれのはじまりは五三五年なのかな。とすれば、翔が言うように仏教伝来の頃だね。
日夏　ほかにもないかしら。碑文の三九九年「倭と百済連合して新羅に侵入」に対応するものはない？
翔　二六二（神功摂政六十二）年に「襲津彦をして新羅を撃たしむ」があるよ。一三七年のずれだね。
智彦　あれっ、三九九に一三七を足すと五三六だよ。五三五年とは一年合わないね。
翔　それは春秋二年制での二六二年と二六三年がセットで一三六年ずれていると考えればいいんだ。一三六を三九九に足せば五三五だよ。五三五年までが春秋二年制とする考えは当たっているかもしれないぞ。
日夏　広開土王碑文以外にも比較できる史料はないかしら。
智彦　『三国史記』新羅本紀に五三二年「（新羅が）金官国を滅ぼした」とあったらしいね。
翔　五三二年を春秋二年制になおすと五二八年か五二九年だな。『日本書紀』の五二九（継体二十三）年に「新羅の上臣、金官ら四つの村を掠めぬ」とあるから、これも一致するよ。
智彦　金官国は朝鮮半島南東部の加耶諸国の一つだね。『日本書紀』は五三五年までは春秋二年制で書かれ、五三六年から一年十二月で書かれたとみていいようだね。

日夏　そうね。それに従って計算すると、大和建国は紀元前六三年だわ。これなら神武天皇の話を神話で済ますことなく史実として考えることができそうよ。これで下準備はできたわね。

第二章

倭国濫觴

▽十一月九日　日本古代史研究会　第二回

神話から人代へ

国産み神話と黄泉国神話

日夏　主に『日本書紀』をもとに話を進めるわ。伊奘諾尊、伊奘冉尊の「国産み神話」からスタートして、「黄泉国神話」まで進めるわ。神話の概略は「二神が天浮橋の上から天之瓊矛を指し下ろし、かき混ぜると青海原ができ、矛のしたたりから磤馭慮嶋ができる。この島を国の柱として、その柱を巡ったあと夫婦となる。最初に淡路洲ができるが喜ばず、次に大日本豊秋津洲、伊予二名洲、筑紫洲、億岐洲、佐度洲、越洲、大洲、吉備子洲ができて、これにより大八洲国の名がおこる」だったわ。本文のほかに十もの異説が並べられていて、異説一では、「最初に産まれたのが蛭児で、葦船で流し去り、あと淡洲、大日本豊秋津洲」と続くの。異説二から十までは順序を変えたり、壱岐洲や対馬洲を加えたりしていたわ。『古事記』では最初が水蛭子で流してしまい、次が淡島でこれも子と認めてなかったわ。そのあとが大八島国ね。

智彦　異説がたくさんあるのは何故なのかな。地方の神話を取り混ぜたのだろうか。

翔　いや、日夏が言っていたように、本文にウソがあるとき、いくつかの説を並べてその中に真実をまぎれ込ませたんだ。『日本書紀』の執筆者は許される範囲でどこかに真実を書き留めておきたかったんだ。

日夏　国産みのあと伊奘冉尊は死んでしまうわ。異説の第六は「黄泉の国まで訪ねて行った伊奘諾尊は膿沸き蟲たかる妻の姿を見て泉津平坂を逃げ帰り、筑紫の日向の小戸の橘の檍原で禊をする。このとき生まれたのが天照大神、月読尊、素戔嗚尊の三神。その後、伊奘諾尊は幽宮を淡路の洲につくって隠れて（死んで）しまう」というものよ。

智彦　黄泉国神話はギリシア神話のオルフェウスの話に似ているね。オルフェウスは吟遊詩人にして竪琴の名手なんだ。黄泉の国から愛妻エウリュディケを連れ帰ろうとするんだが、振り返ったために失敗。結局一人で戻ってくることになったんだ。

日夏　話を戻して、国産み神話と黄泉国神話の中に大和建国につながるものを探すことが今日の最初の課題よ。

翔　大和建国が紀元前六三年として、二神の話はそれよりもっと昔の話だな。

日夏　そうね、神武天皇の系譜をさかのぼると、彦波瀲武鸕鷀草葺不合尊、彦火火出見尊、天津彦彦火瓊瓊杵尊、天忍穂耳尊、天照大神、伊奘諾尊で六代前だから、一世代二十年として大和建国より一二〇年くらい前の紀元前一八〇年頃と考えているの。

翔　そのとき、二神は朝鮮半島から渡来したんだ。朝鮮半島北部に衛氏朝鮮が建国された頃だな。衛氏朝鮮は領土拡張を推し進めたようだから、圧迫された半島南部の人々が日本へ逃れてきたんだ。対馬、壱岐と島伝いに渡って来れば、上陸場所は東松浦半島から博多湾あたりだろうな。それに、渡来するなり鹿児島や宮崎まで足をのばしたとも考えられないから、まずは到着地の博多湾付近で足場を固めたとみるべきだよ。

智彦　その考えをもとに国産み神話を見直せばいいんだ。ならば、九州以外の「大日本豊秋津洲」や「越洲」「吉備子洲」「伊予洲」「淡路洲」などは脇に置いていていいね。あとに残るのは「磤馭慮嶋」と「筑紫洲」だよ。それに異説や『古事記』から「水蛭子」「淡洲」を加えるんだ。

翔　この時代での「筑紫洲」は福岡市と糸島市一帯と考えたらどうだろう。このあたりで次々に島を産んでいく神話を想像すると、高祖山(たかすやま)から博多湾を眺める光景が思い浮かんでくるんだ。「天浮橋」が海の中道で、博多湾をかき混ぜてできた「磤馭慮嶋」は能古島(のこのしま)、葦船で流し去った「水蛭児」が博多湾外に遠く望む小呂島(おろのしま)、「淡洲」は湾外北東の相島(あいのしま)だよ。智彦の言うとおり「筑紫洲」と「磤馭慮嶋」「水蛭子」「淡洲」を織り込んでみたよ。この話に志賀島(しかのしま)が抜けるとは思えないから、「淡路島」を志賀島とするんだ。

日夏　目に浮かぶような光景だわ。そういえば、仁徳天皇が淡路島から淡洲や磤馭慮嶋を眺めて詠んだ歌が『古事記』にあるの。

　　おしてるや　難波の崎よ　出で立ちて　我が国見れば　淡島　自凝島(おのごろしま)　檳榔(あぢまさ)の島も見ゆ　放(さけ)つ島見ゆ

翔　兵庫県の淡路島から見える情景とこの歌は合わないな。島の西側の播磨灘の眺めとすると小豆島(しょうどしま)も家島(いえしま)諸島も遠くに離れすぎているし、東側の大阪湾には該当するような島はないよ。

智彦　檳榔(びんろう)（ビロウ樹、古名・アヂマサ）は玄界灘の沖ノ島が北限だから、兵庫県の淡路島ではないよ。檳榔は玄界島や小呂島には自生していて、「檳榔の島」を玄界島とすれば、「放つ島」は小呂島だろうね。

日夏　するとこの歌は、志賀島からまわりを見渡して「ここからは相島や能古島、玄界島も見えることだ、遠くには小呂島も見えるではないか」と詠んだものになるわね。淡路島は志賀島のことで当たっているようね。

智彦　二神の国は高祖山の近くにあったのでしょうね。
次に黄泉国神話からはどのようなことが引き出せるかしら。

翔　『古事記』では、黄泉国は出雲国にあるとされていたね。
黄泉国は島根県の出雲でないことは確かだよ。伊奘冉尊をそんなに遠くに葬るとは考えられないよ。伊奘諾尊と同じく志賀島に葬られたんだ。伊奘冉尊の墓所が志賀島なら、「泉津平坂」は海の中道だね。「筑紫の日向の小戸の橘の檍原」についても思いあたる場所があるよ。「筑紫」は福岡市と糸島市のことで、「日向」は高祖山の南に日向（ひなた）峠があるように高祖山近辺だよ。室見（むろみ）川の上流も日向（ひなた）川だしね。「小戸」は名柄（ながら）川と十郎（じゅうろう）川に挟まれた地域で、現在も小戸の地名が残っているよ。「橘」は地名というより、海に出っ張った地形を意味する立ち端、「檍原」は波しぶきが上がる海岸のことなんだ。

智彦　「檍」を植物のアオキととらずに「海の泡」とみたんだね。ギリシア神話のアフロディーテは海の泡から生まれたとされているよ。オルフェウスの話も似ているし、記紀がつくられた頃には日本にギリシア神話が伝わっていたのかな。

日夏　黄泉国神話からも二神の国を高祖山付近とみることができるわけね。
それから、「筑紫の日向の小戸の橘の檍原」を翔と同じように考える人はたくさんいるようなの。福岡市に住んでいて、古代史に興味ある人なら日向や小戸の地名に気がついてもおかしくはないもの。でも、「泉津平坂」を海の中道とみたのは翔が最初でしょうね。

翔　砂州の一番高いところまでは海面から見れば坂になっているだろ。でも、その坂の頂は横に連続して連なっているだけだから、山のような起伏はないよ。それで平坂なんだ。

日夏　天照大神、月読尊、素戔嗚尊の三神は、朝鮮半島から一緒に渡ってきた三つの部族で、ここで分散したことを示すものと考えているの。もともと出身地が違っていたもので、伊奘冉尊の死を契機にそれぞれ自分たちが気に入った土地に分かれ住んだのではないかしら。

天照大神と月読尊と素戔嗚尊神話

日夏　伊奘諾尊、伊奘冉尊の国は十郎川の上流から室見川中流にかけてつくられたのでしょうね。禊の場所から内陸に入ったところよ。天照大神、月読尊、素戔嗚尊三神、いや三つの部族はそこから分かれて博多湾岸を東西に散ったの。『日本書紀』では、天照大神は「天上」「高天原」、月読尊は「日に配ぶ」「夜の食国」、「滄海原」、素戔嗚尊は「根の国」「滄海原」「天下」を治めたとなっているわ。その後の神話の概略は「素戔嗚尊が天上の姉の国で大暴れをしたため、天照大神が驚いて天石窟にこもってしまうこと、事件のあと素戔嗚尊が出雲国の簸の川に到って八岐大蛇を退治し奇稲田姫を助けること、出雲の清地で宮を立てて国を治めること」だったわ。

翔　天照大神が治めたのは糸島市の前原あたりだよ。ここは日向峠を東に見る場所で、「天照」の名にも合っているし、王墓とみられる古墳がたくさん残っているもの。それに、標高も四〇から五〇メートルあって、低地の福岡市西区側からみれば高天原だよ。

日夏　それは考えられるわね。天照大神よりのちの時代のものだけれど、糸島市有田の平原遺跡から径四六・五センチの大型の銅鏡（内行花文鏡五面）も出ているわ。天照大神の国の候補地にふさわしいわ。

智彦　伊奘諾尊、伊奘冉尊の渡来を紀元前一八〇年頃とすると、次世代の天照大神の話は紀元前一六〇頃だね。天照大神の磐戸隠れは皆既日食のことなのかな。

口夏　時期的にはそんなところでしょうね。日食のことはわからないわ。

翔　月読尊の国は糸島市の糸島半島だよ。「日に配ぶ」は高天原（前原）の近くに並ぶことなんだ。「滄海原」を治めたともあるから高天原の海側なんだ。

日夏　位置的にピッタリね。

智彦　ならば、素戔嗚尊が治めた国は福岡市の博多湾岸になるね。葦原中国と呼ばれるくらい未開地だったんだ。土地のほとんどが低地で、野方遺跡でも標高二〇メートルしかないよ。前原側から見れば天下と呼びたくなるだろうね。海に面しているから「滄海原を治めた」にも合っているよ。

翔　「簸の川」は福岡市の西側を流れる樋井川のこと。「清地」の名残りか、福岡市内には須賀神社がたくさんあるよ。葦原中国は低湿地で、高天原の人々からは何の作物もできない土地にみえたんだが、むしろ低湿地であるがゆえに稲作には適していたんだ。素戔嗚尊が河川改修を行うと次々に良田へと変わり、みるみる国が繁栄していったんだな。今の祭神に名はないようだけど、きっと櫛田神社も奇稲田姫を祭っていたんだ。奇稲田姫の名はハッキリと稲作との関わりを示しているよ。

智彦　すると博多湾岸が「出雲」になるよ。出雲は島根県固有の地名ではなくて、何らかの地形を意味しているのかな。博多湾の地形の特徴は何と言っても海の中道が伸びていることだから、古代の人々は海の向かい側に伸びた長い砂州を眺めて「出雲」と呼んだとも考えられるよ。でも、島根県出雲市には砂州がないから、ボクの思い違いだったか。

翔　出雲市の東、中海と美保湾の間に弓ヶ浜（夜見ヶ浜）という長さが一八キロもある砂州が伸びているよ。松江市の東部、中海に面した対岸の弓ヶ浜を見渡す場所に東出雲町があるだろ。ここがもともとの出雲なんだ。のちに島根半島西部に出雲大社が建てられたことによって、大社側の出雲の方が有名になったんだ。

日夏　二人合わせて正解かも。古代出雲の中心は「意宇」にあったと言われているの。それは現在の東出雲町あたりよ。その後、意宇の出雲一族が移り住んだところが現在の出雲市のようね。

智彦　三神の神話からも、その国々が糸島半島から博多湾岸にあったと考えることができたね。

天孫降臨神話と海幸彦・山幸彦神話

日夏　次の概略は「天照大神の子孫たちが葦原中国の繁栄を目のあたりにして、我が物にしようと使者を送る。ところが大己貴神（素戔嗚尊の子孫）に懐柔されてどうしてもうまくいかない。最後に経津主神と武甕槌神を遣わしてようやく国譲りとなって『天孫の天津彦彦火瓊瓊杵尊が天八重雲を排分け、稜威の道別に道別きて、日向の襲の高千穂峯に天降る』。その後、瓊瓊杵尊は吾田の笠狭碕（鹿児島県）で出会った鹿葦津姫（木花開耶姫）を妃とし、彦火火出見尊ら三人が生まれる。彦火火出見尊（山幸彦）が兄の火明命（海幸彦）の釣り針をなくして探し求めるうちに海神の宮に至り、海神の娘の豊玉姫と結ばれて生まれたのが彦波瀲武鸕鷀草葺不合尊で、母の豊玉姫が海神の国に帰ってしまったために、母の妹の玉依姫に育てられ、のちに妃とする。そして神日本磐余彦尊（神武天皇）ら男四柱が生まれる」。ここでようやく「倭」のはじまりがみえてくるんだわ。

翔　「日向の襲の高千穂峯に天降る」は日向峠から高祖山に至って、これから葦原中国（博多湾側）に入ろうとするところだな。

日夏　注では、何年もかけてやっと葦原中国（島根出雲）の国譲りが決まったのに、瓊瓊杵尊が降り立ったのは日向（宮崎）で、そこから海岸に出ると今度は吾田の笠狭碕（鹿児島）なんだから支離滅裂よ。国譲りは天照大神の孫の話だから紀元前一二〇〇年頃とみているの。この頃、島根県から宮崎県、鹿児島県までの広い範囲で勢力争いがあったとは思えないわ。翔の言うように天上の国「伊都（高天原）」から日向峠を東に越えたところが「日向の国（葦原中国）」で、その海辺を「吾田」とした方が無理はないわ。今の福岡市西区ね。『古事記』では、日向の高千穂の久士布流多気に降臨した瓊瓊杵尊が「この地は韓国に向かい、笠沙の御前に真来通り、朝日の直刺す国、夕日の日照る国なり、故ここはいと吉き地」と言ったとされているわ。これを東西南北に「吉き地」を並べたものと捉えて、「韓国」を北、「笠沙」を鹿児島県の笠沙岬で南のこととする説があるの。

智彦　東西南北を言うのに北南東西の順（韓国、笠沙、朝日、夕日）に「吉き地」を並べるのはおかしいよ。日が昇る東からはじめて東南西北、あるいは東西北南とするところだよ。「朝日の直刺す国、夕日の日照る国」も「久士布流多気」から見て東西に開けていると言っているだけで、東方、西方にある「吉き地」のことではないよ。それに韓国は北ではなくて北西だし、鹿児島の笠沙も真南に位置しているだけで、ここに出てくる意味がわからないよ。あとからあてはめられたものではないかな。

日夏　そうすると、もう一つ別の笠沙があったことになるわ。

翔　わかったぞ。「真木通り」を「まっすぐに通る」と考えるから間違えるんだ。正解は「巻き通り」だよ。まず、「久士布流多気」を高祖山とするよ。瓊瓊杵尊は「高祖山から見るこの国は母国の韓国に向かい、今津の半島（糸島半島東部）をぐるりと回って行き来するところだ」と言ったのさ。今津の毘沙門山を「笠」とみたんだ。

日夏　そのような見方があったのか。遠くのことではなくて、すべて高祖山から見たままのことだったのね。次の山幸彦（彦火火出見尊）の話はどうなるかしら。

智彦　山幸彦が行き着いた「海神の宮」は糸島市の糸島半島にあって、海神は月読尊の子孫だろうね。

日夏　半島には彦火火出見尊と豊玉姫を祭った染井神社があるわ。また、主神を豊玉姫、配神を彦火火出見尊とする志登神社もあるわ。「海神の宮」は糸島半島にあったとみて良さそうね。

翔　この三代の墓所も考えてみたよ。瓊瓊杵尊の筑紫日向可愛之山陵は室見川河口に近い愛宕山、そして彦火火出見尊の日向の高屋山上陵が高祖山、鸕鶿草葺不合尊の日向の吾平山上陵が荒平山でどうだろう。どの山も『日本書紀』の記述とは一字違いで似ているだろ。

日夏　愛宕山の鷲尾愛宕神社では、伊奘諾尊、伊奘冉尊をはじめとした神々、高祖山の高祖神社では、彦火火出見尊を祭っているわね。荒平山の神社はよくわからないの。ただ、ふもとの西油山にある海神社は、荒平山の真北に位置していて綿津見三神を祭っているの。鸕鶿草葺不合尊は名に「彦波瀲武」を冠するように海神の孫なのだから、海神社でひそかに祭られているのかもしれないわね。

智彦　結局、『日本書紀』では伊奘諾尊から神日本磐余彦尊が生まれるまで、神々が治めた国の場所が隠されたんだ。湯布院倭国や大分大倭の存在を隠すために、その前身の博多湾一帯の国々まで宮崎県や鹿児島県、島根県に書き換えてしまったんだ。

日夏　今日はここまでにしましょう。来週は神武天皇ね。

▽十一月十六日　日本古代史研究会　第三回

神武東征

日夏　『日本書紀』による神武天皇の事蹟を一部抜き出してみたわ。西暦は『日本書紀』の年代をそのままなおしたもので、修正年は春秋二年制を一年十二月で計算しなおしたもの、事項の丸括弧の地名は注に書かれている比定地よ。

初代　神武天皇（神日本磐余彦天皇）

記述年

西暦	修正年	日付	事項
前七一一	前八八		生まれる。長じて日向の吾田の吾平津媛を妃とし、手研耳命が生まれる
前六六七	前六六六		四十五歳で東征を決意、「先祖はこの西のほとりを治めてきた。それから多くの年月がたったが遠くの国々までは従えていない。聞けば東方には周りを山に囲まれた良い国があって、すでに饒速日という者が入っているという。吾もその地に向かい、都をつくろうと思う」と言う
		十月	日向を出発、速吸之門（豊予海峡）で漁人珍彦（椎根津彦）を海導者とし、菟狭（宇佐市）に至る
前六六三	前六四	二月	難波碕（大阪市東区、北区）に至る、潮流が速いので浪速国と名づける
		三月	川をさかのぼり、河内国草香邑（東大阪市日下町）に至る
		四月	龍田に向かう。道が狭くて引き返し、膽駒山（生駒山）を越えて中洲を目指す。長髄彦が兵を起こしてさえぎり、孔舎衛坂で戦いと

西暦	年	月	事項
			なる。兄の五瀬命が矢傷を負う
		五月	紀国の竈山（和歌山市）で五瀬命みまかる
		六月	名草邑（和歌山市）から狭野（新宮市）を越えて熊野の神邑に至り、天磐盾に登る。その後、海に出て暴風に遭い、兄の稲飯命と三毛入野命が入水。熊野の丹敷浦に至り、中洲に向うも道がなく進めない、頭八咫烏の案内により菟田の下縣（奈良県宇陀市）に至る
		九月	菟田の高倉山から望むと敵は国見丘に八十梟帥、女坂、男坂にも軍を敷いている。兄磯城の軍は磐余邑にあふれている。みな要害の地で通るところもない。夢で見たとおり天香山の土を取って神酒を入れる平瓶を作り天神地祇を祭る
		十月	八十梟帥を国見丘に破る。忍坂邑（桜井市）では敵を油断させ、酔わせて撃った
		十一月	弟磯城を味方にし、兄磯城を斬る
		十二月	長髄彦と戦う、何度も戦うが勝てない。そのとき金色の鵄が飛んできて弓に止まり、照り輝く。稲光のようで、これにより敵は戦意を失う。先に中洲に入っていた饒速日が長髄彦を殺し、恭順を示し、東征が成る
前六六二	前六四	二月	片居、片立の地は敵の大群が満めていたので磐余と名づける
		三月	都をつくることを宣言。「観れば畝傍山の東南の橿原の地はけだし

	前六六一	前六三	九月	国の墺区(もなかのくしら)か、都つくるべし」と言う 媛蹈鞴五十鈴媛命(ひめたたらいすずひめのみこと)を正妃とする、媛は三嶋溝橛耳神(みしまのみぞくいみみのかみ)の娘玉櫛媛(たまくしひめ)と事代主神(ことしろぬしのかみ)との子
	前六六〇	前六三	正月	橿原宮(かしはらのみや)で即位。称して「始馭天下之天皇(はつくにしらすすめらみこと)」という
神武四年	前六五七	前六一	四月	天神(あまつかみ)に感謝し、鳥見山(とみのやま)で先祖祭りをする
神武三十一年	前六三〇	前四八	四月	巡幸する。腋上(わきがみ)の嗛間丘(ほほまのおか)に登って国見をし、「あなにや、国を獲つること、内木綿(うつゆう)のまさき国といえども蜻蛉(あきづ)の臀呫(となめ)の如くにあるかな」と言う。かつて饒速日命は「虚空(そら)見つ日本(やまと)の国」と言ったという
神武七十六年	前五八五	前二五	三月	崩御。年一二七歳、明年九月畝傍山東北陵に葬る

以上が神武天皇の足跡よ。とても長かったわね。ここで春秋二年制の年代を一年十二月に修正すると、生まれが紀元前八八年で、東征決意が二十三歳ね。修正前の四十五歳では、当時としては年を取りすぎだわ。このあとは原則、修正年とし、（ ）内に西暦を入れるようにするわ。橿原宮での即位が前六三年で、崩じたのが前二五年、六十四歳ね。年齢におかしいところはなくなったわ。あとは神武天皇が建てた国を湯布院にどう結びつけるかよ。

翔 結論が湯布院と出ているのだから、とにかくこじつけてしまえばいいんだよ。

智彦 そんなことができるかな。

翔 まかしといて。神武天皇の事蹟を順に追っていくよ。まず、東征前の「日向の吾田」を宮崎の日向(ひゅうが)と考えるのがおかしいんだ。オレたちが瓊瓊杵尊降臨の「吾田」を福岡市西区とし、鸕鷀草葺不合尊の「吾平山」を荒平山としたように吾平津媛も荒平山にちなむ名と考えたらいいんだよ。
次に東征の決意で「先祖はこの西のほとりを治めてきた」とあるが、宮崎の日向ならば九州の「東のほとり」になってしまうよ。福岡市西区であれば福岡平野の「西のほとり」で話が通るね。神武天皇が育ったときには福岡平野の中央や東部に国をひろげる余地はなかったため、離れた東方の地を目指すことにしたんだ。宮崎の日向から奈良の大和に向かったのでは、かなり北に寄っていて東征と言うのは少しおかしいよ。福岡市西区から湯布院を目指す方が「東征」という表現に近いよ。

日夏　湯布院なら「周りを山に囲まれた良い国」といえそうね。

智彦　そうだね。それに神武天皇の出発地に宮崎の日向はあり得ないよ。神武天皇の祖先が朝鮮半島から海を渡ってきたと考えると、九州から中国地方にかけての日本海側が出発地と考えるのが自然だし、最初に奈良の大和で国をつくり、その国がはじめから日本全土を統治したことも考えられないよ。

翔　次に、前六四年二月の「難波」は、大阪湾でなくて別府湾だな。別府湾は横灘(よこなだ)とも呼ばれていて潮の流れが速いんだ。湾の北側の大分県速見(はやみ)郡日出(ひじ)町川崎に縄文時代の早水台(そうずだい)遺跡があるが、この早水台の地名も潮流の激しいことからついたんだ。だから、早水台東側の深江港は潮待ちの港として発展したんだ。現在の別府湾一帯の地名は速見だが、もとは「速水」だよ。

智彦　難波にかかる枕詞に「おしてる」があるよ。「照り輝く」や「一面を照らす」という意味と考えられているものの、なぜ難波にかかるのかわかっていないんだ。でも、難波が別府湾なら「おしてる」の意味に心あたりがあるよ。家族旅行で別府の坂の上にあるホテルに泊まったとき、窓から日の出を見ていると、別府湾の東から昇る太陽の光が増すにしたがって、海も大地も見えるものすべてが燦然(さんぜん)と輝きだしたんだ。

翔　海面も地上もいたるところに朝の光が降り注ぐ様子をまるで鳥瞰しているように見ることができたんだ。本当に荘厳な夜明けだったよ。古代の人々はこの夜明けの光を「おしてる」と表現したんだ。

智彦　次の旅行は別府の温泉にしよう。ただ、夜明けに目が覚めるかどうかが問題だな。

翔　『万葉集』に難波を詠んだものがあるんだ。

直越えの　この道にして　おしてるや　難波の海と　名付けけらしも　九七七番

「まっすぐに越えるこの道においてこそ、おしてる難波の海と名づけたのだろう」との訳があるけど、それではさっぱり意味がわからないよ。「難波」を別府湾、「おしてる」を朝日とすれば、「直越え（城島越え）の道から見える難波（別府湾）を照らす朝日の何とすばらしいことだ。まさに『ひかり指す庭』と呼ばれるとおり、見えるものすべてを押し照らしているではないか」となるよ。この方が意味は通るよね。「難波（浪速）」の字は潮が速いことからあてられたんだが、「なにわ」という言葉自体は「日の庭」のことと捉えたんだ。今のボクには「ナ＝日」を証明することはできないけれど、そう考えないと歌も枕詞も理解できないよ。谷川健一さんの『日本の神々』の住吉大社の記事中でも、「ナは照り輝く場所か」との説が紹介されていたよ。夏の「ナ」も「日」のことで、「ツ」は「積る」ことのような気がするよ。

翔　日夏は真夏の日が積る灼熱の女だったのか。

日夏　夏の光に映えるとでも言ってよ。ところで、地図を見ると別府湾と大阪湾は向きが東西逆だけど形がそっくりね。

智彦　大阪湾の難波は、「夕日の庭」として別府湾よりあとでつけられたと思うよ。

日夏　志賀島も「日の庭」なのかしら。わたしたちは、仁徳天皇が淡路島から詠んだとする歌を志賀島からと考えたのよね。

翔　志賀島の西側の下馬ヶ浜や舞能ノ浜は夕日のスポットとして知られているよ。だから智彦の「難波」を「日の庭」とする説が正しいとがわかるんだ。
次の「龍田に向かう。道が狭くて引き返す」の「龍田」は日出町豊岡でどうかな。別府湾から上陸すると唐木山、鳥屋岳、経塚山、尼蔵岳と山々が壁のように並んでいて広い道はなかったんだ。

日夏　龍田は風の神に関わる地名よ。

智彦　それなら豊岡で当たりかも。豊岡小学校の山手に亀峯古墳があるんだ。知る人ぞ知る巨大な前方後円墳で、『日出町誌』では径が一七二メートルとなっているんだ。それを後円部の径とすれば、前方部がその半分の長さとしても、全長二五〇メートルを超えそうだよ。宮崎県西都市にある九州を代表する西都原古墳群の男狭穂塚古墳や女狭穂塚古墳がそれぞれ一七六メートルだから、亀峯古墳は九州最大かもしれないよ。
この古墳の後円部に建っている亀峯神社の祭神が国常立命、火明命、伊奘諾尊、級津彦命、級津戸辺命なんだ。級津彦命と級津戸辺命は風の神だから、豊岡は風の神に関係ありだよ。

日夏　そのような大きな古墳がなぜ知られていないの？

智彦　未調査を理由に公にされていないんだ。ヘンな話だね。

翔　次の「膽駒山を越えて中洲を目指す」は豊岡から別府湾岸を舟で南下、別府市亀川で上陸して伽藍岳を越えようとしたんだ。「孔舎衛坂で戦いとなる」の「孔舎衛坂」は別府市明礬のことだよ。硫黄の臭いが強いので「くさえ」なんだ。明礬には湯の華小屋があって、今でも周辺は硫黄の臭いが漂っているよ。
「紀国の竈山で五瀬命みまかる」の「竈山」は亀川のことだな。亀川には八幡竈門神社があるよ。

日夏　五瀬命が薨じたのは亀川としても、葬られた場所は宇佐市北馬城の柁鼻神社ではないかしら。柁鼻神社の祭神が五瀬命なの。

智彦　話を混ぜてごめん。宇佐で思い出したんだが、神武天皇が東征を決意したときに周囲は「理実、灼然なり」と応えたよね。「灼然」を『日本書紀』の注では「効験がすぐさま現れる意」としていたけれど、それより「火を見るより明らか、そのとおり」とした方が合っているような気がしないかい？　麦焼酎で知られるようになった宇佐方言「いいちこ」は「灼然」がそのもとなのではないかな。方言の「いいちこ」は「いいですよ」の意味だそうだよ。

翔　飲んだことはないが、それでいいちこ。

日夏　あたりまえでしょ。飲んだことがあったら問題よ。

翔　ハイ、次。「名草邑から狭野を越えて熊野の神邑に至り、天磐盾に登る」は豊後高田市だよ。草地、佐野、熊野、美和など、似たような地名がたくさんあるんだ。「天磐盾」は猪群山のストーンサークルだよ。

日夏　「磐盾」からは岩が楯のように立っている感じを受けるわ。ストーンサークルなら環状に並んでいるのではないの？

翔　神体石と言われる高さ四・四メートルの巨石は傾斜して立っていて、その神体石のまわりを大岩が囲んでいるんだ。次の「熊野の丹敷浦に至る」の「丹敷浦」は真玉海岸。干潟が夕日に染まる光景はまさに「にしき（錦）の世界」だよ。

日夏　写真で見たことがあるわ。とってもきれいなのよね。行ってみたいわね。

翔　干潮のときでないと見られないからな。潮の時間と天気を調べて計画を立てろよ。

日夏　九月の記事で夢にみた「天香山」とは鶴見岳のことね。

翔　次に「磐余」は由布(ゆふ)市湯布院町の大分自動車道すぐ南側の若杉地区にある岩が密集しているところだよ。「いわむれ」が「いわれ」になったんだ。ここは傾斜地だから人がまっすぐ立っていられなくて「片居、片立」の状態になってしまうんだ。

日夏　何でそんなこと知っているのよ。

翔　実は夏休みに湯布院に行ってきたんだ。湯布院が倭のはじまりの地ではないかと思ったら居ても立ってもいられなくなってね。日夏に倣(なら)って神社もまわってきたよ。もちろん、温泉もね。なけなしの貯金をはたいたから秋の旅行は諦めたところだよ。

日夏　わたしも行きたかったなあ。前から宇奈岐日女(うなきひめ)神社にお参りしたいと思っていたのよ。

智彦　磐余の話に戻るよ。磐余にかかる枕詞は「つのさはふ」なんだ。今まで磐余を「兵士が満める」ことと考えていたから意味がわからなかったけど、翔の言うように、たくさんの岩が立ち並んでいる地形「岩群れ」からと考えたら、枕詞の謎は自然に解けたよ。「つの」は突き出た岩で「さわふ」は多いことだから、「つのさはふ磐余」は「突き出た岩が林立している岩群れ」になるよ。猪群山も同じく「岩群れ」からなのかもしれないね。枕詞の謎が解消すると同時に翔の考えが正しいことも確かめられたね。

翔　次に進むよ。「畝傍山の東南の橿原の地はけだし国の墺区か、都つくるべし」の「畝傍山」は由布岳(ゆふだけ)だと思うよ。香具山が鶴見岳のことだったろ。畝傍山は昔から由布、鶴見と並び称されてきた由布岳しか考えられないよ。そして橿原を塚原(つかはら)とみたよ。由布岳の東南ではなく北側になるけど、方角は湯布院倭を隠すために書き換えられたんだよ。

智彦　塚原説に賛成。橿原（白檮原(かしはら)）は『日本書紀』の注で、橿の木がはえていたから橿原となったとあるよ。カシはふつう「樫」と書くよね。木質が堅いことを表す字で、その語源も「堅い」から「カシ」とされているけど、字に惑わされてはいけないんだ。「カシ」は「高いこと」を意味していて、カシの木はほかの樹木より抽んでて高いからその名がついたんだ。「橿」や「檮」の字には「強くて盛ん」の意味はあるが、「堅い」の意味はないよ。だから橿原は「高いところ」のことなんだ。始馭天下之天皇と称すとき「高天原に搏風峻峙りて」ともあったよ。塚原は湯布院から見ればまさに高天原だよ。それに「国の墺区」は国の奥まったところというより、「墺」の字の意味から「水源を異にする地」を指しているんだ。

日夏　たしかに湯布院を流れる由布津江川、湯の坪川、白滝川、福万川は大分川に流れ込んでいるのに、塚原の雛戸川だけは北へ向かって駅館川に注いでいるわ。

翔　「鳥見山で先祖祭りをする」の「鳥見山」は湯布院のすぐ北側にある飛岳と考えたよ。ただ、飛岳をなぜ先祖祭りの場所に選んだかがわからないんだ。「塚原と湯布院の間にあるから」では理由にならないだろ。

智彦　飛岳はどのような形の山なの？

翔　見たところ峻厳な感じはなくて、丸っこい頂が少し高低差を持って並んでいたよ。

智彦　自信はないけど、神武天皇は飛岳の山頂をひょうたん形とみたのかもしれないね。枕詞「ひさかたの」は天や空にかかるもので「日の射す方向」「久しく続く」などの意味とされているものの、よくわかっていないんだ。その中に「ひさごかた（ひょうたん形）」の省略形とする説もあって、意外な感じもするけど、ボクはこの説に惹かれているよ。古代の人々はひょうたんに不思議な力があると考えていたんだ。中国ではひょうたんの中に仙人が住む話もあるしね。飛岳は山頂がひょうたん形をしているので霊力ある山とされ、天や空につながる場所として先祖祭りの地に選ばれたのかもしれないよ。

翔　智彦の話はわかったけど、枕詞の謎を一人でそんなに解いてしまっていいのかい。教室でそれを言ったら先生に煙たがられるだろうな。

さて、次は「巡幸する。腋上の嗛間丘に登って国見をする」について。「嗛間丘」は飛岳の西に並ぶ福万山のことだよ。この考えは藤井綏子（やすこ）さんの『古代幻想　旅人の湯布院』に書いてあったんだ。本の中で、古田武彦さんが「この話は福万山の中腹から由布院盆地を見下ろしたときのもの」とみていることを紹介していたよ。

次の「内木綿のまさき国といえども、蜻蛉の臀呫の如くにあるかな」は「由布岳のふもとの小さな国であるが、まわりを囲む山々は円く連なっていて、まるでとんぼの交尾のようであるなあ」という意味にとれるよ。「内木綿のまさき国」も湯布院のことではないかと藤井さんは書いていたな。オレたちより先に目をつけた人たちがいたんだと驚いたよ。でも、「湯布院が倭のはじまり」とまでは言い切ってなかったな。

智彦　由布岳は『万葉集』で「木綿（ゆう）の山」だから、「内木綿」が湯布院を指すことは十分考えられるね。

翔　次の「虚空見つ日本の国」は湯布院の中から周囲を見回して見えるものは山のほかは空だけだからだよ。「日本」の字を「山戸」や「山門」とすればわかりやすいだろ。次の「畝傍山東北陵に葬る」の東北の地はわからなかったんだ。方角が書き換えられているんだろうな。

日夏　『古事記』では「畝火山の北の方の白檮（かし）の尾（お）の上」に葬られたとなっていたわ。

翔　なら、由布岳の真北に霧島（きりしま）神社があって、さらにその北に小高い丘があるんだが、この丘を白檮の尾の上（神武陵）とみたらどうだろう。

日夏　霧島神社の別名は男能濃松（おののまつ）神社よ。陵のある「尾の上」から見て「尾の末」の意味なのかしら。霧島神社は橿原宮の跡地なのかも。塚原の地名も神武天皇の陵があることからつけられたのかもしれないわ。

翔　聞いた話では、塚原九十九塚と言われていたらしいよ。たくさんの塚があったんだけど、道路工事に伴う調査で人骨が見つからなかったので、自然にできた丘と結論づけられたんだと。神武天皇の時代では、まだ石棺も使われていない頃だから骨が残らなくてあたり前なのにね。それに自然の丘にわざわざ墓を意味する塚原の地名はつけないよ。

智彦　話変わって、「神武」の名はあとになってつけられたものなんだが、別名の「始馭天下之天皇」と同じく「倭の国を創始した」ことを意味しているんだ。「神」の字に「はじめて国をつくった」意味を持たせて、「武」は「武力で築いた」ことを指しているんだよ。

日夏　神武天皇の事蹟が湯布院倭国につながっちゃったわね。ところで、翔は湯布院の神社もまわってきたんでしょ。どうだったの。湯布院倭国に関わるような神社はなかったの？

翔　いくつかあったと思うよ。まず、湯布院を代表する宇奈岐日女神社について。その読みが定まっていないところが怪しいね。「うなぐ」「うなぎ」「うなき」などとなっているよ。「うなぐ」なら「高貴な巫女のうなじのこと」「うなじにかける首飾り」など、「うなぎ」なら「鰻の神」の説があるよ。祭神が国常立尊ら六柱だけど、その中に宇奈岐日女は入ってないんだ。とってもヘンだろ。

智彦　神社名はいつごろつけられたものなの？

翔　由緒書きには、八四九（嘉祥二）年となっていたよ。神社はそれ以前からあったもののようだね。

日夏　宇奈岐日女神社は、古くは木綿明神とも呼ばれていたの。そこに手がかりがないかしら。

翔　現在の社名はもとの名を隠すためにつけられたと考えたらどうかな。そのために読み方が定まってないんだ。それに神武天皇の先祖神より古いと思われる国常立尊が祭られているから、神社の成り立ちはずっとさかのぼるものだろうな。そう考えると本来の祭神は自然神と考えたいね。ならば由布岳の神しかないよ。木綿明神と呼ばれていたことからも明らかだよ。由布岳は畝傍山のことだから、神の名は「畝傍日女（うねびひめ）」のはずなんだ。ところが湯布院が倭だったことを隠すために、元明天皇のときにその名が消されてしまったんだ。それから百年以上経た八四九年になって「うねび」はダメだが「うなき」または「うなく」なら許すとされて現在の社名になったんだ。

露天風呂から由布岳を眺めていたときのことだけど、由布岳の中腹よりちょっと上に雲がかかっていたんだ。その日は晴天で、ほかには雲なんてまったくなかったから、なんだか神がかって見えたよ。旅館の人の話では、鶴見岳に雲がかかっていないときでも、由布岳は雲を呼ぶことがあるそうだ。それも山頂ではなくて肩の位置なんだ。

智彦 翔のおかげでまた枕詞の謎が解けたよ。「たまだすき（玉襷）」は「懸く」「畝傍」にかかるんだ。襷はうなぐ（首にかける）ものだから「懸く」にかかり、またうなぐに似た「うねび」にかかるとされているよ。襷は采女（うねめ）がかけるので「うね」にかかるとする説もあるよ。だが、采女は天皇に供奉（ぐぶ）する豪族の娘で、いわば王女だよ。襷がけで働いたとは思えないよ。「たまだすき」は由布岳（畝傍山）の肩に雲がかかっている状態を言ったんだよ。万葉人はその姿を「たまだすき」と表現したんだ。

日夏 ほかにも倭に関わっているような神社はあった？

翔 これはオレが思っているだけだけど、金鱗湖（きんりんこ）近くの天祖（てんそ）神社や神崎（かんざき）神社は初期の天皇（三代、四代）の宮の跡かな。それに川西にある津闇（つやみ）神社は饒速日命とその子・可美真手命（うましまでのみこと）を祭っていて、川南の御霊社（ごりょうしゃ）は媛蹈鞴五十鈴媛命の兄・天日方奇日方命（あめのひかたくしひかたのみこと）を祭り、川西には三島（みしま）神社もあるんだ。進軍に功績のあった道臣命（みちのおみのみこと）を祭る蹴裂（けさき）権現もあり、大杵社（おおごしゃ）では椎根津彦（しいねつひこ）を祭っていたよ。神武天皇に関わる人を祭った神社がこれだけそろっているのも湯布院が倭国だったからだよ。どうだい、だんだんとそんな気がしてきただろう。

日夏 そうね。今まで気づいた人がいなかったのが不思議なくらいだわ。今日はここまでとするわね。

湯布院倭

▽十一月二十三日　日本古代史研究会　第四回

第二代　綏靖天皇（神渟名川耳天皇）

記述年	西暦	修正年	日付	事項
	前六三二	前四九		生まれる
	前五八一	前二三	正月	即位。葛城に都をつくる。高丘宮という。五十鈴依媛を皇后とする
綏靖三十三年	前五四九	前七	五月	崩御。年八十四（修正四十三歳、桃花鳥田丘上陵）
第三代　安寧天皇（磯城津彦玉手看天皇）				
	前五六七	前一六		生まれる
	前五四九	前七	七月	都を片塩に遷す。浮穴宮という。渟名底仲媛命を皇后とする
安寧三十九年	前五一一	一三	十二月	崩御。年五十七（修正二十九歳、畝傍山南御陰井上陵）
第四代　懿徳天皇（大日本彦耜友天皇）				
	前五五三	前九		生まれる
	前五一〇	一三	二月	即位。都を軽に遷す。曲峡宮という。天豊津媛命を皇后とする
懿徳三十四年	前四七七	三〇	九月	崩御。年七十七（修正三十九歳、畝傍山南纖沙谿上陵）

第五代　孝昭天皇（観松彦香殖稲天皇）

	前五〇六	一五		生まれる
	前四七五	三一	正月	即位。都を掖上に移す。池心宮という。世襲足媛を皇后とする
孝昭八十三年	前三九三	七二	八月	崩御。年一一四（修正五十八歳、掖上博多山上陵）

第六代　孝安天皇（日本足彦国押人天皇）

	前四二七	五五		生まれる
	前三九二	七二	正月	即位。都を室に遷す。秋津嶋宮という。押媛を皇后とする
孝安一〇二年	前二九一	一二三	正月	崩御。年一三七（修正六十九歳、玉手丘上陵）

第七代　孝霊天皇（大日本根子彦太瓊天皇）

	前三四二	九七		生まれる
	前二九一	一二三	正月	都を黒田に遷す。廬戸宮という。即位。細媛命を皇后とする
孝霊七十六年	前二一五	一六一	二月	崩御。年一二八（修正六十五歳、片丘馬坂陵）

第八代　孝元天皇（大日本根子彦国牽天皇）

	前二七三	一三二		生まれる
	前二一四	一六一	正月	即位。都を軽に遷す。境原宮という。欝色謎命を皇后とする
孝元五十七年	前一五八	一八九	九月	崩御。年一一六（修正五十八歳、剣池嶋上陵）

第九代　開化天皇（稚日本根子彦大日日天皇）

	前二〇八	一六四	生まれる
	前一五八	一八九	十一月　即位。都を春日に遷す。率川宮という。伊香色謎命を皇后とする
開化六十一年	前九八	二一九	四月　崩御。年一一一（修正五十六歳、春日率川坂本陵）

日夏　天皇の崩御年齢に関してはおかしいところはなくなったけど、四代懿徳天皇が三代安寧天皇八歳のときに生まれたことになるのは疑問ね。二代から三代、あるいは三代から四代へ引き継いだのが兄弟だったのに、父から子へと王権が引き継がれたように書き換えたのでしょうね。

智彦　代々の天皇すべてが都を遷しているね。

日夏　そうなの。わたしたちが都をイメージするとき、千年を超える長い年月にわたって都であり続けた平安京を思い浮かべてしまうのよね。ところが平安京より前は、それまでに都であったところをもう一度都にした天皇は一人もいないの。天皇が代わるたびに都をつくり替えるなんて大変なことだと考えるのは平安京を思い浮かべるからで、古代の都は平安京のように都の中にすべての官人が暮らすようなものではなく、政ができて天皇家が暮らすことができればよかったの。神社を「〇〇宮」と呼ぶことがあるし、都も「〇〇の宮」と呼ぶでしょ。都をつくることは、神社を建てるようなものだったのよ。

智彦　古代の天皇が代々都を替えた理由は何だったのだろう。

日夏　作家の井沢元彦さんが「日本における遷都は穢れを嫌ったことによる」と書いていたわ。わたしもそのとおりだと思うの。古代では、前の天皇の都は「穢れたところ」「触れてはいけない場所」とされていたの。

藤原京は、長い年月に耐えられるようにつくられたはずよ。呼び名も「宮」から「京」に変わったわ。しかし、それがたったの十六年で遷都となっているわ。平城京は少し長くて七十年余もったものの、やはり永遠の都にはなっていないわ。よほど穢れを恐れていたのね。

ところが、歴史学では遷都の理由は別にあるとされているの。藤原京での遷都については

①律令制確立には合わない都だった

②もっと大規模な都が必要になった

③汚水処理ができない都だった

などの理由が考えられているわ。①は具体的にどう合わないのか明らかにされていないわ。②は藤原京の方が平城京より大きいくらいよ。③は古代の人を甘くみすぎよ。古代人は一人ひとりが生活の知恵を持っていたので汚水のことを忘れるなどなかったのよ。

「京」は中国をまねて天子が代々住むものとしてつくられたものよ。そのことを頭では理解していても、日本人の心が穢れを恐れて代々引き継ぐ都をかたくなに拒否したの。平城京遷都一三〇〇年を前に奈良文化財研究所は「（平城京内で）聖武天皇以降、五代の天皇が即位するたびに大規模な宮殿の建て替えを行ったことが確実になった」という調査結果を発表したわ。聖武天皇、孝謙天皇、淳仁天皇、称徳天皇、光仁天皇の五代すべてにおいて、宮殿だけは必ず建て替えていたというの。

智彦　このことを歴史学では穢れを嫌ったためと考えていないの？

日夏　当時は権力抗争の時代で前代天皇を否定する意味があった、政治や行政の動きに呼応した組織改革のため、などの参考意見が添えられていて、調査結果を発表した奈良文化財研究所でさえ穢れを理由にしていなかったわ。前代天皇を否定するという意見も納得できないわ。受け継いでこその天皇よ。その政治手法を

否定するのであれば自分なりの政治をすれば済むことで、何も宮殿を建て替える必要はないわ。組織改革のためであれば宮殿はそのままにして、宮殿以外の役所を建て替えたはずよ。

智彦　そのとおりだね。歴史学での考え方では神武天皇以降、歴代すべての天皇が都を遷した理由を説明できないね。

翔　湯布院では都と陵の候補地も探しておいたよ。ただし、すべてオレの推測によるものだけれどね。

二代　綏靖天皇

葛城の高丘宮：並柳（なみやぎ）で、現陸上自衛隊駐屯地北側の並若（なみわか）天満社

桃花鳥田丘上陵：若杉地区

三代　安寧天皇

片塩の浮穴宮：金鱗湖の北側の神崎神社

畝傍山南御陰井上陵：やまなみハイウェイの狭霧台（さぎりだい）の西下。由布岳の南側で急な窪みがあって、道路はヘアピンカーブとなっている。「御陰井」の名にふさわしく、窪んだ地形で鈴木大明神がある。

四代　懿徳天皇

軽の曲峡宮：金鱗湖の天祖神社

畝傍山南纖沙谿上陵：やまなみハイウェイの由布岳登山口の少し西側で、由布岳の真南。五所神社があり、真北に一直線で由布岳山頂、霧島神社、塚原の白檮の尾上（神武陵）が並んでいる。

五代　孝昭天皇

掖上の池心宮：由布院駅北西の若宮八幡宮

掖上博多山上陵：福万山の手前の荒木神社の奥

六代　孝安天皇

室の秋津嶋宮：石武神社

玉手丘上陵：八山（はちやま）（亀山）

七代　孝霊天皇

黒田の廬戸宮：八山の西側の天満社

片丘馬坂陵：前徳野（まえどくの）の丘陵

八代　孝元天皇

軽の境原宮：南由布駅南東の天満宮

剣池嶋上陵：天満宮の南、高尾山手前の山腹。池もある。

九代　開化天皇

春日の率川宮：内徳野（うちどくの）の三つの川が合流しているところで、旧日野医院（重要文化財）のあたり

春日率川坂本陵：旧日野医院北側山手の正一位稲荷大明神

翔　神武天皇の塚原を除けば、あとは九代まですべて由布院盆地の中に都があったことになるよ。

日夏　湯布院倭説がますます強まってきたわね。ところでこの時代、湯布院倭以外の日本がどのようになっていたのかも考えておきたいわ。

智彦　記紀では倭以外のことには触れていないから、『後漢書（ごかんじょ）』東夷伝（とういでん）の記録から抜き出してみたよ。

①五七年：倭の奴国が朝貢してきた、光武帝が奴国王に印綬を与えた

②一〇七年：倭面国王が生口一六〇人を献上してきた
③一四七～一八九年：倭国は大乱で互いに攻めあい、長い間盟主となる者がいなかった

日夏　①は湯布院倭では孝昭天皇、②は孝安天皇、③は孝霊天皇から孝元天皇の時代にあたるわね。

智彦　記紀には朝貢したことが書かれていないし、大乱があった様子もないから、『後漢書』の倭国は湯布院倭のことではなさそうだね。

翔　ここでの倭国は博多湾岸の国々のことだよ。オレたちが『魏志』倭人伝を研究したとき、倭人伝の奴国は福岡県福岡市西区にあったとみただろ。天孫降臨神話で瓊瓊杵尊が国を譲り受けた場所でもあるよ。この瓊瓊杵尊の国が奴国で、次第に勢力を強めて五七年には中国に朝貢するに至ったと考えられないかな。あとは神話を解釈したとおり、糸島市前原が天照大神の子孫の国、糸島半島が月読尊の子孫の国、福岡市東部が素盞嗚尊の子孫の国で、これらを合わせて倭国と呼んだんだよ。のちに奴国が福岡市東部にまで侵出をはじめたために大乱となったんだ。

日夏　そうかもしれないわね。倭面国は謎のままね。あと気になるのは、五七年に奴国王が拝受した印が志賀島で発見された金印かどうかね。金印のことは宿題とするから、自分なりに考えてきてね。

第三章　大分僰都

二つの謎――金印とやまと三山

▽十一月三十日　日本古代史研究会　第五回

志賀島の金印

日夏　一般に、五七年の奴国朝貢のときの印が福岡県の志賀島（しかのしま）で発見された金印とされ、国宝となっているわ。ただ、志賀島にあった理由がわかっていないし「漢委奴国王」の読み方も確定していないの。そのため偽物説も根強くて真偽の結論は出ていないの。

翔　授業では「かんのわのなのこくおう」と習ったな。

日夏　それがね。「かんのいとこくおう」「かんのやまとこくおう」とする説もあるのよ。

智彦　ボクは三つとも違うと思うよ。「わのなのくに」ならば、「委」ではなくて「倭」が使われたはずだよ。この頃の印にはもっと画数が多いものがたくさんあるから、「倭」は字画が多いとする意見は論外だよ。「いとこく」ならば、「伊都」「怡土」などほかの字になったと思うよ。「やまとこく」は検討にも値しないよ。

翔　全部否定しちゃっていいのかい。たった五文字だぜ。ほかにどんな読み方があるんだよ。

智彦　金印や銅印など、近い時代の印をいくつかあたってみたんだ。「漢匈奴悪適尸逐王（かんきょうどあくてきしちくおう）」「廣陵王璽（こうりょうおうじ）」「滇王之印（てんおうのいん）」など、どの印にも「国」の字が入っていないよ。この頃の中国の印には「国」の字は使われていないから、志賀島の金印は偽物だとする人もいるようだね。でも、漢の周辺国はみな漢の領土内であり、その地方の王または役職としての扱いの印であった。だから国の字は使わなかったという見方もできるよ。そうすると、奴国は朝貢して来てはいるが、漢が直接支配しているわけではないので、漢に従う国の王に委ねたと考えるのが妥当なんだ。だから「かんが　ゆだねる　のこくおう」と読み、通常は使わない国の字を入れたことに対応して「委」の字も入ってきたんだよ。このように考えた結果、金印は本物で、五七年に拝受したものであると考えるよ。

翔　あとは、どうして志賀島にあったのかだな。

日夏　福岡平野の南東部、須玖岡本（すぐおかもと）遺跡あたりが奴国の中心だったとする人は、奴国が博多湾を東にぐるっと巡って、海の中道から志賀島までを領土にしていたからと考えているの。でも、どうして金印が須玖岡本遺跡ではなくて志賀島にあったのかの説明はできてないの。わたしたちは伊奘諾尊（いざなきのみこと）、伊奘冉尊（いざなみのみこと）が志賀島に眠っていると考えたわね。そのときから志賀島は特に偉大な王だけが墓所にすることを認められるようになったのではないかしら。金印を受けた奴国王も周辺諸国を従えることに成功し、中国に朝貢するまでに国を隆盛させたことで志賀島を墓所にできたの。だからその王が眠っている志賀島から金印が出てきても不思議ではないのよ。

智彦　むかしから「印棺遠からず」と言うものね。

日夏　それは「殷鑑遠からず」。金印が発見された志賀島南部の叶崎（かなのさき）は現在、金印公園となっているわ。この叶

智彦　崎は「金のみさき」からついた地名ではないかしら。
あり得るね。あっ、そうか。これで枕詞の謎がまた一つ解けたよ。『万葉集』に

ちはやぶる　金(かな)の岬を　過ぎぬとも　われは忘れじ　志賀の皇神(すめかみ)　一二三〇番

という歌があって、「やれやれ、玄海灘の荒れる鐘崎(かねざき)の沖を無事通り過ぎることができた。志賀海神社の神のおかげだということは決して忘れまい」と訳されているよ。でも「志賀の皇神」のおかげで通り過ぎることができた場所が、なぜ三〇キロも離れた宗像(むなかた)市鐘崎なのか理解できないよ。歌の「金の岬」が鐘崎ではなくて叶崎なら納得できるよね。すると訳はこうなるよ。「叶崎は通り過ぎてしまったが、(早くも過ぎ去った神代の)偉大な大王のことは決して忘れたりはしない」とね。どうだろう。

日夏　意味はその方がよくわかるわ。でもそうすると、枕詞の「ちはやぶる」が生きてこないのよね。ちはやぶるは「神」にかかり「荒々しいこと」と習ったわよ。智彦の訳では荒々しい感じがなくなってしまうわ。

智彦　それはね。「ち」は「千」で数が多い、「はや」は早い、「ふる」は経る、古いこととしたからだよ。つまり「早くも長い年月が過ぎ去ってしまった」という意味に変えたんだ。歌の中の「過ぎぬ」は金の岬を通り過ぎること(場所)と、遠い昔になってしまったこと(時間)の二つの意味をかけているんだ。ただ、変えたと言っても、もとの意味に立ち返っただけだよ。ボクがあらたにつくり出したわけではないんだ。落語で知られている歌もあるよね。

千早振る(ちはやふる)　神代(かみよ)もきかず　龍田川(たつた)　からくれなゐに　水くくるとは

この歌も「荒々しい神代でさえ聞いたことがない」とするより、「遠く過ぎ去った神代の昔でさえ聞いたことがない」とした方が素直に理解できるよ。

日夏　ホントね。智彦の言うとおりだわ。「ちはやぶる」なら叶崎で話が通るのに、荒々しい意味の「ちはやぶる」と考えたために鐘崎になってしまったのだわ。

智彦　ところで、一つ気になってきたのが奴国のことなんだ。奴国が福岡平野の西部にあったとすると、神武天皇は奴国出身と考えられるよ。五七年の朝貢より百年以上前、神武天皇が主力メンバーを引き連れて東征したことで、奴国自身が弱体化したとは考えられないかな。五七年に朝貢した王が、衰えていた奴国を盛り返したのかどうか疑問に思ったんだ。

翔　神武天皇は奴国の後継候補ではなかったと考えたらどうだ。奴国には代々、ちゃんとした後継者がいて衰退するどころか、むしろ強大化を維持しながら朝貢するにまで至ったんだ。神武天皇は、どちらかと言うとあぶれ者だったので、奴国から出て行ったんだよ。

日夏　神武天皇があぶれ者だなんて、はじめて聞いたわ。

翔　神武天皇だけでなく、祖父の彦火火出見尊のときからそうだったんだ。神話をおさらいしてみようか。彦火火出見尊の兄弟について『古事記』では火照命（海幸彦、隼人阿多祖）、火須勢理命、火遠理命（日子穂穂出見命、山幸彦）となっていたけど、『日本書紀』では火闌降命（隼人始祖）、彦火火出見尊、火明命（尾張連始祖）だよ。それに異説もたくさん並べられていただろ。これは、『古事記』の方が真実で、『日本書紀』の本文がウソだからたくさんの異説を並べてごまかしたんだよ。『日本書紀』の火闌降命は『古事記』の火照命と火須勢理命を一人にまとめたもので、火明命は瓊瓊杵尊の兄のことなのに、名前に火がつくことからここに持ってこられたんだと思う。真に注目すべきは目立たないように書かれている

『古事記』の火須勢理命で、この人が奴国の後継者だよ。そのために火照命は新しい土地を求めて鹿児島へと向かうことになり、火遠理命は糸島半島の海神の国の豊玉姫の婿養子になったんだ。火遠理命はのちに奴国に戻ったために、その子・鸕鷀草葺不合尊も孫の神武天皇も奴国内で不遇をかこつ人生を送っていたんだ。東征で兄弟そろって国を出て行ったのも、奴国にはもう居場所がなかったからだよ。五七年に朝貢した奴国王は火須勢理命の子孫。『日本書紀』は神武天皇が正統の後継者であったように見せかけるために火須勢理命の名を隠してしまったんだ。裏を返せば、火須勢理命が跡継ぎということさ。

やまと三山

日夏　『日本書紀』を進めるわ。

第十代　崇神天皇（御間城入彦五十瓊殖天皇）

記述年	西暦	修正年	日付	事項
	前一四八	一九四		生まれる
	前九七	二二〇	正月	即位。御間城姫を皇后とする。都を磯城に遷す。瑞籬宮という
崇神五年	前九三	二二二		疫病が流行り、民の半分以上が死ぬ
崇神六年	前九二	二二二		百姓が流離背反する。国の荒廃は天照大神と倭大国魂を大殿に並び祭ったためとして、天照大神を豊鍬入姫命に託して倭の笠縫邑

崇神七年	前九一	二二三		で祭る。倭大国魂神は渟名城入姫命に託して祭るが、姫の髪は落ち、痩せ衰えて祭ることができなかった 大物主神が夢に立ち「吾が子大田田根子に吾を祭らせれば直ちに疫病は治まる」という。大物主神を祭ると疫病は治まった
崇神十年	前八八	二二四	九月	四方（北陸、東海、西道、丹波）に将軍を遣わせる 倭迹迹日百襲姫命と大物主神の話、姫の墓を箸墓という
崇神十二年	前八六	二二五	九月	人口調査をして課税する。天下平なり、御肇国天皇といわれる
崇神十七年	前八一	二二八	七月	はじめて船舶を造る
崇神四十八年	前五〇	二四三	四月	豊城命に東国統治を命じ、活目尊を皇太子とする
崇神六十年	前三八	二四九	七月	出雲振根を殺す
崇神六十八年	前三〇	二五三	十二月	崩御。年一二〇（一二〇は計算が合わない。一一九か。修正六十歳、山辺道上陵）

翔　都のあった「磯城」は宇奈岐日女神社のあたりとみたよ。そうすると、二代から十代までの天皇が湯布院の中をほぼ左回りに都をつくったことになるね。

智彦　磯城について言葉から考えてみたんだ。磯城が大和の中心（都）であったから、「しきしまの」は大和にかかる枕詞だとされているけれど、そうであれば「かしはらの」「わきがみの」「かすがの」「かたしほの」など、みな大和の枕詞になっているはずなんだ。それに、「磯城」は辞書で「斎場、岩で囲い玉石を敷き詰めたところ、岩をめぐらした祭祀場」などとなっていて、「しきしまの大和」は「斎場の大和」になってしまうよ。きっと磯城には別の意味があるんだ。ここも奈良大和ではなくて湯布院倭のこととして考えるべきなんだ。ボクは「しき」が動詞「しく」の名詞形ではないかと考えたんだ。湯布院で「しく」ものといえば霧だよ。現代では霞や露に「しく」を使い、霧には「立つ」を使うことが多いけれど、古代では霧にも「しく」を使っていたんだ。そのため、いつも霧が敷き詰める場所に「しき」の名をつけたんだよ。天気が良くて冷え込んだ朝には必ずと言っていいほど濃い霧がしく宇奈岐日女神社あたりに磯城宮があったとする翔の説に及くものはなし。

翔　二二二年から二二三年にかけて疫病が流行ったとき、崇神天皇は天照大神を祭る豊鍬入姫とともに大分に遷り、湯布院倭から人がいなくなったと考えているんだ。そのときから大分が大倭の国となったんだ。

日夏　大分での都はどのあたりと考えているの？

翔　天皇の名前の御間城入彦（牧に入る）から推測して、大分川下流右岸の牧とみているよ。

日夏　天照大神を祭った笠縫邑も牧の近くなのかしら。

智彦　笠縫邑は大分市西部の生石だよ。『万葉集』の高市黒人の歌に笠縫が出てくるんだ。

四極山　打ち越え見れば　笠縫の　島漕ぎかくる　棚なし小舟　　二七二番

注では、「四極山」は「大阪住吉の地の山か、愛知県渥美湾を望む山か」となっているけれど、高崎山のことなんだ。「四極」は師走（十二月）と同じ意味だよ。師走を「師が走るほど忙しい月」とするのは間違いで、「一年の最後の月で、もうあとがない仕果てる月」のことだよ。四極山は北側が別府湾に落ち込んでいて山裾がないことからその名がついたんだ。歌は別府側から高崎山を越えたときに見える光景を詠んだものだよ。そして生石港（大分港）の西隅にあった笠結島が笠縫島のことなんだ。

日夏　では、渟名城入姫命が祭った倭大国魂神はどこに行ったのかしら。天照大神といっしょに祭ると国が荒廃してしまうから、ちょっと離れたところになるわね。

翔　ちょっとやそっとではなかったのさ。疫病が流行ったとき、流離背反するものが出たのは、崇神天皇と訣別した人々がいたことを表しているんだ。この人たちが倭大国魂神を祭る新たなる土地を求めて行き着いたのは奈良県桜井市の三輪山のふもとだったんだ。

日夏　離れすぎじゃない？　それにどこから三輪山が出てくるのよ。

翔　疫病の話のあとすぐに「倭迹迹日百襲姫命と大物主神の話」や「箸墓の話」が出てくるだろ。きっと関係アリとにらんだのさ。それに大和は山に囲まれていて倭大国魂神を祭るのにふさわしい地形でもあるだろ。もう一つ加えると、このとき桜井市に入った一族と同族の人々がすでにそこに住んでいて、三輪山信仰の情報も伝わっていたんだ。だから湯布院倭を脱出した一行はあてがあって桜井市に向かったんだ。

智彦　そうすると、桜井市の巻野内石塚古墳。あるいは、ホケノ山古墳の被葬者が渟名城入媛ということも考えられるんだ。

日夏　ちょっと待って。桜井市に入った一族とか、すでに住んでいた同族とは何なのよ。ちゃんと説明してよ。

翔　話すと長くなるので、ごく簡単に言うよ。離反して桜井市に入った一族とは素戔嗚族の一支族である事代主神系の子孫で、媛蹈鞴五十鈴媛命が神武天皇正妃となったとき、五十鈴媛命について湯布院に入った人たちだよ。すでに桜井市に居住していた同族とは、同じく素戔嗚族で三輪山信仰をはじめた人たちのことだよ。

このあとに続く『日本書紀』の記述は、国を遷した大分大倭の新しい動きを並べたものなんだ。二二四年「四方に将軍を遣わせる」は大和のこととして書かれているから北陸、東海、西道、丹波の地名が出ているわけだが、大分大倭から四方をみれば北は国東市や杵築市、西は由布市挾間町や大分市野津原、南は豊後大野市や臼杵市野津町、東は大分市佐賀関といったところだよ。将軍を派遣したのも、新しい国に遷ったことでその必要が生じたんだ。この時点で大和王朝が日本全国を統一していたならば、将軍を各地に派遣する必要はないよ。次の二二五年「人口調査をして課税する。天下平なり、御肇国天皇といわれる」で、人口を調査したのも新しい国ができたことを示しているんだ。三百年近く住んできた湯布院であれば、今さら調査する必要はないよ。まして大和をやだよ。人口調査のあとで御肇国天皇といわれたのも、このとき国を遷したことを示しているんだ。

日夏　「はつくにしらす」の名は神武天皇と崇神天皇の二人についているの。同じ場所を治めたのであれば二人に同じ称号があるのはおかしいので、初代神武天皇から開化天皇までは架空の天皇で、崇神天皇が本当は初代だったや、神武天皇から開化天皇はのちの時代の話を重複させたものだ、などと考えられているの。でも神武天皇がはじめて湯布院倭を治め、崇神天皇がはじめて大分大倭を治めたのならば二人ともに「はつくにしらす」と呼ばれてもおかしくはないわけね。

智彦　そうだよ。だから二人ともにはじめてその国を治めたことを示す「神」の字がついているんだ。ただし、崇神天皇は湯布院倭から出ざるを得ない状況で新しい国をつくったので、一字目でなく二字目なんだ。崇神天皇は、遷祀（神を遷す）しただけでなく、新しい国をつくって都を定めたのだから、遷都でなく奠都と言った方がよさそうだね。

翔　そんな言葉があったのか。遷祀も奠都もはじめて聞いたよ。

日夏　それに「崇」は崇高の意味にみえても、実は「祟り」を暗示しているのね。湯布院倭史上、未曽有の疫病に遭って湯布院を捨てたのだから無理もないわ。崇神天皇は同母の妹を皇后にしてしまったのだから、厄災は起こるべくして起こったの。それゆえに「崇」の字がつけられたんだわ。井沢元彦さんが「崇」と「祟」は草書体では区別がつかない字で、崇徳天皇、崇峻天皇、崇道天皇の三人はタタリ神だと書いていたわ。崇神天皇の場合は「祟られた」の意味になるわね。

翔　皇后が実の妹だとどうしてわかるんだ？『日本書紀』にそのようなことが書かれていたかな。

日夏　『古事記』に出ているの。「若倭根子日子大毘毘命（開化天皇）、庶母伊迦賀色許売命を娶して生みませる御子、御真木入日子印恵命（崇神天皇）、次に御真津比売命（御間城姫）。二柱」とはっきり書かれているわ。あとで「御真木入日子印恵命、大毘古命の女、御真津比売命を娶して生みませる御子、伊玖米入日子伊沙知命（垂仁天皇）」とごまかしているけれどね。古代でも同母の姉妹との結婚はタブーだったのよ。

翔　若倭根子日子大毘毘命と大毘古命は同一人物ということだな。

日夏　「祟神を遷し却る」という祝詞があるの。「大倭日高見国を安国と定めてきた皇御孫の尊の、天の御舎に坐す皇神等は荒び健ぶことをやめて神直び大直びに直したまいて、この地より四方を見晴るかす山川の清き地に遷り出て、そこを吾が地としてください。ありとあらゆる幣帛を山の如くにたてまつりますので、どうか神ながら鎮まりください」というものよ。崇神が誰のこととは言っていないけれど、「崇神天皇は祟り神だから湯布院から出て行ってください。広い大分へ遷ってください」と読めるでしょ。

翔　次の「はじめて船舶を造る」も国が替わったことを示しているよ。内陸の湯布院から海に面した大分に出てきたのだから当然だよ。そして「豊城命に東国の統治を命じる」は奈良大和からみれば東国は関東方面になってしまうが、ここは大分大倭の東で四国とみるよ。船もつくったことだしね。

日夏　「出雲振根を殺す」の出雲は博多湾の出雲のことなのかしら。島根の出雲とは思えないもの。

翔　ここで言う出雲は杵築市のことではないかな。杵築の守江湾には長い砂嘴が伸びているから、出雲と呼ばれていたとしてもおかしくはないだろ。

日夏　そういえば、杵築はかつて「木付」と書かれていたし、出雲大社も「木付大社」と呼ばれていたのよね。だから杵築も「出雲」と呼ばれていたことはあり得るわ。すると、出雲振根は素盞嗚系の人と推測されるわ。杵築には八坂神社や八坂地名もあって、八坂川も流れているから、素盞嗚尊に縁が深そうよ。次の二五三年の崩御（山辺道上陵）についてはどう？　『古事記』では「山辺の道の勾岡上陵」となっているわ。陵が大和にあると考える人は、「山辺の道」から奈良県天理市柳本町の行燈山古墳とみているわ。

智彦　行燈山古墳は濠のある前方後円墳だから、ずっとあとの古墳だよ。大分大倭で考えるなら「勾岡」は牧の南にある曲と思うよ。

日夏　崇神天皇は湯布院から出て大分に新しい国をつくったとの結論でいいわね。あと、一部の人々は桜井市まで行ってしまったわけでしょ。桜井市付近には湯布院につながるような似た地名や遺物はないのかしら。

翔　湯布院倭関連の地名は書き換えられているし、遺物のこともわからないけど、山の名からはそのつながりが連想できるよ。鶴見岳は香具山のことで、由布岳が畝傍山なんだからな。

日夏　でも二つだけでは偶然と言われそうよ。

翔　では、この地図で「大和三山」と呼ばれている三つの山の位置を見てよ。それからこちらの鶴見岳、由布岳の載った地図と比べて何か気がつかないかい？

日夏　天香久山から見た畝傍山の方向と鶴見岳から見た由布岳の方向が同じだわ。

翔　それだけではないよ。耳成山と内山の位置が似ているだろ。

日夏　ホントだわ。天香久山と畝傍山、耳成山でつくる三角形と鶴見岳、由布岳、内山の三角形がそっくりじゃないの。

翔　このことは前に何かで読んだんだが、何だったか覚えていないんだ。ごめん。

日夏　内山はむかし、耳成山と呼ばれていたのかしら。

翔　そうだと思うよ。湯布院倭の人々が桜井市に移住していったとき、大分大倭の倭三山とそっくり同じ位置に三つの山があることに気がついたんだ。それで倭三山にあやかって同じ名をつけたんだ。のちに大分大倭の三山の名は消されてしまい、大和三山だけが残ったんだ。

智彦　大和の天香久山が火山でもないのに「かぐ山」の名がついたのはそのためだったんだ。

日夏　畝傍山は「火がうねる」ことからと言われているわ。これはどう考えたらいいの？

智彦　それはボクにまかせて。「たまだすき」のときから「うねび」のことも考えておいたんだ。由布岳は東峰と西峰の二つの頂が並んでいるんだ。その特徴から「うね」は盛り上がったところ、つまり山頂のことで「び」は同じような形のものが向かい合っている状態を指すのではないかと考えたんだ。うろおぼえだけど、李寧熙さんが「ハート形をして、葉軸側が向かい合う葉っぱの植物名にはビがつくものが多く、韓国語にも同じ形が向かい合っているものにビがつくものがある。アオイは併せ見(アブルビ)が変化したもの」と書いていたことを思い出してね。それでボクなりに調べ直してみたよ。植物ではワサビ、イチビ、マタタビ、エビカズラ（やまぶどう）などにビがついているね。

日夏　マタタビの葉は丸っこいと思っていたけれど、違ったかしら。

智彦　マタタビの葉は楕円形（卵型）のものが多いんだが、なぜかその中にハート形のものが交じっていてね。そのためにビがついたんだ。エビは曲った形がエビカズラの葉の曲線に似ているからかな。あと、シビ

（マグロ）は尾ひれが上下にピンと向かい合っているからついた名かもしれないね。アケビは「開いた実」とされているが「実が開いて向かい合っている」からで、アワビは「向かい合うものがない」からだろうね。韓国語も辞典で調べてみたよ。ホタテが「カリビ」、ツバメが「チェービ」、チョウが「ナビ」なんだ。何だか関係がありそうだよね。

日夏　ツバメはどこが向かい合うのよ。

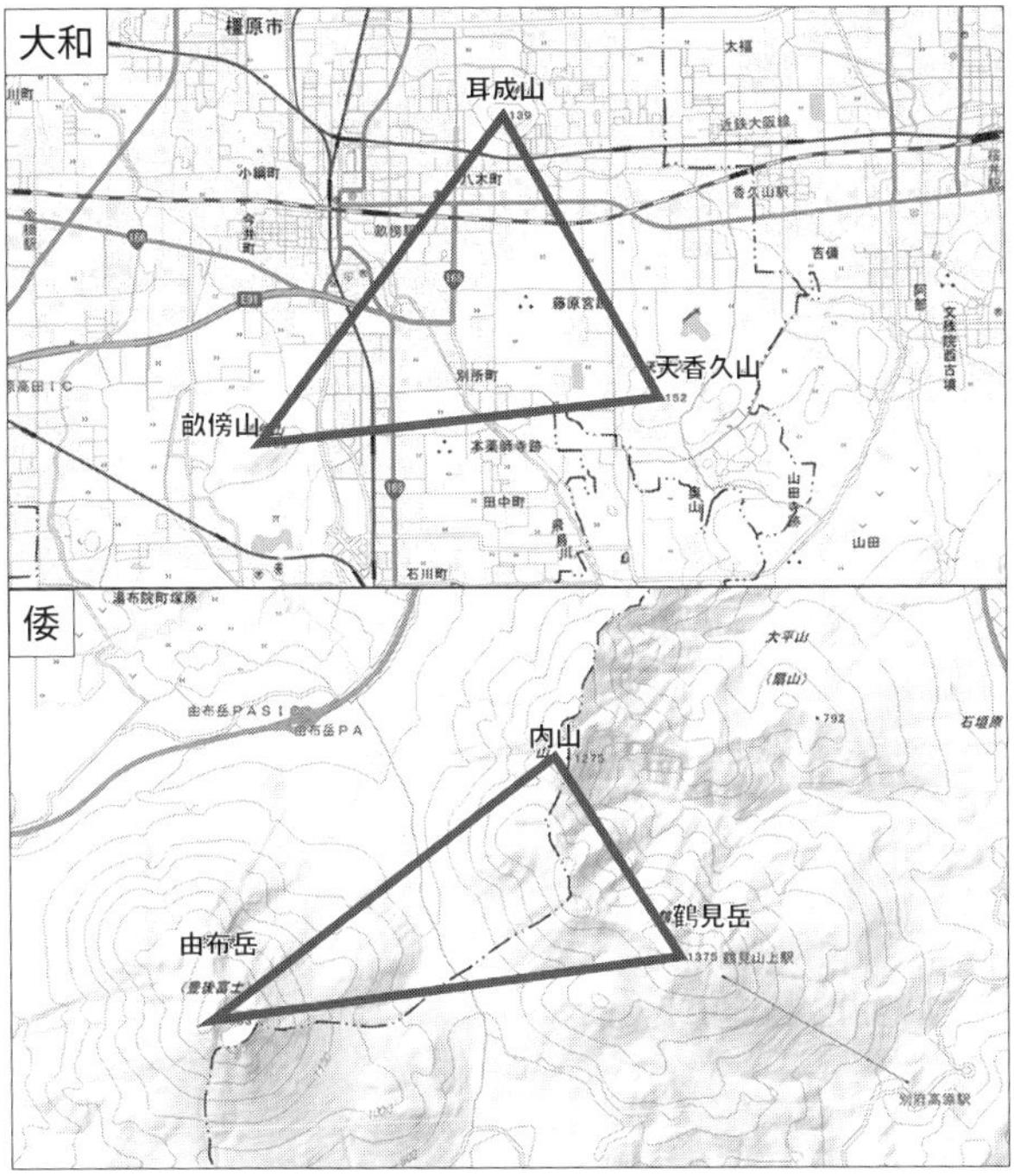

やまと三山（地理院地図を一部改変）

智彦　尾だよ。尾が二つに分かれて向かい合っているよ。燕尾服はそこからきているんだ。

翔　由布岳は似た二つの山頂が向かい合っているので、畝傍山と呼ばれていたんだな。

日夏　次は耳成山。大和の耳成山は円錐形で余分なところがないから「耳なし」とされているわ。

翔　それは違うね。円錐形の山を耳なしと呼ぶなら、耳なし山は日本国中あふれているよ。内山は大分大倭から見たとき、山の中央部に山頂はなく、左側の側面のように見えるところが山頂なんだ。はしっこ（耳）の山頂が特徴の山だから耳成山

智彦　なんだ。
大和三山の前に倭三山があったんだ。不思議だなと思っていた歌の背景がわかったよ。『万葉集』に中大兄皇子（のちの天智天皇）が詠んだ三山の歌があるんだ。

香久山（高山）は　畝傍を惜しと　耳成と　相争いき　神代より　かくにあるらし　古昔も　然にあれこそ　うつせみも　妻を　争ふらしき　十三番

反歌

香久山と　耳梨山とあひしとき　立ちて見に来し　印南国原　十四番
わたつみの　豊旗雲に　入日さし　今夜の月夜　さやに照りこそ　十五番

大和三山をうたうのに何で海を意味する枕詞「わたつみの」が出てくるのかなと思っていたよ。十五番について注では、「豊旗雲」の「豊」は単なる美称となっていたけど、「豊」は「豊国」を指していて、「豊旗雲」は「豊国にはためく雲」なんだ。歌は大分大倭の海辺から別府湾の向こうに倭三山を眺めた情景で、山際に沈む夕日が湾上の雲を紅く染めていることを詠んだものなんだ。「わたつみの」が豊にかかるのも大分大倭が海に面していたからだよ。

日夏　歌では鶴見岳（香具山）が雄山で、由布岳（畝傍山）は雌山ね。『万葉集』の原文も「高山」と書いて「かぐやま」と読ませているけど、由布岳の方が高いから雄山ではないの?

翔　歌が詠まれた頃は鶴見岳の方が由布岳よりも高かったんだが、八六七（貞観九）年の大噴火で山頂が吹き

大分市から別府湾越しに望む倭三山。左から高崎山（四極山）、由布岳（畝傍山）、鶴見岳（香具山）、内山（耳成山）

飛んで由布岳と高さが逆転したんだ。由布岳が雌山なのは山の神が畝傍日女ということからもわかるよ。鶴見岳がもと香具山だったことは『風土記』からも推測できるんだ。
『伊予国風土記逸文』に「伊予の役所の東北に天山（あめやま）がある。大和の国に天の香久山があるが、その山が天から降って来たときに二つに割れて片方がこの伊予の国に天降った。それで天山と名づけられている」とあるんだ。この部分がわざわざ残されているのは、ウソがあったからだよ。つまり、そのように書かされたということなんだ。第一、大和と伊予の結びつきが少しも示されていないよ。割れたもう片方の山は大分大倭の香具山が真相だよ。『伊予国風土記』の執筆者は天山については命令されたとおりに書いたものの、どうも気が済まなかったんだ。それで「別府の温泉と松山道後温泉は樋でつながっている」と書き加えているよ。鶴見岳こそ香具山で、天山とは地下でつながっていると言い直しているんだ。別府と松山に同族の人たちが別れ住んだことを意味しているのだろうな。

智彦　ところで、倭三山の話から、大分大倭にもかつて「吉野」があったのではないかと思えてきたよ。『万葉集』には、天香久山と畝傍山、耳成山、それに遠くではあるが吉野の山に囲まれ

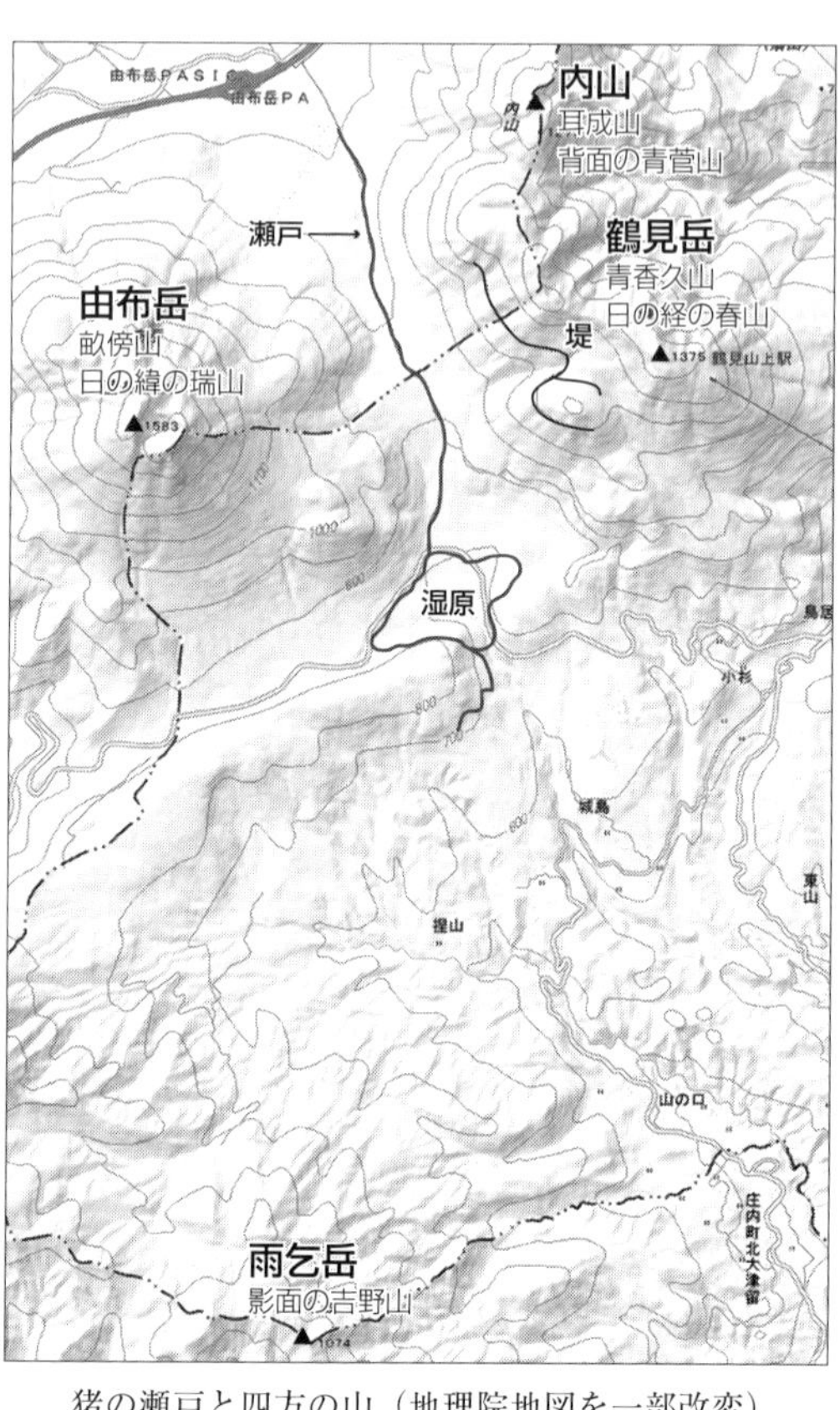

猪の瀬戸と四方の山（地理院地図を一部改変）

た「藤原の宮の湧水」を称えた歌があるんだが、その歌も見方によっては大分大倭の「倭三山と吉野」を詠んだと考えられそうなんだ。

やすみしし　わご大王　高照らす
日の皇子　あらたへの　藤井が原に
大御門　始めたまひて　埴安の　堤
の上に　あり立たし　見したまへば
大和の　青香久山は　日の経の　大
き御門に　春山と　しみさび立てり
畝傍の　この瑞山は　日の緯の　大
き御門に　瑞山と　山さびいます　耳成の　青菅山は　背面の
大き御門に　よろしなへ　神さび立
てり　名ぐはしき　吉野の山は　影面の　大き御門ゆ　雲居にそ
遠くありける　高知るや　天の御
陰　天知るや　日の御陰の　水こそは　常にあらめ　御井の清水
五十二番

奥別府に「猪の瀬戸」と呼ばれる湿原があってね。瀬戸の東が鶴見岳、西は由布岳、北が内山、南にちょっと離れて雨乞岳が控えている場所なんだ。そして、猪の瀬戸から鶴見岳に登る途中の小高い丘を歌の「堤の上」とみるんだ。そこから周囲を見渡すと鶴見岳が東（日の経）、由布岳が西（日の緯）、内山が北（背面）、雨乞岳が南（影面）となるよ。歌での「青香久山」は鶴見岳のことで「春山」、「瑞山」が由布岳、「青菅山」が内山なんだ。内山は草原の山だから青菅山にぴったりだよ。雨乞岳は昔の名が長野山なんだが、さらその前が吉野山だったのではないかな。「吉野」は奈良の吉野に限らず、水の豊かな土地のことで、吉井や吉見などの地名のところも水に恵まれた土地だよ。雨乞岳もその名からわかるように水神の山で、実際に水の豊かなところなんだ。雨乞岳の南側（由布市庄内町）には諏訪神社湧水、阿弥陀水、鳴沢湧水、八幡社湧水、竜原湧水などたくさんの水源があるよ。

日夏　「猪の瀬戸」は猪がたくさんいたからとされているけれど、真相は水が湧いている「井の瀬戸」なのね。

▽十二月七日　日本古代史研究会　第六回

かぐや姫

日夏　ではさっそく入るわね。

第十一代　垂仁天皇（活目入彦五十狭茅天皇）

記述年	西暦	修正年	日付	事項
	前六九	二三四		生まれる
	前二九	二五四	正月	即位。狭穂姫を皇后とする。纏向に都つくる。珠城宮という
垂仁五年	前二五	二五六	十月	狭穂彦が謀反を起こし、皇后とともに焼死する

垂仁七年	前二三	二五七	七月	当麻蹶速と出雲の野見宿禰が闘う
垂仁十五年	前一五	二六一	二月	丹波の五人の女を納る。日葉酢媛、渟葉田瓊入媛、真砥野媛、薊瓊入媛、竹野媛。日葉酢媛を皇后とする。竹野媛は醜いので国へ返すが、媛は帰途羞じて死ぬ
垂仁二十五年	前五	二六六	三月	天照大神を倭姫命に託す。姫は大神を鎮め坐させるところを求めて菟田、近江、美濃を回って伊勢に至り、斎宮を五十鈴川のほとりに興てる。磯宮という 一書では、大倭大神を渟名城稚姫命に祭らせるが、姫は痩せ弱り祭ることができなかった
垂仁二十八年	前二	二六七	十月	弟の倭彦命が薨去。以後の殉死を禁ずる
垂仁三十二年	三	二六九	七月	皇后薨去。野見宿禰が出雲の土部を呼んで埴輪を作り、墓に立てる
垂仁九十年	六一	二九八	二月	田道間守が常世国に非時の香果を求めて旅に出る
垂仁九十九年	七〇	三〇三	七月	崩御。年一四〇（修正七十歳、菅原伏見陵）

翔　二五四年に都がつくられた「纏向」は大分市下郡とみているよ。牧を北東に見る（牧に向く）ところだよ。

智彦　二五七年「当麻蹶速と出雲の野見宿禰が闘う」では、出雲から宿禰をその日のうちに召したとあったね。とすると、博多湾や島根の出雲ではなくて杵築の出雲のことだろうね。

日夏　相手の当麻蹶速はどこの人かしら。力自慢が伝わっているくらいだから、都の近くでしょうね。

智彦　下郡の南側の滝尾(たきお)はどうだろう。「たぎ」は山裾が入り組んで、のこぎりの刃のようなギザギザの地形を意味しているんだ。滝がないのに「たき」がつく地名や平でもないのに「たい」がつく地名はこの「たぎ」からきたものと考えられるよ。滝尾は背後の高尾山の山裾が伸びてギザギザの地形になっているよ。

翔　武生(たけふ)や武雄(たけお)もそうなのかな。大分県日田(ひた)市の鯛生(たいお)もかなり怪しいな。山の中にある海水魚の名前を冠した地名は目立つよな。

日夏　「丹波の五人の女を納る」についてはどう?　わたしはとても気になっていることがあるの。

智彦　ボクも丹波について気になっているんだ。丹波の語源を調べてみると、

①赤い波をうっている湖　／　②赤米の穂が垂れている田

③谷間　／　④谷端　／　⑤田庭

などが挙げられているよ。どの候補でも兵庫県から京都府にかけての丹波にはしっくりこないよ。おそらく別の丹波があって、語源もほかにあるんだ。ボクは丹波の「た」を棚状の台地のこととして、丹波を「棚庭」と考えてみたんだ。別府湾が難波（日の庭）で、別府湾から先に突き出た日出(ひじ)を丹波（棚庭）と呼んだのではないかな。読み方の変化も共通しているよ。「なには→なんば」「たには→たんば」だからね。

翔　日出は標高二〇～五〇メートルくらいの海成段丘で、高い山はないから棚とみてもおかしくはないよ。

日夏　日出には真那井(まない)という地名があって、伊勢神宮外宮(げくう)の豊受大神宮(とようけだいじんぐう)の行事や儀式を記した『止由気宮儀式帳(とゆけぐうぎしきちょう)』の中に「丹波国の比治(ひじ)の真奈井に坐す御饌都神等由気大神(みけつかみとゆけおおかみ)」とあるの。「止由気」が「豊受」で「比治」が日出、「真奈井」が真那井ではないかしら。

翔　丹波を日出のこととして、その日出から渟葉田瓊入媛と薊瓊入媛はどこに行ったと思う?　「入」の字がつくことから、妃となってどこかに移り住んだはずだよ。オレはその場所を都のある下郡からそう離れて

いない場所と推定したんだ。「渟葉田」は埴田（泥田）のことで、下郡のすぐ南の羽田、「薊」は羽田の大分川対岸の羽屋字浅見田と考えたんだがどうだろう。

智彦　位置的にも地形的にもあり得る場所だね。

翔　ところで日夏が気になっているのはなんだい？

日夏　丹波の五人の女についてなの。『古事記』ではなぜか竹野媛が抜けて、代わりに大筒木垂根王の娘の迦具夜比売命が入っているわ。竹野媛が天皇に相手にされずに国へ返されたのに対して、迦具夜比売は袁邪辨王を生んでいるわ。『竹取物語』は平安時代のつくり話と思っていたけれど、迦具夜比売は実在したのではないか、『日本書紀』では何らかの事情でその存在を隠されたのではないかと考え直してみたの。「かぐや」の名から香具山（鶴見岳）との関わりが想像されるわ。迦具夜比売は鶴見岳の近くで生まれ育ったのではないかしら。父親は大筒木の王、つまり竹の王だから『竹取物語』の竹取の翁のことよ。別府は「湯の町」であるだけでなく「竹の町」でもあるわ。竹製品は別府の伝統工芸品よ。『古事記』では、大筒木垂根王の父は比古由牟須美命。意味は「湯結び」で温泉の王と考えられるわ。この三代は「温泉」と「竹」と「鶴見岳」に関連があるのよ。それに、比古湯牟須美命の母が竹野比売（竹野媛とは別人）で、文字通り「竹の姫」よ。また、その父の名は由碁理で「湯垢離」のことと思われるわ。迦具夜比売を『日本書紀』に登場させると、鶴見岳と温泉と竹とを結びつけて別府を連想することは難しくないわ。都が別府からそう遠くないこともわかってしまうのよ。それで迦具夜比売は隠されてしまったのではないかしら。

翔　ここで「かぐや姫」が出てくるとは夢にも思わなかったよ。国へ返された竹野媛は迦具夜比売と同一人物だね。その名から迦具夜比売が連想できるようにはしてあるんだ。そうなると、次に「醜いので国へ返すが、媛は帰途羞じて死ぬ」が気になるね。子を生しているくらいだから、今さら「醜いので」はないよな。

別の理由で追放され、死に至ったとみるべきなんだろうな。

日夏　そうなの。『竹取物語』は、無実の罪で追放されて死んでしまった迦具夜比売をなぐさめるためにつくられたのよ。

翔　要するに冤罪で死んだんだ。どのような罪を着せられたと考えたのかい？

日夏　殺人よ。二六七年に天皇の弟の倭彦命が亡くなっているわね。倭彦命は迦具夜比売が呪い殺したとされたの。迦具夜比売は巫女で、強い呪力を持っていたのね。わたしは糸島半島から別府に移ってきた海人族の娘とみているの。糸島半島は月読尊を始祖として豊玉姫や玉依姫が出たところよ。その一族は、別府では火を噴く鶴見岳と温泉と竹でさらに霊力を磨いたの。『竹取物語』のかぐや姫が月に帰るのは、始祖が月読尊だからよ。

翔　殺人とはすさまじいな。倭彦命は単なる病死で、迦具夜比売が追放された理由は、性格の不一致とか不倫を疑われたとかではないのかい。

日夏　実は、同じようなことが奈良時代にも起こっているの。奈良時代末の七七〇（宝亀元）年、白壁王が即位して光仁天皇となるの。皇后は聖武天皇の娘の井上内親王で、子の他戸親王は翌年に皇太子となったわ。ところが七七二（宝亀三）年、皇后が天皇を呪ったという噂がたち、翌年には天皇の姉を呪い殺したとされてしまい、母子は幽閉されて七七五（宝亀六）年に二人とも急死してしまうの。他戸親王の代わりに皇太子となったのが山部親王、のちの桓武天皇よ。二人が死んだあと繰り返し天変地異が起こったとされているわ。桓武天皇が平城京を捨てたのは二人の怨霊を恐れてのことだったのよ。そのとき人々は「ああ、これは迦具夜比売と同じだ」と考えたの。偶然か、子の名まで似ているわ。袁邪辨王と他戸親王よ。人々は表立って桓武天皇を批判することはできないので、かぐや姫の話として『竹取物語』をつくり、迦具夜比売と井上内親王をなぐさめると同時に二人の無実を後世に伝えようとしたのよ。

翔　まいったね、日夏の考えを認めるよ。ところで、温泉や竹で霊力を高めることができるのか。月や火山は何となくそうかなと思うんだが。

日夏　別府市の鉄輪温泉は知っているわね。鉄輪の由来は、一遍上人が錫杖の鉄の輪を投げて地獄を鎮めたや、投げたところから湯が湧いたなどとなっているの。でも、『豊後国風土記』に出てくる「河直山」が鉄輪のもとではないかと思うのよ。

翔　赤湯泉や玖倍理湯のところで出ていたな。赤湯泉は今の血の池地獄のことで、玖倍理湯は人が大声を出すと驚いて湧き上がるとあるから、間歇泉の龍巻地獄のことだろうな。どちらも鉄輪の近くではあるな。だが「河直（鉄輪）」が霊力とどう結びつけくんだ？

日夏　「河直」のもとが「神直」だと考えるからよ。前に「祟神を遷し却る」ための祝詞のことは話したわね。その中に「荒び健ぶ皇神を神直び大直びに直したまい」とあったでしょ。温泉は荒々しい神をなおして穏やかな神に変える力を持っていると考えたのではないかしら。

翔　そうか。神さえもなおすのだから温泉には霊力があるんだ。ますます温泉好きになりそうだよ。

日夏　翔には地獄めぐりが似合っているわ。

翔　いいさ。海地獄では本物の温泉たまごが味わえるものな。

日夏　どうしても食べ物につながっちゃうのね。

翔　冗談はさておき、竹の方の霊力はどうなるんだ？

日夏　竹は成長がとても早いことから、霊力を持っていると考えられたのではないかしら。『古事記』の応神天皇の挿話に春山之霞壮夫の母親が一節竹で竹籠をつくり、竹の葉で包んで「この竹の葉が萎びるように萎

智彦　れよ」と秋山之下氷壮夫を呪ったとあったわ。

竹玉を詠んだものも『万葉集』三七九番、四二〇番、一七九〇番、三二八四番にあるよ。竹玉は「竹を輪切りにしてひもでつないだもので、神事に用いる」とされているよ。四二〇番は石田王が卒したときに丹生王が詠んだ歌で「竹玉を貫き垂れて祈っておきさえすれば助かったであろうに」とうたっているんだ。ほかの歌でも同じような使われ方をしているよ。竹玉は呪詛を祓うもののようだね。

日夏　竹が呪詛や呪詛を祓うことに使われていたのならば迦具夜比売の呪具にもなり得るわ。

智彦　竹から人が生まれ、求婚者に難題を課す話はもともと中国の伝説にあるものだから、『竹取物語』の主題がそこにないことはあきらかだよ。物語の真の目的は冤罪を世に告げることにあったんだ。

日夏　『竹取物語』の終わりで、かぐや姫が月の国に帰り、帝は姫からもらった不死の薬を富士山頂で焼かせるわ。「駿河の国なる、この都も近く天も近く侍る山」が富士山となっているの。富士山が天に近いはわかるとして、都（平安京）に近いはヘンよ。物語の解説では中国（唐）より近いと説明していたけれど、どうしてここで突然唐が出てくるのか理解できないわ。不死の薬を焼いたのは香具山（鶴見岳）の山頂よ。何と言っても、その方がかぐや姫の物語にふさわしいわ。それに鶴見岳なら大分大倭の都から近いわ。

智彦　無実の罪で死んだとなると、かぐや姫も怨霊となって恐れられたはずだよ。かぐや姫が祟ったなどと聞いたことがないな。

日夏　かぐや姫の名ではね。でも、祟り神になったの。それも倭国史上最恐の祟り神にね。倭彦命の死から二年後の二六九年に皇后の日葉酢媛が薨じているわ。人々はこれを祟りと信じ恐れたのよ。どうしてだか想像できる？　迦具夜比売は醜いどころか美女だったの。迦具夜比売に心を奪われた倭彦命は何度も言い寄るものの相手にされなかったの。傷心の倭彦命はそのためにみずから命を絶ってしまったのね。

智彦　『竹取物語』では五人の求婚者の中に一人だけ死んでしまった人がいたね。それが倭彦命を指しているのかな。

日夏　そうかもしれないわ。倭彦命の死について、迦具夜比売には何の罪もないのに、迦具夜比売は倭彦命と遊んだあげく袖にした、と話に尾ひれをつけて讒言したのが日葉酢媛よ。日葉酢媛は迦具夜比売に嫉妬していたの。日葉酢媛は皇后であり巫女でもあったけれど、霊能者としては迦具夜比売の方が重用されていたのね。これで倭彦命の死因も迦具夜比売の追放の理由も、祟り神になった理由もわかったでしょ。

智彦　そのようなことは記紀に書かれていなかったよ。

日夏　それはそうよ。わたしの想像だもの。でも、記紀を合わせて考えるとどうしてもそうなってしまうの。それに祟り神になった迦具夜比売を鎮める祝詞もちゃんとあるのよ。春秋二年制について考えたときに大祓詞が出てきたでしょ。その中に瀬織津比売、速開都比売、気吹戸主、速佐須良比売という記紀には登場しない神々が出てくるの。大祓詞の概略はこうよ。

「皇孫が大倭日高見国を治めていたが、天の益人等が種々の罪を犯してしまった。その罪に対しては天つ祝詞をあげなさい。そうすれば天の神は天の門を開いて聞いてくださるだろう。国つ神も高山の末、短山の末に上って高山の伊褒理、短山の伊褒理を掻き別けて聞いてくださるだろう。天の神、国の神が聞いてくださったなら多くの罪は祓われ、残った罪も高山の末、短山の末より佐久那太理に落ち多岐つ速川の瀬に坐す瀬織津比売という神が大海原に持ち出すだろう。此く持ち出せば荒潮の潮の八百道の八潮道の潮の八百会に坐す速開都比売という神が持ち加加呑んでしまうだろう。此く加加呑んでしまえば気吹戸に坐す気吹戸主という神が根国底国に気吹きを放つだろう。気吹きを放てば根国底国に坐す速佐須良比売という神は持ち佐須良い失いてむ、此く佐須良い失いては罪といふ罪は在らじと祓え給い清め給うことを、天つ神、国つ神、八百万神等共に聞こし食せと白す」。

文体が中途半端でごめんね。奏上したときの感じをできるだけ残そうとしたらこうなっちゃったの。

翔 いや、良かったよ。言葉にリズムがあっていいねえ。なんだか祝詞ファンになってしまいそうだよ。

日夏 一見したところでは罪を祓うための祝詞のようでしょ。でもよく読むと、速佐須良比売の「さすらい」を止めるためのものとわかるわ。「速佐須良比売がさすらい続けている間は祟りがある、だから祝詞をあげて比売の怒り、恨みを鎮めよう」とわたしは読んだの。この速佐須良比売こそが迦具夜比売なの。祝詞の「高山」「短山」は鶴見岳と内山で、「高山の伊褒理」「短山の伊褒理」は湯煙のこととみたわ。「高山の末、短山の末より佐久那太理に落ち多岐つ速川」は鶴見岳と内山との間を切り裂くように一気に流れ落ちる境川よ。近年でもたびたび氾濫していて、長さがわずか七キロというのに、百を超える堰堤が築かれるほどの速川よ。

智彦 鶴見岳の名も、鶴が翼を広げた形に似ていることや、鶴が飛んだことからではなくて、水が流れ落ちる「津流水」からかもしれないね。

日夏 瀬織津比売は川の神で、ここでは境川の神ね。速開都比売は速見の国の大きく開いた海の神だから別府湾の神よ。気吹戸主がいる場所ははっきりしてないわ。ただ鶴見岳からみて別府湾の向こう側「天香久山」が割れて落ちた一方の山「天山」のある伊予が想像されるわ。速佐須良比売は根国底国にいるのだから死者よ。「速」の字がついているので速見の郡の人ね。そして根国底国でさすらい続けるほどの大きな恨みを抱いて死んだことがわかるわ。根国底国に気吹きを放つ役目の気吹戸主は速佐須良比売の子孫ね。崇神天皇のとき、大物主神を祭るために子の大田田根子を勧請して疫病を鎮めたのと同じよ。どう、速佐須良比売と迦具夜比売が重なってきたと思わない？

智彦　迦具夜比売は相当に恐れられていたんだね。それなのに祝詞をあげるだけで済ませたのかな。神社で祭って鎮めようとはしなかったの？

日夏　もちろんしたわよ。それが宇佐神宮なのよ。

翔　宇佐神宮！　思いも寄らないことがまた出てきたな。

日夏　宇佐神宮の祭神の中央は比売大神で、向かって左が応神天皇、右が神功皇后なの。比売大神といってもそれが誰なのかわかっていないの。「比売」だから女神であることはわかるわね。両側の応神天皇と神功皇后にとって、比売大神は先祖にあたると考えられるわ。

翔　祭神が正体不明の女性だからといって、単純に迦具夜比売と同一視していいのかい？

日夏　宇佐神宮には昔、行幸会という神事があったの。今では途絶えてしまったけれど、四年に一度行われていたもので、とても大がかりな神事だったの。

まず、中津市にある薦神社の三角池のマコモで薦枕をつくり、それを神輿に載せて田笛社、鷹居社、乙咩社、大根川社、郡瀬社、泉社、妻垣社、小山田社を巡り、神宮上宮で古い薦枕と入れ替えるの。それで終わりではなく古い薦枕は下宮へ、下宮のものは若宮社（豊後高田市）、八幡奈多宮（杵築市）、椿社（国東市武蔵）と巡り、再び八幡奈多宮に戻って沖の御机島から海へ流されるのよ。さらに、古い枕は船に迎えられ、四国に向い八幡浜に上陸、矢野山（大清水）八幡宮に納められ、さらにその後、伊予の三机（佐田岬の瀬戸内側）から再び海に流されるのよ。二人とも気がついた？　行幸会の薦枕と大祓詞の罪の移動ルートが似ているでしょ。比売大神は速佐須良比売であり迦具夜比売でもあるのよ。迦具夜比売は呪詛の罪に問われて宇佐に流され、さすらい死んでしまったの。「かぐや」の名を隠して、ただ比売大神として祭られた場所が死地である宇佐神宮なの。行幸会で巡る神社のうちのいくつかは迦具夜比売がさすらった場所ね。薦枕は迦具夜比売の死地である宇佐から伊予へ運ばれ、罪ごとは比売の生誕地である別府から伊予へ流されるというわけよ。

翔　すごいね、記紀と祝詞と『竹取物語』と宇佐神宮が結びついちゃった。

日夏　次にいくわ。「天照大神を倭姫命に託す。姫、大神を鎮め坐させるところを求めて菟田、近江、美濃を回って伊勢に至り、斎宮を五十鈴川のほとりに興てる、磯宮という」。『日本書紀』では大分大倭のことを隠しているので、天照大神を三重県の伊勢で祭ったことにしているの。でも磯宮は大分にあったのよ。

智彦　大分のどことみているの？

日夏　大分市の東部の馬場にある磯崎（いそざき）神社が伊勢でいう斎宮御所よ。内宮（磯宮）にあたるのが佐賀関古宮（ふるみや）の六柱（むはしら）神社ね。佐賀関御幸（みゆき）にある早吸日女（はやすいひめ）神社の元宮だわ。倭姫命は伊勢神宮で草薙剣（くさなぎのつるぎ）を管理していたことになっていたけれど、早吸日女神社の由緒にも神剣が出てくるの。速吸瀬戸の海底で大蛸が守っていたというものよ。八岐大蛇（やまたのおろち）神話に関係がありそうな気がするでしょ。六柱神社（磯宮）に祭られた天照大神は、のちに伊勢に遷座され伊勢神宮となり、六柱神社は廃れてしまうの。その後、七〇一（大宝元）年になって場所を御幸に移し、早吸日女神社とし復活したの。伊勢神宮に参ることを「参宮」と言うわね。早吸日女神社に参ることを「半参宮」と言うのも、かつて天照大神を祭っていたからよ。

翔　宇佐八幡宮に続いて伊勢神宮のはじまりまで突き止めちゃったのか。

智彦　次の「一書では、大倭大神を渟名城稚姫命に祭らせるが、姫は痩せ弱りて祭ることができなかった」についてはどう考えたらいいのかな。

翔　ここは桜井市に移った人々のことなんだ。二二二年、崇神天皇のときにも「倭大国魂神は渟名城入姫命に託して祭るが、姫の髪は落ち、痩せ衰えて祭ることができなかった」とあったよな。『日本書紀』の注では二人を同一視しているが、オレは別人とみるよ。渟名城稚姫命は渟名城入姫命の娘、あるいは巫女としての妹分とみるべきなんだ。

智彦　時代から渟名城稚姫命の墓が箸墓古墳ということもあるかも。

翔　「田道間守が常世国に非時の香果を求めて旅に出る」の「田道間」は但馬で、杵築市内とみているよ。但馬は丹波（日出町）からそう離れていないと考えられるからだよ。

日夏　そうかも。杵築の八幡奈多宮の境内社で田道間守を祭っているもの。

翔　杵築市には「手島」姓が多いんだ。田道間守の後裔かもしれないな。

日夏　今日はここまでとするわね。垂仁天皇の事蹟からも大分大倭の存在が見えたわね。

日本武尊の足跡

▽十二月十四日　日本古代史研究会　第七回

日夏　話を進めるわ。

第十二代　景行天皇（大足彦忍代別天皇）

記述年	西暦	修正年	日付	事項
	前十三	二六二		生まれる
	七一	三〇三	七月	即位。播磨稲日大郎姫を皇后とする

景行四年	七四	三〇五	二月	美濃に行幸。弟媛と泳宮の話。八坂入媛を妃とする。纏向日代宮へ帰る
景行十二年	八二	三〇九	七月	熊襲が叛く。筑紫へと出発し、周芳、豊前国、碩田国（大分）を経て、日向国で行宮を起てる。高屋宮という。熊襲梟帥を討つ
景行十三年	八三	三〇九	五月	ことごとく襲の国を平らげる、高屋宮ですでに六年となる（計算が合わない） 御刀媛を妃とし、豊国別皇子が生まれ、日向国造の始祖となる
景行十九年	八九	三一二	九月	日向より帰る
景行二十五年	九五	三一五	七月	武内宿禰を北陸、東方の諸国に遣わせる
景行二十七年	九七	三一六	十月	熊襲がまた叛き、日本武尊を遣わせる。年十六。日本武尊が川上梟帥を討つ。それまで日本童男といったが、死にゆく川上梟帥に日本武皇子の名を受ける
景行四十年	一一〇	三二三	十月	東の夷が叛き、日本武尊が発路する。伊勢神宮に寄り倭姫命に辞して草薙剣を授かる。駿河で賊衆を滅する。相模の海中で暴風に遭い妃の弟橘媛が入水。上総より陸奥国に入り、船で蝦夷の境に至る、蝦夷等服従する。その首帥を俘にする。武蔵、上野から信濃に入り、尾張で宮簀媛を妃とする。五十葺山の荒ぶる神を退治に向うが草薙剣を持たず、弱って帰り伊勢の能褒野にて崩ずる。日本武尊は白鳥となって倭国を指して飛び、倭の琴弾原に降り、また飛んで河内

				の古市邑へ降りる
景行五十二年	一二二	三一九	五月	皇后薨去。八坂入媛命を皇后とする
景行五十五年	一二五	三三〇	二月	彦狭嶋王を東山道十五国の都督とする。王は豊城命の孫
景行五十八年	一二八	三三二	二月	高穴穂宮に入る
景行六十年	一三〇	三三三	十一月	崩御。年一〇六（山邊道上陵、一〇六は計算が合わない。一四三か、修正七十二歳）

翔　皇后となった播磨稲日大郎姫は、名前から播磨出身と考えられるが、この播磨は別府市にあったんだ。以前『魏志』倭人伝を研究したときに巴利国を別府とみただろう。

日夏　「原」や「犂」の字で考えるのだったわね。三〇五年に行幸する「美濃」はどうなの？

翔　美濃は杵築市のことだよ。杵築に美濃地名はないが美濃山、美濃崎という地名が残っているよ。美濃崎の北側の狩宿には大きな古墳も残されているから有力な一族がいたことは確かだよ。

智彦　九州最古級の小熊山古墳（三世紀後半）や九州最大級の円墳・御塔山古墳（径八〇メートル）があるよ。「透かし孔」を持つ埴輪が出土するなど興味深いところだよ。

翔　弟媛と泳宮の話もあっただろ。小熊山古墳の近くにある御池が泳宮の池ではないかな。そのすぐ先が八幡奈多宮で、御池は奈多宮の放生会を行う池だよ。

日夏　そのあとが熊襲征伐ね。熊襲が叛き、筑紫、大分を経て、日向で行宮を建てているわ。

智彦　仮にこの時点で大和王朝が日本を統一していたとすると、天皇自ら九州まで熊襲征伐に行かなくてもよ

翔　かったはずだよ。それに、宮崎の日向が熊襲の地とすれば、神武天皇が熊襲出身で、景行天皇はふるさとに攻め入ったことになるよ。この遠征で九州内のことがとても詳しく書かれているにもかかわらず、大和から九州までの往復についてはまったく触れていないよ。その理由は、真の出発地が大分大倭だったからだよ。景行天皇が治める大分大倭は大分県ぐらいの範囲をやっと治めるくらいの力しかなかったので、熊襲の台頭に対して天皇自ら動かざるを得なかったんだ。そして、向かった先が宮崎の日向だから直接的な熊襲攻撃ではなく、熊襲との領地獲得競争だったのではないかな。

智彦　『肥前国風土記』では、景行天皇が日向だけでなく、肥前各地の賊を討ってまわったことになっているんだ。肥前の国を征服したのは景行天皇ではなくて熊襲だな。熊襲の国は『魏志』倭人伝にある狗奴国のことで、肥前の国とは吉野ヶ里などのことだよ。

日夏　日向遠征のとき生まれた豊国別皇子は日向国造の始祖とされているね。宮崎県宮崎市の生目古墳群三号墳の被葬者を豊国別皇子としたいな。全長一三七メートルの前方後円墳で、四世紀中頃のものとしては九州最大なんだ。

智彦　すると、景行天皇の行宮の高屋宮も生目にあったと考えているの？

日夏　宮崎県内の古墳の状況からみて候補は三カ所。川南古墳群がある児湯郡川南町周辺、次が西都市の西都原古墳群周辺、三つめが生目古墳群周辺。ボクは川南古墳群のすぐ西に位置している児湯郡木城町の高城跡ではないかとみているよ。今のところ高城跡から四世紀の遺物は出ていないけれどね。

日夏　豊国別皇子には「別」の字がついているわ。豊国別皇子に限らず、景行天皇の子には「別」がつくことが多いの。征服した土地を子に分け与えて治めさせたことを意味しているのかしら。天皇自身も「忍代別」の名を持っているわ。

翔　次は三一五年「武内宿禰を北陸、東方の諸国に遣わせる」について。
オレはこのときの武内宿禰は日本武尊のことをみているよ。翌年の「熊襲がまた叛き、日本武尊を遣わせる」の日本武尊が武内宿禰のことで、二人は入れ替わっているんだ。熊襲征伐の話は日本武尊の名前のいわれを説明するためのものだが、日本武尊は三一五年からずっと東方諸国を征服してまわっていたんだ。一旦帰国したあと、三二三年の「東の夷が叛き、日本武尊が発路する」は第二次東方遠征なんだ。

日夏　日本武尊が本当に北陸、東方諸国を征服してまわったと考えているの？

翔　征服したのは現在の愛媛、香川、徳島、山口、広島、岡山、兵庫などにあたる瀬戸内沿岸諸国だよ。このことは『播磨国風土記』と『日本書紀』を照らし合わせるとみえてくるよ。

日夏　景行天皇は日本武尊の前に、兄の大碓皇子（おおうすのみこ）を行かせようとしたの。大碓皇子は逃げ隠れしたので美濃に封じられたとなっているわ。

翔　「この役は大碓皇子の事ならむ、大碓逃隠れぬ、遂に美濃に封さす（ことよ）、これ身毛津君（むげつきみ）、守君（もりきみ）の始祖なり」だね。前にも言ったが美濃は杵築だよ。杵築には守江、守末の地名もあるよ。美濃は「御野（みの）」に通じていて神や王へ捧げる農作物を生産する場所のことなんだ。身毛津は「むげつ」と読まれているが、「みけつ」と読めば天皇の食料をそろえる役目の「御饌都（みけつ）」になるよ。

日夏　日本武尊は最初に伊勢に向かっているけれど、ここで訪れる伊勢は佐賀関古宮の六柱神社のことね。

翔　そうだよ。東征順路をみると、倭から伊勢、尾張、駿河、相模、（海路で）上総、陸奥、そして蝦夷の国となっていただろ。日本武尊が船団を率いていたことはわかるよな。であれば順路がおかしいんだ。

日夏　ホントだわ。船があるのに伊勢から尾張へ陸路で向かうのはヘンね。尾張も飛ばして駿河に直行することもできたのに。急に浦賀水道で海路をとるのも矛盾しているわ。

翔　日本武尊は四国に渡ってまず愛媛、香川、徳島を征服し、それから岡山県（吉備）や兵庫県南部（播磨）に移って行ったんだ。ただ、広島県や山口県は抵抗が強くて成功とはいえなかったのかもな。一つずつみていくよ。船団を率いていたことはいいよね。佐賀関から四国は目の前で、現在でも国道九四フェリーが佐賀関古宮から出ているよ。「駿河で賊衆を滅する」は『古事記』では相模となっていて、火攻めに遭い持っていた火打石で向い火をつけて難を逃れたとなっていたよ。火打石は倭姫命が危急のときにと授けた袋に入っていたんだ。オレはこの火打石をサヌカイトとみたんだ。サヌカイトは香川県坂出市付近で採れる石で、たたくと金属のような澄んだ音がするのでカンカン石とも呼ばれているよ。そして「駿河」は香川県観音寺市あたりだな。ここの海が燧灘なんだ。

日夏　「相模の海で暴風に遭い妃の弟橘媛が入水」も燧灘と考えているの？

翔　弟橘媛は讃岐から瀬戸内海を渡って播磨に向かっていたときに海に入ったんだ。弟橘媛は穂積氏忍山宿禰の娘だろ。

日夏　そうだったわ。忍山宿禰は讃岐の国造となり、また大麻神社（香川県善通寺市）の神主になったことが神社の由緒にあるわ。

翔　日本武尊が瀬戸内を平定したことは、ほかの記述からも推測できるよ。日本武尊の最初の妃は両道入姫皇女だよ。両道入姫は垂仁天皇の娘で、「両道」とは讃岐と阿波のことなんだ。だから姫は大分大倭からついて行き、讃岐、阿波に入ったんだ。日本武尊が東北を平定したのであれば、両道入姫が四国に入ることはあり得ないよ。また、別の妃の吉備穴戸武媛との子・武卵王は讃岐綾君の始祖となっているし、十城別王は伊予別君の始祖だよ。

智彦　妃の名や子の名が四国を指しているね。関東や東北に関わるような名前はないね。

翔　景行天皇は、日本武尊が平定した国々の経営を多くの皇子たちにまかせたんだ。八坂入媛との子・五百城(いおき)入彦皇子(いりびこのみこ)は愛媛県喜多郡内子町五百木(きたぐんうちこちょういよき)との、大酢別皇子(おおすわけのみこ)は同県大洲(おおず)市との関わりを窺わせるよ。吉備（岡山）は吉備兄彦皇子(きびのえのひこのみこ)が入って、その名がついたんだ。もともとは大分県の別府にあった地名で、別府市南部に吉備山の名が残っているよ。また、五十河媛(いかわひめ)との子の神櫛皇子(かむくしのみこ)は讃岐国造の始祖で、稲背入彦皇子(いなせいりひこのみこ)は播磨別の始祖だよ。兵庫県の播磨の地名は皇后・播磨稲日大郎姫の名を分けてもらった稲背入彦皇子が治めたことからついたんだ。高田媛(たかたひめ)との子・武国凝別皇子(たけくにこりわけのみこ)も伊予国御村別(みむらのわけ)の始祖となっているよ。

智彦　『古事記』にある景行天皇の兄弟の落別王(おちわけのみこ)も愛媛県北部の越智(おち)郡と関係があるかもしれないね。

日夏　次に日本武尊は陸奥の国に入り、蝦夷を服従させて捕虜にしているわ。

翔　瀬戸内を渡り吉備や播磨の地を征服して、主だった者を捕虜にしたということだよ。

日夏　「尾張で宮簀媛を妃とする」はどうなの。愛知県の尾張では話が合わないわ。

翔　ここで言う尾張は大分県国東市国東町小原(おわら)のことなんだ。小原は海人の国で日本各地と交易していて、愛知県の尾張も小原の海人が進出してできた国だよ。大分大倭から四国へ渡るルートだが、八幡浜方面に渡るときは佐賀関から出航し、瀬戸内方面をめざすときは国東町小原から出航していたとみているよ。

日夏　そして、五十葺山の荒ぶる神を退治に行って亡くなってしまうのね。この「五十葺山」も滋賀県の伊吹山(いぶきやま)ではないことになるのね。

翔　そうだよ。五十葺山の荒ぶる神は伊予の気吹戸主のことなんだ。だから、日本武尊は気吹戸主に殺されたことになるね。剣を持たずに行ったのは気吹戸主が親族だったからだよ。油断していたんだな。

日夏　思いも寄らないことを次々に考え出すものね。でも、おもしろいわ。

翔　気吹戸主は迦具夜比売の子の袁邪辨王がその正体だよ。他戸親王のように母子ともども殺されたのではなくて伊予に流されていたんだ。『大祓詞』で根国底国の速佐須良比売に気吹を放つ役を担っているのも親子だからだよ。『伊予国風土記逸文』の「天の香久山」から割れ落ちたもう片方の「天山」は気吹戸主を指していたんだ。日本武尊にとって気吹戸主は祖父（垂仁天皇）の妃の子だから叔父にあたるね。播磨征服に成功して意気揚々の日本武尊は伊予の地の叔父を訪ねたんだ。草薙剣を持っていなかったのも気楽に親戚を訪ねたつもりだったからだよ。ところが気吹戸主にとっては、母を死に追いやられた恨みや伊予に流された恨み、やっと落ち着いた四国にずけずけと入り込んで荒らされた恨みがつのっていたんだ。日本武尊は迦具夜比売を讒言した日葉酢媛の直系の孫だから憎まれていたんだ。そのため油断していた日本武尊は殺されてしまったんだ。ここまで、日夏の説を発展させてみたよ。

日夏　このあとの「日本武尊、白鳥となって倭国を指して飛ぶ」は、わたしにまかせて。瀬戸内には日本武尊に関わる神社がたくさんあるの。神社からも日本武尊が活躍したのは瀬戸内とわかるの。愛媛県今治(いまばり)市朝倉の矢矧(やはぎ)神社、四国中央市妻鳥(めんどり)町の三皇(さんこう)神社、香川県東かがわ市の白鳥神社、徳島県名西(みょうざい)郡石井町の白鳥神社、広島県東広島市高尾町の白鳥神社などが関係する神社よ。徳島県美馬市脇町の建神社は「建」の字から関係があるとにらんでいるわ。

翔　地名もそうだよ。兵庫県姫路市白鳥台(はくちょうだい)・三木(みき)市鳥(とり)町（白鳥神社から）とね。白鳥が最初に留まった琴弾原は奈良県御所(ごせ)市とされているが、観音寺市にも琴弾山、琴弾公園があるんだ。こうしてみると日本武尊は関東、東北ではなくて瀬戸内沿岸を平定したことに納得せざるを得ないだろ。

『日本書紀』にもそれを裏づけることが書かれているよ。三二八（一一一〔景行五十一〕）年「俘(とりこ)の蝦夷等、昼夜騒ぎ出入りに礼(いや)なし、よりて御諸山(みもろやま)の傍(ほとり)に安置(さぶら)わしむ。蝦夷等、神山(かみやま)の木を伐り人民を脅す、天皇曰く『中国（うちつくに）に住ましめ難し、情（こころ）の願のままに邦畿之外（とつくに）にはべらしめよ』これ播磨、讃岐、伊予、安芸、阿波五国の佐伯部（さえきべ）の祖なり」とね。仮に蝦夷が現在の関東、東北から大和へ連れてこられたとして、その大和でさえ騒ぎが落ち着かないのに、さらに遠方の播磨や四国に流されて落ち着くはずがないんだ。だから蝦夷は今後の忠誠を誓ったのち、それぞれもとの領地である播磨、讃岐、伊予、安芸、阿波に帰されたので喜んだことがわかるんだ。つまりこれらの地域が日本武尊の征服地ということだよ。

日夏　三三〇年に彦狭嶋王を東山道十五国の都督にしているわね。

翔　東征軍総大将の日本武尊が崩じたので、東征先発隊長だった豊城命の孫が瀬戸内の総督になったんだ。東山道十五国は瀬戸内の国々のことだよ。

日夏　だから彦狭嶋王は愛媛県伊予郡松前（まさき）町の伊予神社の主祭神となっているんだわ。ところで、さっき広島、山口での遠征はうまくいかなかったと言っていたわね。どうしてそんなことがわかるの？

翔　広島、山口とは、周防と呼ばれる広島西部、山口東部のことなんだ。この地域には、日本武尊の子や景行天皇の皇子たちが治めた跡がみられないし、日本武尊に関わる神社も少ないよ。もう一つの理由は、高地性集落の跡が多いことなんだ。高地性集落は環濠集落と同じく、敵からの防衛を目的として倭国大乱の頃つくられたもので、瀬戸内には多く残っているんだけど、特に周防周辺にだけ異常に多いんだ。それも高地性集落の終末期ともいえる日本武尊の頃に集中していて、これを日本武尊に強く抵抗した結果とみたんだよ。

智彦　日本武尊が瀬戸内で活躍したことは納得できたよ。でも、四国に気吹戸主の足跡はないように思うんだ。このことはどう考えたらいいの？

日夏　ここはわたしの出番ね。気吹戸主は伊予でちゃんと祭られているのよ。気吹戸主は『日本書紀』に出てこないし、愛媛県内の神社の祭神にもその名がないわ。つまり隠されているの。だから別の名で祭られているのでは、と考えたらすぐにわかったわ。愛媛の県名は「愛比売命」から採られたものなの。神の名からついた県名はほかにないわ。その愛比売命を祭神とするのが伊予神社（松前町、主祭神は彦狭嶋王）よ。愛比売命のほかに伊予津彦命、伊予津媛命が祭られているわ。また松山市の伊豫豆比古命神社では伊豫豆比古命、伊豫豆比売命、伊与主命、愛比売命が祭られているの。伊豫豆比古命は伊予の開拓神とされているわ。でもほかの神々がどのような神で、どう関係しているのかわかっていないの。並んでいる順から、伊豫豆比古命の妃が伊豫豆比売命ということだけは想像できるわね。伊与主命は伊豫豆比古命と同一神とも後継者ともいわれているけれど正体不明の神よ。
ここからがわたしの推測。伊与主命の妃を愛比売命、その子を伊豫豆比古命、その妃を伊豫豆比売命とするの。わかりやすいでしょ。伊与主命こそ、その名を隠された気吹戸主よ。伊与主と気吹戸主は名のつけ方も似ているわ。伊予神社では伊与主命が主祭神となるべきところをその存在までもが隠されて、妃の愛比売命が祭神となったの。愛比売は本名ではないわね。長女の意味の「兄比売」が神名として残ったのでしょうね。わざと名前を隠したとも考えられるわね。

翔　八坂入媛の姉が兄比売ではないのか。

日夏　何で八坂入媛が出てくるのよ。それに、八坂入媛に姉がいたようにはなっていないわ。

翔　「弟媛と泳宮の話」がおかしいと思わなかったのか。景行天皇が妃にしようと声をかけても弟媛は隠れて出てこない。天皇は池をつくり、鯉を放って弟媛を誘い出すことに成功するが、弟媛は辞退して代わりに姉を紹介するんだ。話の中心である弟媛が呼び名のままで、弟媛に紹介されただけの姉が八坂入媛と名を明かされているから疑問に思っていたんだ。話が逆なのではないか。姉の兄比売が景行天皇に「私はすでに気吹戸主と結婚しているので、妹の八坂入媛を妃にしてください」と言ったとしたらどうだい。気吹戸主が伊予を治めたことは隠されているから、その妻の兄比売の本名も隠されたんだ。

日夏　そこまでは読めなかったわ。年代的に矛盾はないわね。

智彦　ボクは尾張の宮簀媛を愛比売命としたいな。『古事記』では「美夜受比売」で、日本武尊が東征から帰ってきたとき「君を待ち兼ねて私の着物の裾に月がたちました」とうたい、そのあと日本武尊は草薙剣を持たずに五十葺山の荒ぶる神を退治に行ったんだ。「月がたつ」は月経のこととされているが、「気吹戸主（月読尊の子孫）と結婚した」ととったらどうだろう。それで日本武尊は宮簀媛を取り戻そうと気吹戸主のところへ交渉に向かったんだ。宮簀媛は日本武尊が武力に訴えることを恐れて草薙剣を預かっておいたんだ。

翔　まいったよ。この方が話の流れがつながっているよな。オレの考えは撤回するよ。

日夏　あら、そのまま残していいのでは？　どちらの媛が伊予に入ったかはわかっていないんだもの。両方を愛比売命の候補としておきましょ。ただ、一旦国東まで戻った日本武尊が再び伊予へ渡ったのは宮簀媛をめぐってが正解のようね。話を神社に戻して伊豫豆比古命神社は伊豫豆比古命を祭るためのものだから当然、伊豫豆比古命が主祭神で、妃に続いて父母神が祭られたのね。もし伊予神社で伊与主命が隠されてなかったら、県名は愛媛ではなかったかもしれないのね。

翔　あまり知られていないが石鎚山（いしづちやま）の東側には伊吹山もあるし、燧灘に伊吹島もあるよ。気吹戸主は伊予で密かに息づいているんだ。

熊襲征伐

▽十二月二十一日　日本古代史研究会　第八回

並立する二つの王朝

日夏　では進めるわ。

第十三代　成務(せいむ)天皇（稚足彦天皇(わかたらしひこのすめらみこと)）

記述年	西暦	修正年	日付	事項
	八四	三一〇		生まれる
	一三一	三三三	正月	即位
成務三年	一三三	三三四	正月	武内宿禰を大臣(おおおみ)とする
成務六十年	一九〇	三六三	六月	崩御。年一〇七（修正五十四歳、狭城盾列陵(さきのたたなみのみささぎ)）

在位が三十一年の長きに及びながら、その事蹟はあまりに簡潔ね。皇妃子女についても書かれていないわ。あとを継いだ仲哀(ちゅうあい)天皇は日本武尊の子なので、成務天皇は仲哀天皇が即位するまでの空位期間を埋める架空の天皇ではないかとも言われているわ。

翔　実在したとオレは思うね。成務天皇はその後の天皇とは別の系統で、大和王朝にはつながっていないから詳細が省かれたんだ。『日本書紀』では、仲哀天皇からあとは日本武尊の血を引いた天皇が続くんだ。だから、景行天皇のときに日本武尊のことが詳しく書かれていたんだ。また日本武尊が死んだとき、天皇ではないのに「崩りましぬ」と「崩」の字が使われたのもそのためだよ。

智彦　成務天皇の陵について考えてみたよ。「狭城」は狭い（小さな）丘のことだね。『古事記』には「沙紀の多他那美」とあるから水辺だよ。大分市下郡の西方に雄城台という台地があって、今は雄城台高校が建っているよ。「雄城」は「小城」と同じで狭城と似た意味なんだ。雄城台遺跡からは後漢鏡片が出土していて、雄城台のふもとの地名は玉沢だよ。「玉」の字がつくことから古代には尊ばれた場所と思うよ。玉沢には約二千年前とみられる護岸工事跡もあるとのことで、沙紀の多他那美の場所かもしれないね。

翔　ところで、成務天皇だけどうして都がないんだ。景行天皇は纒向日代宮と日向の高屋宮、それに高穴穂宮の三カ所もあったんだが。

日夏　そうなの。美濃の泳宮を入れたら四カ所になるわ。なのに、成務天皇には宮の記述がないの。『古事記』では、景行天皇が纒向日代宮、成務天皇が高穴穂宮となっているので、記紀を合わせて考えると、成務天皇が景行天皇の高穴穂宮を引き継いだようにみえるわ。でも、そんなはずはないわ。代々の天皇で前天皇の都を引き継いだ例はないもの。

智彦　纒向日代宮と高穴穂宮がどこにあったのかわかったら、答えも出てくるのではないの？

翔　日代宮は纒向だから、垂仁天皇の纒向の珠城宮からそう離れたところではないよ。大分市曲の守岡遺跡をその場所と考えるよ。高穴穂宮は『古事記』では成務天皇の宮だから、智彦の説に沿えば雄城台にあったことになるな。ならば、晩年の景行天皇が子の成務天皇の高穴穂宮に入り込んだ、いや引き取られたと考えたらどうかな。成務天皇のもとで介護されたんだ。景行天皇が高穴穂宮に入ったのは七十一歳のときだもの。高穴穂宮の「高」は台地の上（雄城台）にあったからついたんだ。

日夏　次に進むわね。

第十四代　仲哀天皇（足仲彦天皇）

記述年	西暦	修正年	日付	事項
	一四九	三四二		生まれる
	一九二	三六四	正月	即位。気長足姫尊を皇后とする
仲哀二年	一九三	三六四	三月	徳勒津宮にいたところ、熊襲が叛いたので、船で穴門（山口県）を経て、豊浦津（山口県）に入る
仲哀八年	一九九	三六七	九月	筑紫の橿日宮に入り、熊襲を撃とうとするが、勝てずに引き下がる
仲哀九年	二〇〇	三六八	二月	急に病んで次の日には崩御。年五十二（修正二十七歳）一書では、天皇が自ら熊襲を撃とうとするが、賊の矢に中りて崩りましぬという

三四二年に生まれた仲哀天皇は日本武尊の子となっているのに、日本武尊は三二四年、すでに崩じているの。この間十八年よ。仲哀天皇は日本武尊の子ではあり得ないわ。それなのに子として堂々と書かれてい

るのだから何らかの理由があると思うの。まずは気がついたことを並べてみるわ。

①日本武尊は三二四年、十五歳で崩じたとなっているが、もっと早く生まれていたと考えられる。

その理由⑴十五歳では活躍する期間がない

⑵何人もの妃があり、たくさんの子を生しているが十五歳では考えられない

⑶最初の妃の両道入姫は祖父・垂仁天皇の娘であり、日本武尊が三一〇年生まれでは妃が年上すぎる（推定で二十八歳年上）。

②『古事記』には一妻（あるみめ）の子が息長田別王（おきながたわけのみこ）で孫が杙俣長日子王（くいまたながひこのみこ）とあるが、一妻の名は明らかにされていない。『日本書紀』ではその妃も子も孫も存在そのものが隠されている。一妻は身分が低かったから名が残されなかったのではなく、名を明かすことが憚られる女性ではないか。

③三〇四（七三［景行三］）年に神祇を祭らせるため屋主忍男武雄心命（やぬしおしおたけおごころのみこと）を柏原に派遣し、武雄心命は九年間留まり、菟道彦（うじひこ）の娘の影姫を娶って武内宿禰が生まれている。武内宿禰は成務天皇と同じ日に生まれたとあるので、三一〇年生まれ。三一五年に北陸、東方に六歳での派遣は考えられない。武内宿禰は三六〇年も生きたとする説もあるが、意図的に正体不明の人物にされているのではないか。

④『古事記』では成務天皇に皇子・和訶奴気王（わかぬけのみこ）がいるのに、『日本書紀』では子がなく、そのため甥の足仲彦（日本武尊の子、仲哀天皇）が皇位を継いでいる。

⑤仲哀天皇は即位後、間をおかず熊襲征伐に出発していて、大分大倭の政治に関わった様子がなく、大分大倭の天皇であったとは考え難い。

大体こんなところかしら。何か隠されていると思うのに、それが何かつかめないのよ。

日本武尊と武内宿禰と仲哀天皇をわざとごちゃまぜにして年齢も行動も真実がわからないようにしてある

んだ。

智彦　日本武尊の一妻が影姫で、かつ倭姫命のことではないのか。一妻とか影姫なんていうのは本当の名を明かせないから出てきたものだよ。結婚したことになっていない状態で、日本武尊と親しくしていた女性は倭姫命だけだよ。日本武尊が東征する直前に行ったのも倭姫命のところだったよね。

翔　すると日本武尊の別名が屋主忍男武雄心命ということか。どちらにも「武」の字が入っているな。ならば、子の息長田別王の別名が武内宿禰だな。

■日本武尊関係者生年比較表

生　年	名　前
262年	①景行天皇
266年頃	②倭姫命（景行天皇の妹）
282年頃	③両道入姫命
310年	④日本武尊（景行天皇の子） ⑤武内宿禰（日本武尊の子）
342年	⑥仲哀天皇（日本武尊・両道入姫の子）
353年頃 （368年出産から）	⑦気長足姫（神功皇后）

日夏　それ正解かも。わたしが倭姫命の斎宮御所とみている磯崎神社の祭神が武内宿禰なんだもの。武内宿禰は磯崎神社で生まれたから祭神なのよ。

翔　それにしても、『日本書紀』の事蹟はこんがらがっているな。ここで登場人物の年齢を推定しておくことにしようよ。

日夏　生年を並べると上の表のようになるわ。あり得ないのは④と⑤ね。親子が同じ年に生まれているわ。それに、④では日本武尊の生まれが遅すぎるわ。皇后の子なんだから、八十人いるとされている景行天皇の子のうちでも最初の方に生まれたはずよ。天皇四十九歳のときではおかしいわ。

翔　日本武尊の生まれについて干支をひとまわりずらしたらどうだ。春秋二年制を修正して三十年。そうすると、二八〇年生まれとなって、景行天皇十九歳のときだから十分あり得るし、妃の③両道入姫とも

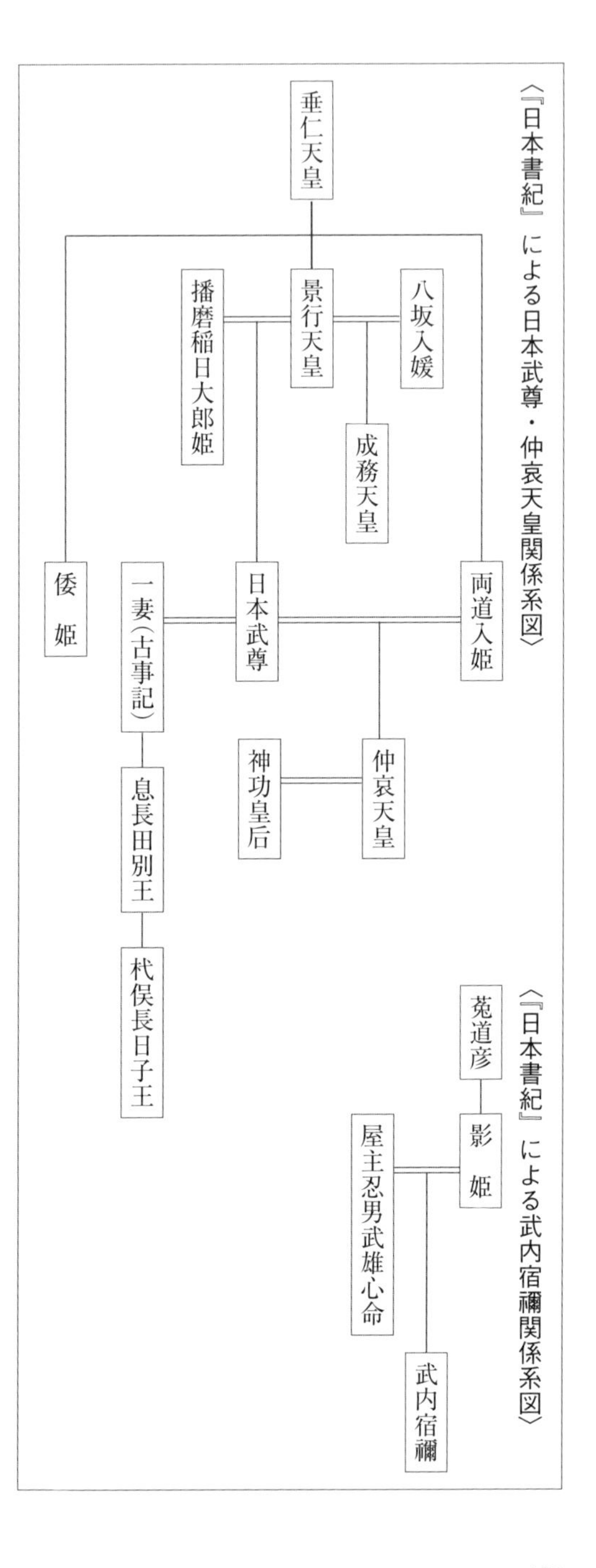

近い年齢になるよ。⑤の武内宿禰は日本武尊三十一歳のときの子で、倭姫命を景行天皇の妹ではなく菟道彦の娘（影姫）とみれば、もっと年下なのかも。仮に二九四年生まれとしておこうか。

日夏　⑥の仲哀天皇の生まれも問題よ。日本武尊六十三歳のときになるもの。仮にあったとしても母六十一歳は絶対ないわ。

智彦　正確ではないかもしれないが、三〇〇年生まれとしたらどうだろう。父の日本武尊二十一歳、母の両道入姫十九歳のときとの推定だよ。

日夏　それなら無理がないわ。仲哀天皇は日本武尊が崩じて十八年後に生まれたのではなくて、もっと早くに生まれていたのね。だから日本武尊の子として堂々と話が通ってきたのよ。すると、④の日本武尊は⑤の武内宿禰のこととしてまとめられるわ。あと、⑥で仲哀天皇とされたのは誰のことなのかしら。

翔　それは息長田別王の子の杙俣長日子王。杙俣長日子王は武内宿禰の子にして日本武尊の孫だよ。武内宿禰二世と呼んでもいいかな。

智彦　⑦の気長足姫は二六九年に百歳で崩御しているね。年代修正すれば四〇二年、五十歳で崩御となるから三五三年生まれという見込みはピッタリ合っているよ。生年を整理してみると上の表のようになるね。

■日本武尊関係者生年比較表（修正）

生　年	名　前
262年	①景行天皇
266年頃	②倭姫命（景行天皇の妹）
280年	③日本武尊
282年頃	④両道入姫命
294年頃	⑤影姫（菟道彦の娘、310年出産）
300年頃	⑥仲哀天皇
310年	⑦武内宿禰（息長田別王）
342年	⑧杙俣長日子王（武内宿禰二世）
353年	⑦気長足姫（神功皇后）

日夏　わかりやすくなったわ。年齢的にみて矛盾するところはなくなったわ。では、これに沿って『日本書紀』を見直すわね。三一五年「武内宿禰を北陸、東方の諸国に遣わせる」、このとき北陸、東方は四国のこと。遠征したのは日本武尊で、三十六歳のときね。翌年の「熊襲がまた叛き、日本武尊を遣わせる」は逆に武内宿禰のことになるのね。でも、七歳で熊襲征伐はないわ。わたしたちはどこかで間違えたのかしら。

翔　間違ってはないよ。このとき宿禰は戦いに行ったわけではなく、景行天皇は幼い孫を熊襲へとご機嫌伺いに遣わしたんだ。その証拠に熊襲の王・川上梟帥は「タケル」という自分の名を分け与えているよ。武内の「武」がそれだよ。武内宿禰は川上梟帥にとっても孫だったんだ。川上梟帥と菟道彦が同一

日夏　人物で、武内宿禰の母の影姫は川上梟帥の娘なんだ。それで名を分け与えて七歳のお祝いをしたんだ。景行天皇は熊襲と争うばかりではなく、同盟関係にもあったのか。思いもよらなかったけど、そう考える方が話として筋が通るわね。このまま進めて良さそうね。三二三年、「東の夷が叛き、日本武尊が発路する」は日本武尊の第二次東方遠征で、四十四歳になっているわ。これなら活躍期間も十分だし、妃も多くいて何人もの子があってもおかしくはないわ。続いて成務天皇の三三四年「武内宿禰を大臣とする」は宿禰二十五歳のときね。でも、仲哀天皇の三六四年「即位、気長足姫尊を皇后とする」は天皇六十五歳よ。かなり高齢ね。三六七年「筑紫の橿日宮に入り、熊襲を撃とうとする」ではすでに六十八歳だわ。とても戦いに向かったなんて思えないわ。今度こそ、どこかで間違えているわよ。

翔　いや、いいんだ。このときの大分大倭の国内外の情勢を考えるとあり得ることなんだ。まず国内だが、仲哀天皇は成務天皇のあとを継いで即位したわけではないよ。大分大倭を継いだのは成務天皇の子の和訶奴気王だよ。即位前の仲哀天皇は長い間大分大倭で居候生活を送っていたんだ。そこに起こったのが熊襲による筑紫への大攻勢だよ。吉野ヶ里を滅ぼしたあと、邪馬台国とその近辺の女王連合国まで一気に攻め込んだんだ。大分大倭は急遽、救援部隊を編成してその将軍に祭り上げられたのが仲哀天皇だよ。高齢にもかかわらず引き受けたのは、名にし負う日本武尊の血を引く者としての誇りからだよ。それに気長足姫を妃にできるという魅力もあったろうね。参謀には日本武尊の孫の杙俣長日子王（武内宿禰二世）が就いたんだ。

日夏　三六四年「熊襲が叛いたので、船で穴門を経て、豊浦津に入る」、三六七年「筑紫の橿日宮に入り」では熊襲の本拠地の熊本に向かわず海路で筑紫へ向かっているわ。しかも橿日に入るのに三年も要したのは、熊襲がすでに筑紫の国々を制圧していたことを意味しているのね。仲哀天皇はこのあとすぐに崩じてしまうの。「急に病んで次の日には崩御。年五十二（修正二十七歳）」となっているわ。

翔　年二十七は宿禰二世の年齢だよ。

日夏　『古事記』での仲哀天皇の崩御は「琴を控き坐じき、幾久もあらずて御琴の音聞こえざりき、火を挙げて見れば既に崩りたまいぬ」となっていたわ。

翔　天皇がどうして琴を弾くことになったんだ？

日夏　もともと神意を訊くのは気長足姫の役だったの。姫が訊いた神の答えが気に入らなかったために、仲哀天皇が琴を取り上げて弾いていたら神の罰を得て死んでしまったのね。

智彦　琴もだが「弓」の音、「鈴」の音なども託宣に関わるものだよ。ボクは琴の「コ」は固まること、「ト」は留まることと考えているんだ。固まるは「凍る」「凝る」などのコで、あることがこの世に形となって現れ留まるのが「こと」なんだ。口に出せばそれが現実となって起こってくるのが「言」で、神意が現実となるよう願い、その神の心を訊く道具が「琴」、そして現実となったものを「事」と言ったんだ。

翔　「縡（事切れる）」という言葉があるが、仲哀天皇はまさに琴の弦が切れて亡くなったんだ。真の死因は

①熊襲との戦傷死　／　②熊襲攻撃反対派（気長足姫、武内宿禰二世）による暗殺

③老衰　／　④憤死

が考えられるかな。死因が何れであったとしても、気長足姫は大分大倭に戻れなかっただろうな。何せ宿禰二世の子を生むことになってしまったのだから。

日夏　やっぱり翔も気がついていたのね。

翔　仲哀天皇が崩御したとき六十九歳で、気長足姫は十六歳、宿禰二世は二十七歳だよ。姫が宿禰二世についたとしても無理ないよ。もともと宿禰二世は熊襲王の川上梟帥の曽孫でもあるから、熊襲と敵対するつも

りはなかったんだ。大分大倭から邪馬台国救援部隊が出発する前に、初代宿禰は宿禰二世にこう言い含めておいたんだ。「すでに邪馬台国は崩壊している。轍魚（てつぎょ）の泥に息つく様だ。今になって熊襲を跳ね返すことはできない。無益な戦いは避けて筑紫の人々を救護すること、それに熊襲が大分大倭へと侵攻しないように折衝することがお前の役目だ」とね。武内宿禰の名は「日本武尊の血を引く者」よりも「川上梟帥の名を継ぐ者」の意味を強く持っていたんだ。そして、宿禰二世が熊襲と交渉するためには気長足姫を主戦派の仲哀天皇から自分の方へと引き込んでおくことが必要だったんだ。

日夏　その先はわたしね。『日本書紀』では気長足姫の子は誉田（ほんだ）（応神）天皇一人で、石を抱いて出産を遅らせたとなっていたわ。ところが『古事記』では「息長帯比売命（おきながたらしひめのみこと）、生みませる御子、品夜和気命（ほむやわけのみこと）、次に品陀和気命（ほむだわけのみこと）」で、二人なの。品夜和気命は、『日本書紀』では「大酒主（おおさかぬし）の娘、弟媛が生む」と、別人が生んだことになっているの。ここは『古事記』の方が正しいとみるべきね。気長足姫は最初、仲哀天皇との子の品夜和気命を人知れずそっと生んだの。次に石を抱いて出産を遅らせたことにして生まれたのが宿禰二世との子、品陀和気命（応神天皇）なのよ。

智彦　ふぅー、話は通っているよね。その宿禰二世の子がどうやって天皇になっちゃったんだろう。

翔　宿禰二世は熊襲の命令に従ったんだ。筑紫平野は熊襲のものとするので、支配下に入りたくない者は出ていくこと。大分大倭を攻撃することはないが、宮崎日向はもともと熊襲が聖地としていた場所なので明け渡すこと、宿禰二世としては熊襲との全面戦争を防ぐことができたので最重要の役目は果たせたわけだ。あと筑紫平野に住めなくなった人々をどこに移住させるかが残った問題だね。大きな人口を抱えていたので、よほど広いところでないと受け入れられない状況だったと思うよ。宿禰二世と気長足姫の立場上、瀬戸内沿岸諸国に入ることはできなかったんだ。景行天皇を同じ先祖としながらも瀬戸内は景行天皇の子孫、それに日本武尊の子孫の国々で、武内宿禰派の国はどこにもなかったからね。それで考えられる一番遠い大和をめざしたんだ。かつて崇神天皇のとき湯布院倭の人々が入った場所だよ。そのときとは違って大規模な人数だったので、移住後はたちまち大和の中心勢力となり、大王を輩出することになったんだ。ここから『日本書紀』は大分大倭ではなく奈良大和のことを書いているよ。もし真実を書いたなら大分大倭では成務天皇のあとも王朝が続いていて、仲哀天皇は成務天皇のあとを継いだのではないことがわかってしまうよな。それで記紀は成務天皇よりあとの大分大倭の一切を省略して、足仲彦尊があとを継いだように歴史を書き換えたんだ。さらに宿禰二世の子の品陀和気命を仲哀天皇の子として応神天皇が誕生したんだ。

日夏　大分大倭王朝はその後どうなったか全然わからないのよね。

翔　書かれていないだけで、ずっと続いていたと考えるよ。『わたしの魏志倭人伝』で、『隋書』俀国伝の六〇〇年に阿毎多利思北孤（あまのたりしひこ）が出てきたのを覚えているかい。景行天皇の別名が大足彦で成務天皇は稚足彦だろ。その子孫が天足彦（阿毎多利思北孤）なんだ。大分大倭の大王にはタラシ系の名が続いていたんだ。初代武内宿禰は大分大倭国内で成務天皇、和訶奴気王のもと、大臣を勤め上げたとみるよ。熊襲という大国とは別に、宿禰二世のときから「大分大倭」と「奈良大和」の二つの「やまと王朝」が並立したんだ。

抜じの賢木

智彦　気になっていることがあるんだ。仲哀天皇が熊襲征伐に向かう前に博多湾岸はすでに熊襲の支配地になっていたと考えられるよね。なのに、仲哀天皇は熊襲と干戈（かんか）を交えることもなしに、どうやって橿日宮に入ることができたんだろう。

翔　戦後処理の全権大使として熊襲側が迎え入れたのではないのか。

智彦　そうすると仲哀天皇を案内した「岡県主の祖熊鰐」や「伊覩県主の祖五十迹手」は熊襲側の将軍ということになるよ。

日夏　智彦が気にしているのは熊鰐が献じたという「魚塩の地」のことでしょ。

智彦　そうなんだ。それと「賢木を抜じ取る」ことにどのような意味があるのかと思ってね。

日夏　ちょっと抜き出してみるわね。

> 岡県主の祖熊鰐、（中略）五百枝の賢木を抜じ取りて船の舳に立てて、上枝に白銅鏡を掛け、中枝に十握剣を掛け、下枝に八尺瓊を掛けて周芳に迎え、魚塩の地を献る。よりて申す、穴門より向津野大済までを東門とし、名籠屋大済を以て西門とす。没利島・阿閉島を限りて御筥とし、柴嶋を割りて御鍋とす、逆見海を以て塩地とす

そして船を進めて岡津で泊ったところで「抜じの賢木」がもう一度出てくるわ。

> 伊覩県主の祖五十迹手、（中略）五百枝の賢木を抜じ取りて、船の舳艫に立てて、上枝には八尺瓊を掛け、中枝には白銅鏡を掛け、下枝には十握剣を掛けて穴門の引嶋に迎える

仲哀天皇は穴門から岡津まで進んでいたはずなのに、いつの間にか引嶋まであとじさりしていて、二回目の迎えでようやく橿日宮に入ったのね。『日本書紀』の注では、「魚塩の地」を周芳方面とみて、「向津野

大済」は杵築市山香、「名籠屋大済」は北九州市戸畑区、「没利嶋」は六連島、「阿閉島」は藍島、「柴嶋」は洞海湾内の島、「逆見海」は北九州市若松区としているわ。

翔　櫃日宮に入るというのに周芳を「魚塩の地」としてもらうのは場所として離れすぎだよ。それに仲哀天皇は、すでに穴門豊浦宮に入っているのだから、自分が治めている場所を今更献じると言われてもどうかと思うよ。別の見方だが、魚塩の地は櫃日宮を中心に考えたらどうなんだ。「向津野大済」を山口県長門市の向津具半島として、下関から向津具半島にかけてを「東門」とみるんだ。「名籠屋大済」は佐賀県唐津市の東松浦半島にある名護屋で、こちらが「西門」。その中央の「没利嶋」を玄界島、「阿閉島」を相島とすれば櫃日宮を囲む二重の箱のようでもあるだろ。

智彦　箱崎地名は「御筥」からできたのかな。次の「柴嶋」は志賀島のことと思うよ。ボクは「しば」を「礼拝場所」と考えているんだ。遠くの神や山の神に祈るとき、神のいる場所まで行けないので、住居の近くから祈る、その場所が「しば」なんだ。志賀島は伊奘諾尊、伊奘冉尊を葬っただけでなく、ふるさと朝鮮半島の神に祈る場所でもあったから「柴嶋」とも呼ばれたんだ。「しば」で祈るときは実際に柴を差していたんだ。柴は神と交信するためのアンテナなんだ。

翔　「逆見海」は海の中道だよ。海を見ながら後ろを向いてもまた海だものな。それで、まとめるとどうなるかな。

智彦　「どうぞ我々が用意した櫃日においでください。東の下関や向津具半島から西の名護屋までの航行は自由です。玄界島から相島の間の陸地を都の場所として用意しています。志賀島周辺は漁場、海の中道は製塩場所としてお使いください」で、どう?

日夏　『日本書紀』の注より意味が通っているわ。でも仲哀天皇は、一度は岡津まで進みながら、いつの間にか

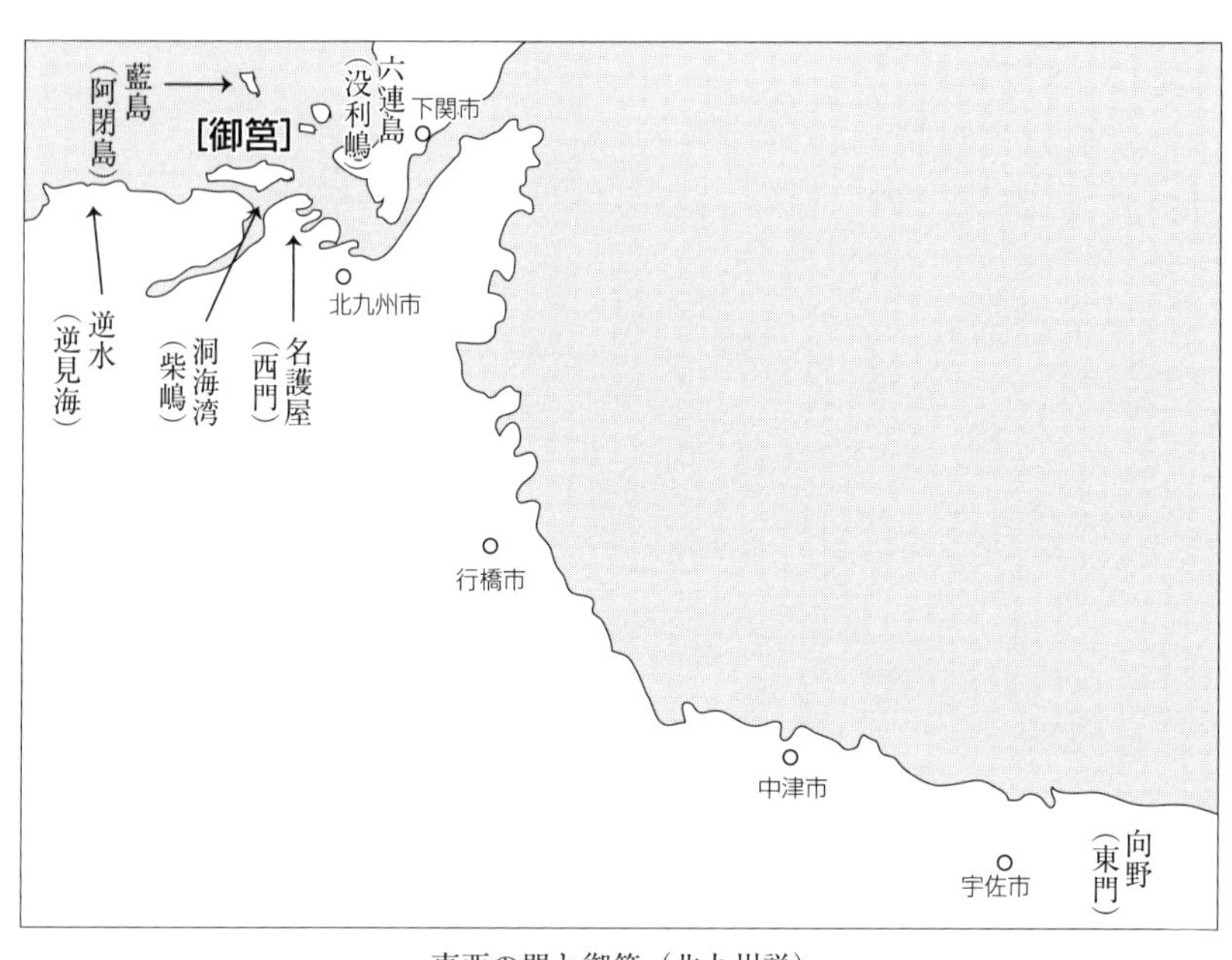

東西の門と御笘（北九州説）

踵（きびす）を返して穴門へと戻っていたのね。熊襲側の誘いを罠と考えたのでしょうね。再度乞われてようやく橿日に入ったのだわ。

翔　どうも「賢木を抜じ取る」ことはその土地の神に支配者の交代を告げるもののような気がしてきたな。

日夏　橿日への招待が罠ではないことの証として、抜じの賢木を見せたのかしら。抜じの賢木は『日本書紀』に何カ所か出ていたわね。そこから「支配者の交代」を意味しているかどうか確かめられないかしら。最初が天照大神の「磐戸隠れ」で、本文と一書第三の二カ所ね。本文では太玉命が、一書第三では天児屋命（あまのこやねのみこと）が真坂樹（まさかき）を抜じにしているの。次が神武即位前紀で、中洲に攻め込む前に神武天皇自身が真坂樹を抜じにしているわ。その次が景行四年で熊襲征伐途上の周芳で出会った神夏磯媛（かんなつそひめ）が賢木を抜じにして天皇を迎えているわ。そのあとに続くのが仲哀天皇の二カ所ね。

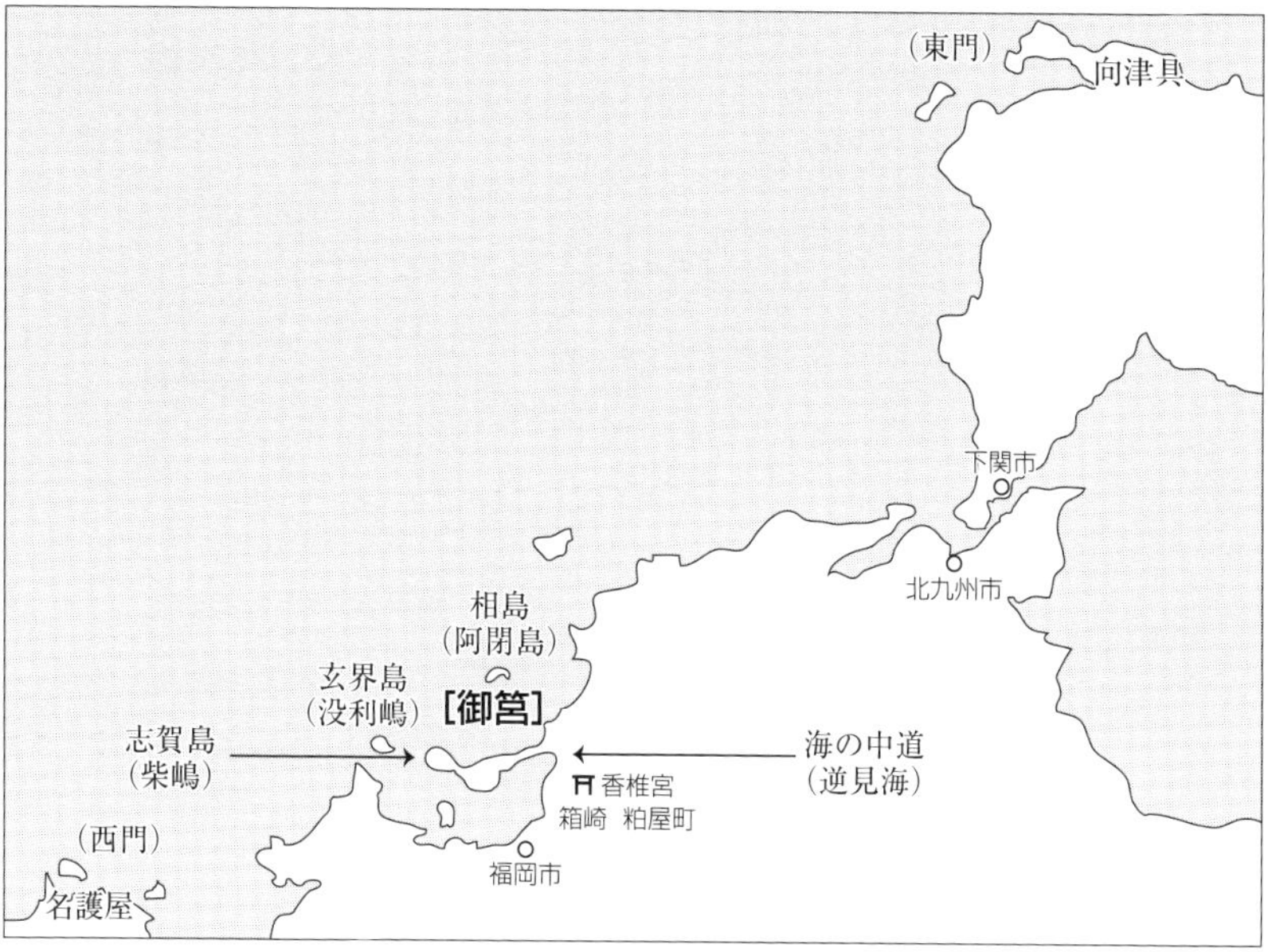

東西の門と御笘（博多湾説）

智彦　「磐戸隠れ」が問題だね。支配者の天照大神が入れ替わったことになるもの。神武天皇の場合はこれから天皇自身が湯布院の支配者になることを、土地の神に宣言したんだ。景行天皇では、相手の神夏磯媛が国を差し出したとして、これも理解できるね。ただし、その場所は周芳ではなく日向ではないかな。景行天皇が熊襲征伐に向かったのは日向方面だもの。

翔　景行天皇の事蹟であれば日向だが、ここは仲哀天皇を景行天皇に書き換えたのかもしれないよ。仲哀天皇は一旦周芳に迎えられて、ワンクッション置いてから橿日に迎えられたとも考えられるよ。それなら、仲哀天皇は合計三回抜じの賢木で迎えられたことになるな。

智彦　ありそうだね。日向説は取り消すよ。あとは磐戸隠れをどう解釈するかだね。

日夏　磐戸隠れで支配者の交代がなければ、仲哀天皇を熊襲側が迎え入れたとする説は成立しないわ。

翔　天照大神は磐戸に隠れたのではなく、素戔嗚（すさのお）

尊と結ばれて高天原からいなくなったとしたらどうだ？　何せ二人は誓約で八人もの子を生んでいる仲だよ。

智彦　そうだね。素戔嗚尊が天上で暴れまわったとき、『日本書紀』本文では「天照大神が斎服殿にいるのを見て天斑駒を剝ぎにして投げ入れ、そのため天照大神は梭で身を傷めた」となっていたね。それが一書第一では「稚日女尊が斎服殿にいるのを見て斑駒を投げ入れ、稚日女尊は梭で体を傷めて神去った」となっていたよ。「天照大神」と「稚日女尊」は同一人物と考えてよさそうだね。「梭で身を傷めた」は夫婦となったことで、「神去った」は死んだのではなくて出て行ったとみたらどうだろう。

日夏　すると、磐戸隠れのあとの天照大神は別人ということになるわ。あっ、別人でなくてもいいのか。このあとに続く天孫降臨神話には天照大神は名前しか出てなくて、その行動はまったく書かれていないわ。「天照大神の孫の瓊瓊杵尊」と名が出てくるだけよ。このあと高天原のことはすべて高皇産霊尊が取り仕切っているの。磐戸隠れの「抜じの真坂樹」は高天原の支配者が天照大神から高皇産霊尊に代わったことを告げるものなのね。だからのちに神武天皇が真坂樹を抜じにしたときに「今、高皇産霊尊を以て、朕親ら顕斎を作さん」と言ったのよ。

智彦　やはり仲哀天皇は自力で橿日宮に入ったのではなく、熊襲に迎えられたんだ。これですっきりしたよ。

第四章 大和王朝

神功皇后の東征

日夏　では神功皇后に入るわ。

▽十二月二十八日　日本古代史研究会　第九回

神功皇后（気長足姫尊）

記述年	西暦	修正年	日付	事項
二〇〇		三六八	四月	松浦縣で細鱗魚釣りをする。その国の女たちはいまでも年魚を捕るが、男夫には捕ることができない
			九月	新羅出兵を宣言する。その時、皇后は開胎だったが、石を取って腰に挿んで「事終えて還らん日に、ここに産れたまえ」と言う。その石は今、伊覩縣の道の辺に在る

			十月	和珥津(わにのつ)より発ち、順風が吹いて新羅に至る。新羅の王(きこし)、白旗あげて自ら服(まつろ)う。高麗(こま)、百済(くだら)二の国の王も朝貢を約束する。皇后、新羅より還り、十二月、誉田天皇(ほむたのすめらみこと)、筑紫に生れる
	二〇一	三六八	二月	穴門豊浦宮(あなとのとようらのみや)に移る、(仲哀(ちゅうあい))天皇の喪(もがり)を収めて海路で京に向う。麛坂王(かごさかのみこ)と忍熊王(おしくまのみこ)が謀って播磨で兵をそろえ皇后を待つ。麛坂王が死に、忍熊王も敗死する
			十月	摂政元年とする
神功摂政三年	二〇三	三六九	正月	磐余に都をつくる。若桜宮(わかさくらのみや)という
神功摂政五年	二〇五	三七〇		葛城襲津彦(かつらぎのそつびこ)が新羅を攻撃し、草羅城(さわらのさし)を落城させる
神功摂政十三年	二一三	三七四	二月	太子と武内宿禰(たけしうちのすくね)が角鹿(つぬが)の笥飯大神(けいのおおかみ)に参拝する
神功摂政四十七年	二四七	三九一	四月	百済が朝貢し、新羅も使を送ってくる(この前後は新羅をあしざまに言う文が多い)
神功摂政五十二年	二五二	三九四	九月	百済が七枝刀(ななつさやのたち)一口、七子鏡(ななつこのかがみ)一面ほかを献上してきた
神功摂政五十五年	二五五	三九五		百済の肖古王(しょうこ)が薨去。翌年王子貴須(きす)が王となる
神功摂政六十二年	二六二	三九九		襲津彦に新羅を攻撃させる
神功摂政六十四年	二六四	四〇〇		百済の貴須王が薨去し、王子枕流(とむる)が王となる
神功摂政六十五年	二六五	四〇〇		百済の枕流王が薨去。王子の叔父辰斯(しんし)、奪って王となる
神功摂政六十九年	二六九	四〇二	四月	崩御。年百(修正五〇歳、狭城盾列陵(さきのたたなみのみささぎ))

翔　何と言っても「松浦縣で細鱗魚釣りをする」がおかしいよ。夫の仲哀天皇は死ぬし、熊襲（くまそ）は目の前。筑紫の人々を救わなければならない危急のときに魚釣りなんかできるはずがないよ。

日夏　でも、これは『古事記』にも書かれているんだから、とても重要なことらしいの。ただ、「鮎」の字に「占」が入っているとしても神功皇后の巫女としての占いに関係があるようには思えないわね。

翔　考えられるのは一つだよ。神功皇后は松浦まで出かけて人知れず品夜和気命（ほんやわけのみこと）を生んだんだ。「男夫には捕ることができない」は「男は生むことができない」と言っているんだ。

智彦　新羅出兵は魚釣り以上にあり得ない話だよ。海外遠征ができる状況ではないもの。新羅に侵攻したのは熊襲の方だよ。『日本書紀』をつくるときに海外のことには触れたくはなかったものの、朝鮮半島側の記録に倭が侵攻してきたことがあるので無視することもできず、神功皇后の功績として挿入したんだ。

日夏　そうでしょうね。次に松浦で生まれた品夜和気命のその後はどうなったと思う？「その時、皇后は開胎だったが、石を取って腰に挿んで『事終えて還らん日に、ここに産れたまえ』と言う。その石は今、伊覩縣の道の辺に在る」とのように、ここは神社に関係することとして想像をめぐらせてみたの。

翔　どこにも神社なんて出てないよ。

日夏　神功皇后が抱いて出産を遅らせた石が福岡県糸島市の鎮懐石（ちんかいせき）八幡宮に祀られているのを知らないの？

翔　鎮懐石八幡宮は知っているよ。だが、品夜和気命のことなど由緒書きにはなかったよ。

日夏　佐賀県佐賀市大和町の與止日女（よどひめ）（河上）神社には、石に触れただけで子ができた話が伝えられているの。與止日女は神功皇后の妹とされているわ。姉が石を抱いて出産を遅らせ、妹は石に触れただけで子ができたのよ。二つの話をあわせると何か匂ってくるでしょ。

翔　二つの神社は脊振（せふり）山地に隔てられてはいるが、距離的には近いな。それに神功皇后が出産したとみられる松浦（唐津市とみる）から佐賀市大和町へは古代でも交通ルートが拓けていたような地形だな。

日夏　神社の由緒には、祭神は豊玉姫とも神功皇后の妹とも伝えられている。與止日女は姉の神功皇后の新羅遠征についてきて、この地にとどまっていたが子宝に恵まれないので、館の一隅にあった自然石（男根形）に触れて祈ったら色白の玉のような男児を授かった。この石は金精さんと呼ばれ、今でも祈願に訪れる人が多いとあるわ。祭神は與止日女なのにどうして豊玉姫の名が出てきたかというと、かつて豊玉姫が子の鸕鷀草葺不合尊を妹の玉依姫に育てさせた例があるからよ。同じように神功皇后も妹の與止日女に品夜和気命を預けたので、そのことが連想できるように豊玉姫の名を出したのだわ。與止日女については結婚のことも夫のこともわかっていないわ。未婚だったからこそ姉についてきていたと考えた方が良さそうね。また、実の妹ではなく、巫女としての妹分なのかもしれないわね。『日本書紀』では「品夜和気命は大酒主の娘、弟媛が生む」となっていたわ。弟媛は與止日女のことで品夜和気命の育ての親なのよ。

智彦　「大酒主」は息長氏ではないかな。息長氏の本拠地が近江国坂田郡で、坂田公や酒人公が同族とされていることから、「さか」のつく大酒主もそう考えられるんだ。神功皇后（気長足姫）は名前から息長氏だよね。その妹が息長氏の娘であってもおかしくないわけだよ。

日夏　そうよね。『古事記』では迦具夜比売命の父の大筒木垂根王と同世代に山代之大筒木真若王がいて、その曽孫が息長帯比売（神功皇后）よ。大筒木垂根王は「竹の王」にして海人族、月読尊を始祖としていたとみたのよね。山代之大筒木真若王も竹の王で、海人族ではないかしら。そうとすれば「息長」は長生きではなくて「潜水」を得意とする意味になるわね。

智彦　それは枕詞で確かめられるよ。「にほどりの」は「潜く」や「息長」にかかる枕詞で、「にほどり」を意味するカイツブリは、潜水が得意な水鳥なんだ。だから息長氏が海人族なのは間違いないよ。

日夏　三六八年には海路で京に向かい、麛坂王と忍熊王が死んでいるわ。

翔　麛坂王と忍熊王は大和の王ではないね。日本武尊が平定した播磨付近の王とみるよ。

智彦　三六九年に都を磐余としたのは、大和ではじめて王朝を建てたので神武天皇の名にあやかったんだ。

日夏　でしょうね。天皇にはならなかったのに『日本書紀』の第九巻はほとんど神功皇后の事蹟で埋まっているわ。筑紫平野の多くの人々を引き連れて、新たに「奈良の大和」をつくったことは省けないわね。

智彦　その功績を称えて「神功」の名が贈られたんだ。名前の最初に「神」の字がついているのは神功皇后と神武天皇だけだよ。子の応神天皇は大和での最初の天皇なのに「神」が二字目になっているのは自分ですべてを切り拓いたわけではなかったからだよ。崇神天皇と同じだね。

日夏　神功皇后は近江国坂田郡の出身とされているの。でも坂田郡は皇后が大和へ入ったあとで息長氏の本拠地となったのではないかしら。順序が逆なのよ。
次は三七四年、太子と武内宿禰が、角鹿の笥飯大神に参拝しているけど、『古事記』では伊奢沙和気大神が夢に出てきて「吾が名を御子の名に易えまく欲し」と言ったので名を取り替えたとあるわ。そして、記紀ともに帰着後、宴をひらいて神功皇后が用意した神酒を飲んで祝ったとなっているの。

智彦　神と人が名を取り替えるのはおかしいよ。神が自分の名を分け与えたと読むべきなんだ。

翔　なんだか武内宿禰が熊襲の川上梟帥に名をもらったときと似ているな。宿禰も七歳のときだし、太子もちょうど七歳だ。太子も名を拝領するために出かけたのではないのか?

智彦　ならば笥飯大神は神ではなくて、大和の王より強い力を持った大王のことになるね。

日夏　その大王の名をもらうことは大和の次の王になるのを承認されることを意味しているのね。それで帰着後にお祝いをしたんだわ。

翔　武内宿禰のときと同じしきたりを持っている笥飯大神は、おそらく熊襲の王だよ。このとき熊襲は九州内にとどまらず、どんどん勢力を伸ばして福井県にまで達していたということか。太子は熊襲の大王自らが福井まで遠征してきたときを見計らって挨拶に行ったんだ。

智彦　穴地蔵(あなじぞう)古墳や白塚(しろづか)古墳など、福井県敦賀(つるが)市には福岡県や熊本県に多い石棚を持った古墳があるんだ。なのに、歴史学ではなぜか九州との関連は無視されていて、同じように石棚を持った和歌山県和歌山市の古墳とのつながりだけが強調されているよ。これらの古墳は神功皇后の時代より少し降るものの、敦賀と九州が古くからつながりを持っていた証拠だよ。笥飯大神の熊襲大王説はおおいにあり得るよ。

日夏　この頃から『日本書紀』に朝鮮半島のことが出てくるようになるの。次に掲げる半島に関する記録の年代は修正年を表しているわ。（　）内は『日本書紀』の年代をそのまま西暦になおしたものね。※印は朝鮮半島側の記録で、実年と考えられるものよ。

①三七〇（二〇五〔神功摂政五〕）年、葛城襲津彦が新羅を攻撃し、草羅城を落城させる

②三九一（二四七〔神功摂政四十七〕）年、百済が朝貢し、新羅も使いを送ってくる

※広開土王碑文は三九一年で修正年に一致

③三九四（二五二〔神功摂政五十二〕）年、百済が七枝刀一口、七子鏡一面ほかを献上してきた

④三九五（二五五〔神功摂政五十五〕）年、百済の肖古王が薨去

※近肖古王の死は三七五年、一二〇年のずれ

⑤三九六（二五六〔神功摂政五十六〕）年、王子貴須が王となる

※近仇首王は三七五年、一一九年のずれ

⑥三九九（二六二〔神功摂政六十二〕）年、襲津彦に新羅を攻撃させる

※広開土王碑文は三九九年で修正年に一致

⑦四〇〇（二六四［神功摂政六十四］）年、百済の貴須王が薨去し、王子枕流が王となる

※近仇首王の死は三八四年、一二〇年のずれ

⑧四〇〇（二六五［神功摂政六十五］）年、百済の枕流王が薨去。王子の叔父辰斯、奪って王となる

※枕流王の死は三八五年、一二〇年のずれ

智彦　百済のできごとについては年がずれているものが多いね。この頃には百済がすでに大和王朝に降っているように見せるために、わざとずらして書いたのかな。『日本書紀』での百済のできごとは干支でふたまわり、一二〇年違っているね。でも、『三国史記』に書かれていない②と⑥については正しい年が書かれているよ。そして、③は奈良県天理市の石上（いそのかみ）神宮におさめられている七支刀のことかな。七支刀はもっとあとの時代に伝わったものと思うんだ。このことは、ボクたちの研究が、七支刀が本当に送られてきたと思われる時代に達したときに説明するよ。それから①の葛城襲津彦も⑥の襲津彦も仮名だよ。百済紀にあるように新羅に攻め入ったのは「沙至比跪（さちひこ）」で、熊襲の将軍だと思う。日本の言葉では「幸彦」だね。葛城襲津彦は「さちひこ」に似た名を持った奈良大和の葛城の人で、海外に遠征したことはなかったんだ。百済は大和王朝にではなく、熊襲に朝貢していたんだ。

日夏　次は神功皇后の死について。四〇二年「崩御、年百（修正五十歳、狭城盾列陵）」となっていて、その狭城盾列陵は奈良市の五社神（ごさし）古墳とされているわ。五社神古墳は四世紀後半から五世紀はじめの前方後円墳で全長二七五メートル、周濠（しゅうごう）を持った古墳よ。ただ、宮内庁によって神功皇后陵に治定（じじょう）されているため、詳しいことは不明よ。

智彦　五社神古墳は四〇二年よりもう少し古いのではないかな。それに盾列（立立波）のイメージに合わないよ。ボクは奈良県磯城(しき)郡川西町の島の山古墳を神功皇后の陵としたいな。島の山古墳は寺川と飛鳥川に挟まれていて盾列の地名に合っているんだ。四世紀末から五世紀はじめの前方後円墳で全長二〇〇メートル、周濠があって副葬品が多いことで知られているよ。古墳名の「島の山」も周囲が立立波だったからだよ。副葬品（鏡、腕輪、臼玉、手玉など）も被葬者が女性で、しかも呪術者であることを示しているよ。

さて、神功皇后が大和に入ったところで、大和王朝の成立がみえてきよね。湯布院倭と大分大倭のことも理解したつもりだよ。でも、どれも「やまと」に関することばかりで、この頃の日本全体の姿が浮かんできていないと思うんだ。熊襲が大分大倭と奈良大和の二つの王朝をも凌駕する強国であったことがおぼろげながら浮かんできたくらいで、ほかにも有力な国がなかったのか、熊襲がどのようにして強大になっていったのかなどわかっていないよ。

日夏　それはわたしも感じていたわ。そうね。「やまと」以外に熊襲やそのほかの勢力がどのように興ったのかをもう一度見直してみようか。記紀を読み返してみれば新たなことに気がつくかもしれないわ。次は年が明けてからね。それぞれ思うところを勉強してきてね。

天族の拡がり

▽令和二年一月四日　日本古代史研究会　第十回

日夏　ついに年を越しちゃったわ。まだ先が長いわね。では、新年最初の研究会をはじめるわ。大分大倭と奈良大和以外の日本について何かつかめたかしら。

翔　オレは神武天皇より先に湯布院倭に入ったという饒速日命（にぎはやひのみこと）について考えてきたよ。

智彦　ボクは熊襲がどのようにしてできたのか、その過程を追ってみたんだ。

日夏　わたしは湯布院倭の天皇の兄弟の動きや妃の出身、外戚との関係に注意しながら記紀を読み返したわ。古くからあると思われる神社の由緒にもあたってみたの。それから「やまと以外の日本」について検討するのに、時代をいくつかに区分して考えた方が理解しやすいと思ったの。

第一期は記紀の国譲りまで。天照大神（あまてらすおおみかみ）―天忍穂耳尊（あまのおしほみみのみこと）―瓊瓊杵尊（ににぎのみこと）のときよ。第二期は国譲りから神武東征までね。彦火火出見尊（ひこほほでみのみこと）―鸕鷀草葺不合尊―神日本磐余彦尊（かむやまといわれひこのみこと）（神武天皇）の時代よ。そして第三期は湯布院倭成立後の神武天皇から垂仁（すいにん）天皇までで、湯布院倭と大分大倭初期の時代ね。第四期は景行（けいこう）天皇から仲哀天皇で、熊襲との対立の時代、第五期が神功皇后が大和王朝を成立させ、熊襲が広く日本各地を支配するようになったと思われる時代よ。

では、第一期について。天照大神の一族が福岡県糸島市前原（まえばる）、月読尊の一族が糸島市の糸島半島、素戔嗚（すさのお）尊（みこと）の一族が博多湾岸に国を構えたところからね。

翔　オレはさっきも言ったように饒速日命について考えてきたんだが、饒速日命はその正体が確定していないんだ。別名が天照国照彦天火明櫛玉饒速日尊（あまてるくにてるひこあめのほあかりくしたま）で、物部（もののべ）氏の祖とされているよ。『日本書紀』の内容からみて、神武天皇とはそう遠くない血縁関係にあると思ったんだ。それで天火明命（あめのほあかりのみこと）のことではないかと仮定してみたよ。饒速日命の別名には「天火明」の字も入っているし、天火明命は瓊瓊杵尊の兄にあたるからね。ただ、天火明命は物部氏ではなく尾張（おわり）氏の祖とされているね。

智彦　「ニギハヤヒ」と「ニニギ」は兄弟だから名前が似ているのかな。

翔　そう思うよ。饒速日命（あるいはその子孫）は神武東征のとき、最初は敵側にいたんだ。それが長髄彦を裏切って殺し、天皇に恭順したんだ。それで敵として扱うときには「饒速日命」、瓊瓊杵尊の兄（天照大神の一族）として呼ぶときには「天火明命」を使ったのではないかな。饒速日命は市寸島比売命（海神）を妃にしているから海に詳しかったと思うよ。九州北岸に沿って東へと進出、大分県国東市国東町小原に国をつくったと考えたんだ。日本武尊の話で「尾張」を「小原」とみたことを思い出してよ。小原で発展した一族が尾張氏なんだ。尾張氏は世襲足媛を孝昭天皇の皇后に出し、その長子・天足彦国押人命が和珥氏の始祖となっているよ。だから、饒速日命（天火明命）は物部氏の祖であり、尾張氏や和珥氏の祖でもあるんだ。以上のことは今までオレたちが調べてきたことにも矛盾していないよ。天火明命と瓊瓊杵尊の母親・栲幡千千姫命は別名が豊秋津姫だから別府湾に近い国の人だよ。国東出身かもしれないね。

日夏　国東には神武東征以前にすでに天照大神系の国があったということね。

智彦　ボクは天忍穂耳尊の兄弟の熊野櫲樟日命に注目したよ。熊襲は弥生時代の村から自然発生的に大きくなったのではなく、朝鮮半島から移住してきた部族の中から台頭したと考えたんだ。天照大神の近くにそのような一族はいなかったかと振り返ったら、この名が浮かんできた。瓊瓊杵尊の父の天忍穂耳尊は五人兄弟で天忍穂耳尊、天穂日命、天津彦根命、活津彦根尊、熊野櫲樟日命のうち熊野櫲樟日命の名だけほかとは違うよ。本来なら「天熊彦命」や「天櫲樟日命」となるところを熊襲の祖となって兄たちに逆らったことが原因で「天」の字がつけられなかったと思うんだ。熊野櫲樟日命は饒速日命よりも一世代前の人で、饒速日命の国東進出よりも数十年早く熊本方面に移っていたと推測するよ。「熊」や「隈」は「奥まったところ」「曲り目」のこととされているが、ボクは別の語源を考えているよ。

熊襲は『魏志』倭人伝に言う狗奴国のことで、その狗奴国の「く」は金のことなんだ。山上憶良の歌「銀も金も玉も何せむに　まされる宝　子にしかめやも」にある「金（くがね）」の「く」だよ。狗奴国は「黄金の国」の意味で、熊野橡樟日命の名も「黄金色に輝く奇しき日」を意味するんだ。『魏志』倭人伝に出てきた朝鮮半島南部の狗邪韓国も、その後身とみられる金官国も熊襲と関係があると思うよ。それに熊襲は自分の国をただ黄金の国と呼んだだけでなく、実際に高度な金属生産技術を持っていて、その技術を自由に駆使するために熊本方面に移動したんだ。

日夏　それを聞いて思いあたるのが『魏志』倭人伝に出てくる狗奴国の男王の名前ね。邪馬台国の卑弥呼に似た卑弥弓呼だったわ。名の意味は「日を読む黄金の男」かな。日神を信仰していると思われるわ。対馬に天日神命を祭る阿麻氐留神社があるの。「阿麻氐留」は「天照」が変化した名とされ、天疎向津姫命を祭るとも言われているけれど、もともとは男神を祭っていたように思うの。日神である熊野橡樟日命を祭っていたのかもしれないわ。次は第二期の国譲りから神武東征までについて。

翔　国譲りと言っても、実際には素戔嗚尊の子孫の大己貴神が天照大神の孫の瓊瓊杵尊に敗れたということだよな。このとき素戔嗚族は全滅したのではなく、島根の出雲や杵築の出雲などを含む西日本各地に分散していっただけなんだ。それに国譲りそのものが福岡平野全体のことではなくて、伊奘諸尊の国があった西部に限られていたと思うよ。中央部には素戔嗚族がまだ残っていたんだ。

智彦　素戔嗚族の分散地に熊本県の菊池や阿蘇を加えてはどうだろう。素戔嗚族は各地に分かれたものの、中心となる大己貴神系の人々は筑後川を渡って熊本の熊野橡樟日命の国の手前まで南下したと考えたんだよ。

日夏　それは考えられるわね。阿蘇の開拓神・健磐龍命は記紀をつくるときに神武天皇の孫に組み入れられてしまったけれど、それ以前から阿蘇で信仰されていたようなの。健磐龍命を国譲りに出てきた建御名方神の子孫とする説もあるわ。建御名方神は大己貴神の子よ。健磐龍命の名に「タケ」がついているから、どうも素戔嗚族のようなの。
次に阿蘇神社のことがあるわ。阿蘇神社は健磐龍命をはじめとした家族神十二柱を祭る神社で、健磐龍命を一宮に祭るのに、子の速瓶玉命(はやみかたまのみこと)は十一宮で、その妃の雨宮媛命(あまみやひめのみこと)は祭られてもいないの。これは健磐龍命を神武天皇の孫として祭ったものの、その子孫のことは無視して二宮から十宮まで神武天皇系の神々を祭ったためと考えられるわ。速瓶玉命の子の彦御子神(ひこみこのかみ)が五宮で、親子が逆転しているのもおかしいでしょ。彦御子神は神武天皇系だったのでしょうね。また、最後の十二宮の金凝神(かなこりのかみ)は二代綏靖(すいぜい)天皇とみられているけど、これもおかしいわ。天皇を祭るのであれば、十二宮ではなく、もっと早い三宮あたりで祭られたはずよ。金凝神は神武天皇とは関係がない、金属生産を得意とする熊野櫲樟日系の神なのよ。

智彦　その頃、熊本の熊野櫲樟日命と阿蘇の健磐龍命は手を組んだのではないだろうか。その後の熊襲の強大化を考えると、そんな気がしてならないよ。

翔　それは言えるよな。熊野櫲樟日命は「天」の字を剥奪されているように、天照大神の一族とは不仲になっていたんだ。そこに天照大神の孫・瓊瓊杵尊に博多湾岸から追い出された素戔嗚族がやってきたわけだからね。二つの一族は共通の敵を抱えていたことになるな。

日夏　このあとは第三期の湯布院倭建国後の神武天皇から垂仁天皇までの時代ね。この頃の日本について、探る伝手がないかと記紀を読み込んでみたら、神武天皇から四代懿徳(いとく)天皇まではどうも素戔嗚族の女性を皇后にしていたようなの。『日本書紀』では異説が多くてややこしいので、第三期に限って『古事記』をもとにしてみたわ。神武天皇の皇后は比売多多良伊須気余理比売(ひめたたらいすけよりひめ)で大物主神(おおものぬしのかみ)の娘よ。大物主神は大己貴神や大国主命(おおくにぬしのみこと)と同一とみられているわ。わたしは大年神と同一神と思っているの。どちらにしても素戔嗚族に違いないわ。二代綏靖天皇の皇后・河俣毘売は師木県主波延の妹、三代安寧天皇の皇后・阿久斗比売は師木県主の娘、四代懿徳天皇の皇后・賦登麻和訶比売も師木県主の祖とされているわ。二代から四代の皇后に関わる師木県主の正体は不明なんだけど、ここで『日本書紀』における皇后の出身を並べてみると、二代の皇后は事代主神の娘、三代は鴨王の娘、四代は息石耳命の娘となっているの。鴨王は事代主神の子で、息石耳は鴨王の孫だから、すべて素盞鳴族にみえるのよ。

翔　この時点では、饒速日系の女性は皇后になっていないんだな。神武天皇が湯布院に入るとき、一時的にせよ敵対関係にあったからな。

智彦　四代の皇后を出した素戔鳴族の国は湯布院倭から見て遠方ではない杵築の出雲とみてよさそうだね。

日夏　そうね。博多湾の出雲や島根の出雲、阿蘇ではなかったでしょうね。それに懿徳天皇の兄の常根津日子伊呂泥命（『日本書紀』の息石耳命とみられる）が杵築を治めたと考えられることもあって、皇后を続けて出したのは杵築の出雲と思うわ。その後、五代孝昭天皇から八代孝元天皇は饒速日系の女性が皇后となっているわ。孝昭天皇の皇后は尾張連の祖とされる奥津余曽の妹・余曽多本毘売命だから国東町小原の出身と考えられるわ。子は二人で、兄の天押帯日子命（天足彦国押人）は春日臣や和珥氏の祖とされているの。弟の大倭帯日子国押人命が六代孝安天皇となって、その皇后は兄の娘の忍鹿比売命ね。兄の天押帯日子命は母の国である国東に戻ったものとみているわ。それで忍鹿比売も国東育ちでしょうね。

智彦　神社のことだが口を出しちゃうよ。国東町小原の北に隣接する鶴川に桜八幡神社があるんだ。境内にある押人社は祭神を宇麻志麻治宿禰（可美真手命）としていて「押人」は御師人（神に仕える人）の意とされているけれど、孝安天皇の兄・国押人のことかもしれないよ。実は、押人社は古墳の上に建っているんだ。遠くの神を祭った神社ではなくて実際に祭られる人がいたわけで、宇麻志麻治宿禰としたのは祭られている神が饒速日系の神であることを伝えるためだよ。

日夏　押人社なんてあまり聞かない神社名ね。珍しいだけに当たっているのかも。次は七代孝霊天皇の皇后・細比売（細媛）よ。十市県主の娘とされているわ。十市県主も饒速日系で、十市は小原の南側の国東市の武蔵町あたりと考えているの。

翔　「十市」姓は全国的にみても珍しいんだけど、大分県では国東市にいるようだね。国東市の十市さんは十市県主の子孫かもしれないな。

日夏　続けるわね。八代孝元天皇の皇后は内色許男命の妹・内色許売命よ。内色許男命は物部氏の祖で、やはり饒速日系ね。この時代、饒速日系の一族は国東半島に根づいただけでなく、海を渡って各地と交易し、愛知県の尾張方面にまで進出していたの。饒速日系の一族の中でも特に多氏と物部氏は競って、あるいは共同して千葉県や茨城県、福島県あたりまで出て行ったの。茨城県鹿嶋市の鹿島神宮や元鹿島といわれる潮来市の大生神社は武甕槌神が祭神となっているけれど、どうも最初は多氏の神を祭っていたように思うの。千葉県香取市の香取神宮の祭神は経津主神で物部氏の神。鹿島神宮と香取神宮は古くから関係が深いとされていて、それで多氏と物部氏が時を同じくしてこの地域に進出したと考えたの。
話を戻して、杵築出雲の素戔嗚族は皇后を出す立場から外されて冷遇されるようになったわけね。それで新しい国土探しへと方針転換して饒速日系の一族に劣らず海を渡ったの。桜井市までたどりついて三輪山信仰をはじめたのも杵築出雲の素戔嗚族だと思うわ。のちの崇神天皇のとき、湯布院倭から桜井市へと移住した人たちはこの三輪山信仰の先人を頼ったのよ。

智彦　大物主神が崇神天皇に祟ったのも、素戔嗚族を冷遇したことに原因があったのかな。

日夏　そうね。一方、熊本の熊野橡樟日命と阿蘇の健磐龍命とは同盟し、縁戚関係も結んで一躍強大国の熊襲となり、福岡県八女市や熊本県阿蘇郡小国町、大分県日田市南部・竹田市などの周辺地域に広がりはじめるの。また、博多湾岸では天照大神の一族の奴国も漢に朝貢するほど強大な国となり、さらに周辺諸国への侵出を続けるの。そのために天照大神の一族、月読族、素戔嗚族の国々が入り乱れて争ったのね。それが「倭国大乱」と呼ばれるものよ。湯布院倭で素戔嗚族が冷遇されるようになったのも倭国大乱と関連しているようね。大乱後の博多湾岸は素戔嗚族の国々が衰退し、奴国が強国となったけれど、周辺諸国はその専横を認めずに結局、月読族の王女・卑弥呼を王とすることで連合するのね。熊襲は筑後川まで北上したものの筑後川以北は女王連合国が壁となったために宗像市周辺、あるいは島根の出雲などの素戔嗚族とは分断されてしまうわ。また壱岐を女王連合国に押さえられたために、宗像市周辺の素盞鳴族は壱岐から対馬を経由する朝鮮半島への渡航ルートを使用できなくなってしまうの。これが熊襲と邪馬台国との争いの原因となったのよ。

翔　それまでは半島の国々と自由に交易していたのにな。そのために沖ノ島から対馬へ渡るルートを開拓したと考えられるな。

日夏　次よ。九代開化天皇の妃・竹野比売は息長氏の出身と思うの。この時点で息長氏はまだ記紀に登場していないけれど、子が比古湯牟須美命、孫が大筒木垂根王、曽孫が迦具夜比売で霊能者と思われる人が続くことから、そう考えたの。竹野比売を出した息長氏は大分県速見郡日出町から別府にかけて住んでいたとみているわ。別の妃の伊迦賀色許売命は天皇と同じ饒速日系物部氏で、意祁都比売命は饒速日系和珥氏ね。この頃になると、熊襲は大分県大分市や宮崎県日向市にも達していたの。十代崇神天皇の皇后・御真津比売命は天皇と同じ饒速日系物部氏、妃の大海媛は饒速日系尾張氏で、もう一人の妃・遠津年魚目目微比売は木国造の荒河刀弁の娘ね。この女性が大分に進出した熊襲の人なの。「木国」は大分のことで、「荒河」は大分川のことよ。崇神天皇も湯布院から大分に出てきたばかりだから地歩を固めるために熊襲と手を結んだのね。

翔　そういえば『豊後国風土記』に大分川の年魚のことが出ていたな。「大分河、郡の南にあり、（中略）年魚、多にあり」とね。

日夏　その遠津年魚目目微比売の娘が豊鉏入日売で、伊勢大神の祭祀を司っているの。ここで言う伊勢大神は熊襲の日神信仰による神で、前に出てきた佐賀関の六柱神社（磯宮）のことと思うわ。熊襲の本拠地・熊本から日の出の方向の東へと向かって行ったら大分だったの。日神に仕える巫女として大分に遣わされたのが遠津年魚目目微比売で、娘の豊鉏入日売が跡を継いだわ。熊本からみて大分が東北東になるのは夏至のときの日の出の方向だからよ。熊本から冬至の日の出に向かうと東南東の日向市に着くの。日向市には伊勢ヶ浜もあるわ。伊勢ヶ浜には天照皇大御神を祭神とする大御神社があって、北寄りの東臼杵郡門川町には五十鈴川も流れているのよ。熊襲は夏至の日の出の方向の佐賀関と冬至の日の出の方向の日向との二カ所で天照大神を祭ったんだわ。

翔　伊勢信仰のはじまりは熊襲によるものだったのか。

日夏　もともと熊襲の祖・熊野櫲樟日命は天照大神の一族だから日神信仰で不思議はないわ。崇神天皇のときが『魏志』倭人伝の卑弥呼の時代に重なるわね。博多湾岸では卑弥呼の魏への朝貢、狗奴国との交戦、卑弥呼の死、女王・壹与の共立などのできごとがあったのね。卑弥呼の死後、熊襲は魏の仲介により邪馬台国への攻撃を中止したと考えているわ。
その後、大分大倭では十一代垂仁天皇が日葉酢媛や迦具夜比売のほかに山代大国の淵の娘・苅羽田刀弁と弟苅羽田刀弁を妃にしているわ。この二人がやはり熊襲の女性よ。弟苅羽田刀弁が生んだ石衝別王と

智彦　石衝毘売命（布多遅能伊理毘売）には健磐龍命と同じ「石（磐）」の字がついているわ。熊襲は大分大倭と争うばかりではなかったんだ。

日夏　そうよね。博多湾付近の天照大神、月読尊の一族に対するものとは違って大分大倭とは友好政策を採ったのね。垂仁天皇のとき『魏志』倭人伝では邪馬台国の女王は壹与で、二六六年に、西晋に朝貢したようなの。西晋が魏と同様に狗奴国の邪馬台国攻撃を止めてくれると期待したからよ。ところが、西晋には海のかなたの小国にかまっている余力はなく、女王は何の助力も得ることができなかったの。狗奴国は西晋からの制止がないとわかった時点で邪馬台国攻撃を再開したと考えるわ。このあとは第四期ね。

大分の神社と古墳

翔　その前に、懿徳天皇の兄の息石耳命が杵築を治めたと考えているわけを教えてよ。

日夏　神武天皇から十代崇神天皇まで、誰が皇位を継いだかに注目したの。すると、皇后の子で一番下の男児が天皇となっていることがわかったわ。神武天皇自身も上に兄三人の末子だし、二代綏靖天皇も四代懿徳天皇、六代孝安天皇、九代開化天皇もそうなの。三代、五代、七代、八代天皇は男児が一人なので当然跡を継いでいるわ。そして、その兄たちはどうも自分の母親の出身地に入ることを常としていたようなの。さっきも出たように、孝安天皇の兄の天足彦国押人は母の出身地の国東に戻って神社と古墳を残しているわ。『日本書紀』では、息石耳の母は鴨王の娘で事代主神の孫よ。鴨王を杵築市鴨川の王とみれば息石耳は母の出身地の杵築に戻ったと考えられるのよ。

智彦　その考えに賛成。『万葉集』に「奥十山」を詠んだ歌があるんだ。

百岐年（ももきね）　美濃の国の　高北（たかきた）の　八十一隣（くくり）の宮に　日向ひに　靡（なび）かふ大宮を　ありと聞きて　わが通ひ道の　奥十山　美濃の山　靡けと人は踏めども　かく寄れと　人は衝けども　心無き山の奥十山　美濃の山

三二四二番

翔　訳は「美濃国の高北の泳宮（くくりのみや）に日に向かってなびく大宮があると聞いて、私が通っていく道の奥十山、美濃の山よ。もっと低くなれと人は踏むけれど、もっと近くに寄れと人は突くけれどちっとも人を寄せつけない山だよ、奥十山は、美濃の山は」となるかな。「奥十山」は木曽の山、高社山（たかしろやま）、伊吹山（いぶきやま）などといろいろな説があるんだ。「美濃」は岐阜県南部で、「八十一隣宮」は岐阜県可児（かに）市久々利（くくり）とする説が有力視されているけれど、これは誤りで、美濃は杵築市のことなんだ。三〇五年に景行天皇が美濃へ行幸したときに、泳宮をつくって池に鯉を泳がせたとなっていて、そのときの美濃を杵築市としたように、美濃の国の「奥十山」は杵築にある山なんだ。母の出身地に戻った息石耳命と何か関係があるんじゃないかな。

智彦　美濃山の東に位置する大熊山（おおくまやま）が奥十山だと思うよ。

翔　枕詞の「百岐年」は「美濃の国」にかかるとされているけれど、その考え方では意味も使い方もわからないままだよ。天皇の御料地「御野」にかかるとしたときにはじめて理解できるんだ。御野（美濃）は禁足地だから、立ち入り禁止を示す柵がめぐらされていて、その柵を「百岐年」と表現したんだ。「標野（しめの）」ならば縄を結んで囲った感じだが「百岐年」は地面にしっかりと打ち込まれた杭の感じがするね。だから歌で「人を寄せつけない心なき山」となっているんだ。

翔　息石耳命が杵築を治めたとする説、了解。

日夏　『日本書紀』にはこの頃、春日県主・大日諸（おおひもろ）やその娘・糸織媛（いとりひめ）、大間宿禰（おおまのすくね）や娘の糸井媛（いといひめ）、十市県主などの

翔　名が出てくるの。春日や糸織、糸井、大間、十市は国東町小原の南側の武蔵町から安岐町にかけての地名と関わりがあるのではないかしら。小原の饒速日の一族が南へと広がってできた地名と思うの。

智彦　武蔵町に春日の地名はないが、「春」の字が入った椿八幡神社は関係ないかな。大日諸と諸田、糸織媛や糸井媛と糸原、糸永、十市と古市などが怪しいな。尾張大海媛（八坂入彦の母）と大海田も気になるな。大間の地名は内陸にもあるが、もとは海岸のもので、長くまっすぐ続く海岸線に一カ所だけ袋状の入り江がある地形のことと思うよ。マグロで知られる青森県下北郡や高知県須崎市、新潟県佐渡市相川、大分県臼杵市下ノ江の大間などが例として挙げられるよ。武蔵町にも大間があったかもな。『日本書紀』の注に、孝昭天皇のとき春日県を十市県に改めたとあったよ。つまり、春日と十市は同じ場所だよ。

日夏　大分市東部の海部と呼ばれる地域も尾張氏が進出したところと考えているの。海部は尾張大海媛の名に依ったのではないかしら。

翔　大分にはほかにも怪しい地名がたくさんあるな。ちょっと連想ゲームをやってみようか。大分市細と孝霊天皇皇后の細媛、垂仁天皇皇子の誉津別命と細の西側を流れる本田川、それに『古事記』だけに出てくる誉津別命が出雲の帰りに出会った岐比佐都美と肥長比売は旧佐賀関町木佐上に関係しているのではないかな。珍しい「比永」姓の人が木佐上にはかなりいるんだ。

智彦　木佐上が出たところで問題を一つ。「きさ」という言葉を知ってる？

日夏　象の古称かしら。

智彦　象というより象牙の方が正解かな。「きさ」は木目のような平行した縞模様のことだよ。象牙は近くで見ると縞模様がはっきりと確認できるよ。それで象牙を「きさ」といい、のちには象そのものを指すことも

翔　あったようなんだ。そのもとをたどると木目に行きつくよ。「槖」は「きさ」と読んで木目のことだよ。渚は波によって縞模様ができる砂浜だから「なぎさ」なんだ。松尾芭蕉の句「象潟や　雨に西施がねぶの花」にある秋田県の象潟も縞模様がきれいな海岸だったんだ。今日、象潟はかつて点在した島々が強調されるばかりだが、真玉海岸のように干潮のときが見頃だったんだよ。

智彦　キサゴという巻貝がいるよな。螺旋状だけど、殻に平行した溝があるからその名がついたのかな。

翔　そうだと思うよ。

日夏　思い出したらキサゴの塩茹でを食べたくなってきたな。

翔　「きさ」は『古事記』にも出ていたわ。神話で大国主神が八十神に殺されたとき、蘇生させたのが蚶貝比売と蛤貝比売だったわ。注では、「蚶貝」はアカガイ、「蛤貝」はハマグリとあったわ。

智彦　そうなのか。ちょっとおかしいな。アカガイの殻にある溝は平行ではなく放射状だよ。ほら、缶詰の絵を思い浮かべてみろよ。

翔　そうだね。キサガイはキヌガイのことかもしれないね。象牙の縞模様に似ているよ。関東方面でアオヤギと呼ばれている貝だよ。

日夏　何にしても美味いんだよな。オレは天ぷらが大好物だよ。キヌガイの溝は浅いが、確かに平行しているな。

翔　キサガイはキヌガイのこととしよう。

日夏　翔の思考は何でも食べ物に結びついているのね。魚介図鑑ではキヌガイはマルスダレガイ目とあるわ。スダレは「簾」で、やはり平行した模様を意味しているのだわ。

翔　では、食べ物以外で。二月を如月と言うが、これも関係があるのではないか。

日夏　いくつかの辞書では、寒さで着物を更に重ねて着る「着更着」が有力となっているわね。でも、旧暦の二月は今の三月に近いからこの説は間違っているわ。

翔　木目のもとは年輪だろ。年輪は春から秋にかけてでき、冬は成長が止まるんだ。それがふたたび春になって年輪ができはじめることを「きさらぐ」といい、そのときを「きさらぎ」と呼んだのではないのか？

日夏　それいいわね。「きさらぐ」は春の兆しが感じられるようになったことを表しているのだわ。

智彦　話を戻すよ。翔流に言えば猫塚古墳も怪しいよ。今は消滅したんだが、かつて大分市細の東にあった四世紀の前方後円墳で、九州では珍しい鍬形石や後漢鏡が出土しているんだ。この猫塚古墳と景行天皇の子の稚倭根子皇子は時代が近いよ。もっとこじつけると、同市横尾の多武尾遺跡と垂仁天皇の子の生鐸石別命はどうかな。多武尾遺跡からは小銅鐸が出土していて、生鐸石別命の名は銅鐸を扱ったことを示しているよ。この多武尾遺跡と守岡遺跡、雄城台遺跡の竪穴住居跡は円形大型で同じ形式のものとされているね。守岡遺跡が景行天皇の、雄城台遺跡が成務天皇の宮跡ならば親子だから似ていてもおかしくはないし、生鐸石別命は景行天皇の兄弟だから多武尾遺跡を生鐸石別命の宮跡とみても悪くはないと思うよ。

翔　景行天皇の子の忍之別皇子と大分市曲のすぐ南側にある鴛野も考えられるな。

日夏　そうか、忍之別皇子が「鴛野の王」の可能性があるのね。そうであれば大分市寒田の西寒多神社の真の祭神が誰なのかわかるかも。西寒多神社の西寒多大神は天照皇大御神とも同じとされているけれど、どうも正体がはっきりしないの。鴛野の王は鴛野の敷戸神社で祭られていた坂津免大明神と思うの。この神もやはり正体不明なの。でも、言い伝えによれば西寒多大神と兄弟となっているから、坂津免大明神が忍之別皇子ならば、西寒多大神はその兄の稚足彦、つまり成務天皇と考えられるのよ。西寒多神社が豊後一宮なのは成務天皇を祭っていたためかしら。

翔　名前や地名だけでなく位置的にもおもしろいものがあるぞ。地図を見て気がついたんだが、成務天皇の都とみている雄城台を中心にすると、西寒多神社はその南東で、反対方向の北西には大臣の武内宿禰を祭った賀来神社があるよ。そして北東には大臣塚古墳なんてのもあるな。あれっ、関連していそうなものがまだあちこちにあるぞ。雄城台のちょうど北側が尼ケ城遺跡だよ。尼ケ城遺跡と雄城台遺跡、それに守岡遺跡は近い年代のものだったよな。それから真南に天祖神社があるよ。天祖が誰のことかはわからないが、天皇に関係がありそうな名だよ。さらにその南に霊山が構えていて、霊山から見ると北東に西寒多神社、その延長線上に敷戸神社が位置しているよ。その敷戸神社の北西に蓬莱山古墳があって、さらにその先が柞原八幡宮だ。それに雄城台から西南、霊山から北西に御霊古墳があって、蓬莱山古墳の北東の亀甲山古墳は守岡遺跡から北西でもあるぞ。何なんだこれは。いったいどうなっているんだ。

智彦　検討してみようか。まず守岡遺跡が景行天皇の宮跡で、雄城台遺跡が成務天皇の宮跡、西寒多神社の祭神は成務天皇、敷戸神社の祭神は忍之別皇子との仮定でいいよね。それに賀来神社が武内宿禰を祭っていることははっきりしていて、その武内宿禰を被葬者とするのが大臣塚古墳とこれも仮定するよ。大臣塚古墳は四世紀後半から五世紀前半の前方後円墳だね。ここから推測をスタートさせようよ。

日夏　ハイハイ、柞原八幡宮の祭神に心あたりがあるわ。由緒では仲哀天皇、応神天皇、神功皇后が祭神となっているわ。でも賀来神社の由緒には、武内宿禰は年中柞原の神に仕えていて、賀来神社に帰って来るのはお祭りのときだけとあるの。武内宿禰がそれほどまでに仕えるのは仲哀天皇や応神天皇ではなく、景行天皇としか考えられないわ。豊後には一宮が二つあって、柞原八幡宮も一宮なの。景行天皇と成務天皇は親子それぞれ一宮として祭られていたのだわ。

智彦　柞原八幡宮の南東の蓬莱山古墳の被葬者は景行天皇かもしれないね。その南東の敷戸神社で、子の忍之別皇子を祭っていておかしくないよ。亀甲山古墳は蓬莱山古墳より少し前のものと考えられていて、守岡遺跡の北西で、宝莱山古墳の北東でもあるから景行天皇と関係がありそうだね。そう考えると、自信はないけど被葬者に日本武尊が思い浮かぶんだ。御霊古墳は成務天皇の子の和訶奴気王が被葬者で、その和訶奴気王を祭ったのが天祖神社かな。

翔　それぞれの古墳の造成時期と被葬者が葬られたと思われる時期が少し離れていないかい？

智彦　気がついた？　どの古墳も造成時期がもう少し早かったとしたら問題はなくなるね。たとえば、亀甲山古墳は四世紀後半とされながら、宇佐市の赤塚古墳に後行すると考えられているんだ。赤塚古墳は三世紀末の造成だから、間が空きすぎだよ。それに出土した三角縁神獣鏡は兵庫県たつの市の龍子三ツ塚古墳一号墳のものと同笵なんだ。三ツ塚一号墳は四世紀はじめの造成だよ。だから亀甲山古墳も四世紀後半よりもっと早くにつくられたとしてもおかしくはないんだ。蓬莱山古墳や大臣塚古墳も亀甲山古墳に続くとされるものだから、同様にもっと早かったはずだよ。そう考えると古墳の造成と埋葬時期が近づくんだ。翔が見つけた大分の遺跡と神社と古墳はやはり関

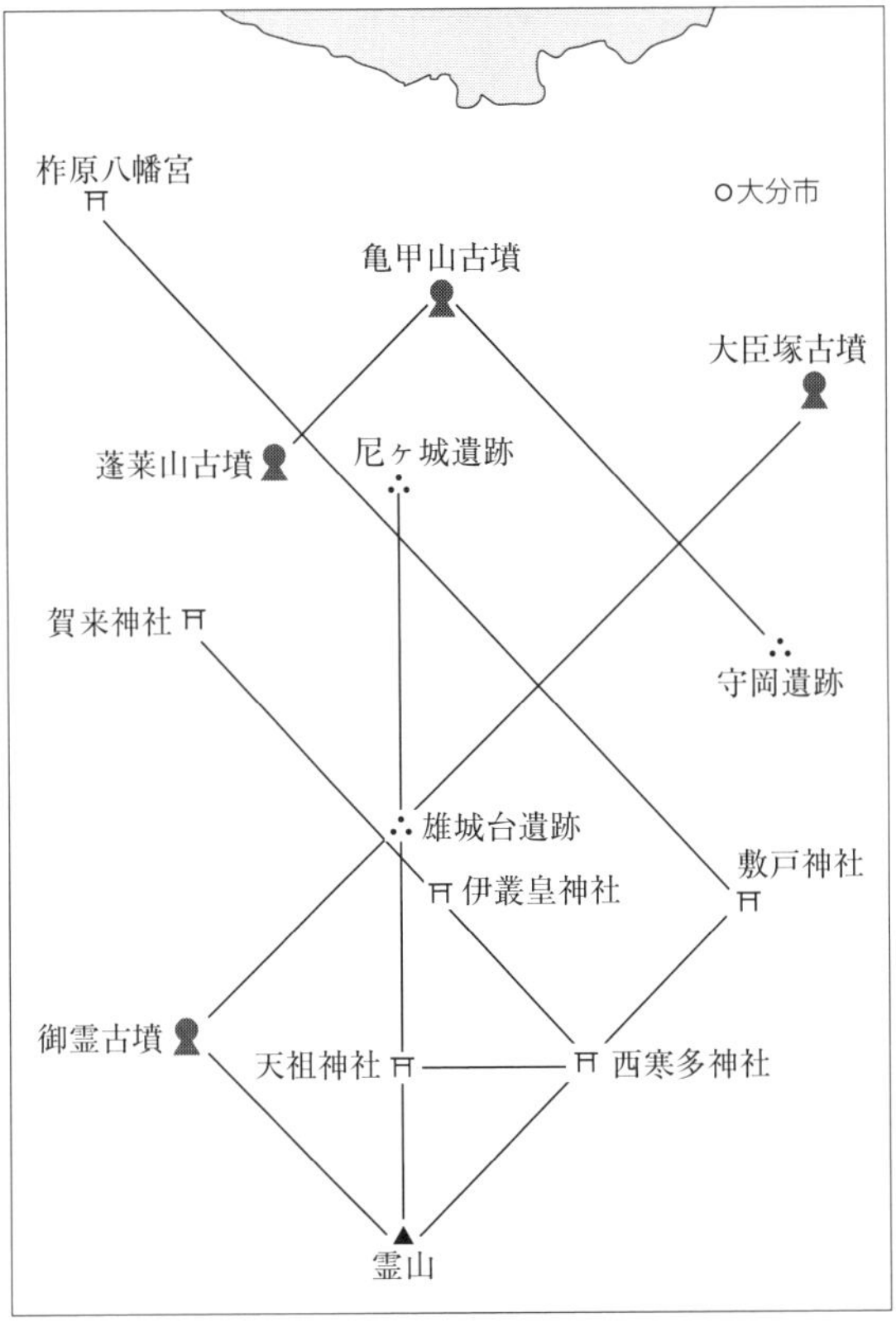

大分の遺跡と神社と古墳

連があって、それぞれつくられた場所はしっかり考え抜かれた位置にあるんだよ。

日夏　一つ抜けているわよ。成務天皇の古墳がないわ。

智彦　そうなんだ。狭城盾列陵は大分市玉沢(たまざわ)にあったと考えたよね。雄城台から南東の西寒多神社に向かう方向で、七瀬(ななせ)川を渡る手前に伊叢(いのむら)皇神社があるんだが、ここが古墳跡ではないかな。川のそばで、しかも低地だったために水害に遭い、古墳の形が残っていないとみたんだ。

さて、大分の古墳の被葬者を推定したところで、前に話した日出町豊岡(とよおか)の亀峯(きほう)古墳についても誰が眠っているのか考えてみたいな。ちょうど大分の古墳と同じ時期だよ。

翔　蓬莱山古墳や御霊古墳より、はるかに大きいんだよな。そのような巨大古墳にあてはまる人がいたかな。

日夏　崇神天皇のときに出てきた倭迹迹日百襲姫命(やまとととひももそひめのみこと)や大物主神、出雲振根(いずものふるね)では時代が違うわね。

智彦　景行天皇の時代の人と思うよ。

日夏　なら、日本武尊の兄の大碓皇子(おおうすのみこ)はどうかしら。でも、「美濃に封(ことよ)さす」となっていたので、大碓皇子の埋葬地は杵築でしょうね。

翔　景行天皇が熊襲征伐のときに出会ったという速見邑(はやみのむら)の速津媛(はやつひめ)なんてどうだ？

日夏　それよそれ。古墳の上に建っている亀峯神社の祭神の中に級津彦命(しなつひこのみこと)と級津戸辺命(しなつとべのみこと)がいたわね。『古事記』では、その二神の母親が速秋津比売(はやあきつひめ)なの。速秋津比売は伊奘冉尊(いざなみのみこと)の子とされているけれど、景行天皇と同時代の速津媛のことと考えたらどうかしら。大祓詞(おおはらえのことば)でも気吹戸主と同じ時代の神として扱われているわ。

亀峯神社には火明命も祭られているから、速津媛は饒速日系の人で尾張大海媛に近いような気がするわ。尾張大海媛の子孫なら別府湾の神としてふさわしいわ。亀峯古墳は別府湾の最奥部にあって、海を見渡す高台の絶好の場所にあるのよね。

智彦　ついでにもう一つ、宇佐市の赤塚古墳についてはどうだろう。

翔　それは相当にむずかしそうだな。宇佐に関わる人物は神武東征で出てきた菟狭津彦と菟狭津媛くらいだよ。候補者がいるかなあ。

日夏　赤塚古墳のことについてもう少し詳しくわからないの？

智彦　赤塚古墳は川部・高森古墳群の中にあるんだ。古墳群は三世紀末から六世紀にかけてのもので、約百二十基の古墳が確認されているよ。うち前方後円墳は六基で赤塚古墳が三世紀末、免ヶ平古墳が四世紀後半、車坂古墳、角房古墳に続いて福勝寺古墳が五世紀後半、最後の鶴見古墳が六世紀のものとされているよ。

日夏　赤塚古墳をスタートとして六世紀まで代々の王とその一族が葬られたと考えたらいいのね。川部・高森古墳群の近辺を治めたのは息長氏の支族とは考えられないかしら。

翔　どうしてここで息長氏が出てくるんだよ。

日夏　宇佐は迦具夜比売が流されたところだからよ。親族がいたから宇佐に流されたと考えたの。それに迦具夜比売も神功皇后（気長足姫）も宇佐神宮で祭られているんだもの。

翔　なら、息長氏の系譜をたどっていけば何かわかるかな。

日夏　景行天皇の頃、大分での息長氏は三つに分かれていたと考えるわ。『古事記』の方が詳しいので人物の名も表記も『古事記』に依って次の図をつくってみたわ。
①の一族は本家として別府近辺から動いていないと思うの。②の一族の比婆須比売（日葉酢媛）は迦具夜比売とはライバルだったのでこれも違うわね。③の一族が宇佐に移っていたことはあり得るわ。そうであれば、神功皇后は宇佐育ちとなるわね。「山代」も山の向こう側のことで、別府から離れたところを意味しているんだわ。

〈息長氏の系図〉

旦波大県主由碁理
竹野比売
開化天皇
意祁都比売
①比古由牟須美
大筒木垂根王
迦具夜比売
息長水依比売
日子坐王
弟袁祁都比売
②丹波比古多多須美知能宇斯王
比婆須比売
③山代之大筒木真若王
迦邇米雷王
息長宿禰王
息長帯比売

智彦　被葬者の候補が挙がったところで、古墳の年代にあてると大筒木真若王が赤塚古墳かな。迦邇米雷王（かにめのいかづちのみこ）が免ヶ平古墳だろうね。息長宿禰王が車坂古墳か角房古墳のどちらか。そのあとは候補者の方がはっきりしないが、ここまでわかっただけで満足だよ。それと息長氏は霊能者の一族だから、その古墳には複数の銅鏡が副葬されている可能性が高いだろうね。

翔　銅鏡で思い出したが、京都府木津川市（きづがわ）の椿井大塚山古墳（つばいおおつかやま）から四十面近くの鏡が出ていて、その中に赤塚古墳出土のものと同笵の鏡があるんだよな。木津川市も山城の国だから何か関係がありそうだな。

日夏　その付近では、京田辺市（きょうたなべ）の朱智（しゅち）神社で迦爾米雷王を祭っているわ。息長氏が住んでいたのね。

智彦　この古墳の被葬者も息長氏かもしれないね。

日夏　では、改めて第四期の景行天皇から仲哀天皇までのことに進めるわ。景行天皇のとき八坂入彦命が八坂（杵築）に入ったのは当時、杵築には王がいなかったからなの。それは、二四九（前三八［崇神六十］）年には出雲振根を殺して、二六六（前四［垂仁二十六］）年には出雲の神宝を得たとなっていて、杵築を大分大倭の支配地としたからよ。四代懿徳天皇までは杵築出雲の女性を続けて皇后にするくらい友好的だったが、五代孝昭天皇からは饒速日系の女性を皇后とするようになり、杵築出雲との関係は冷めつつあったのね。そう考えると、崇神天皇のとき疫病蔓延で桜井市へと移住していったのは湯布院倭内の素戔嗚族（杵築出雲出身者）とわかるわ。疫病をきっかけに訣別したのね。

翔　だから崇神天皇や垂仁天皇は杵築出雲の素戔嗚族を攻めるようになったんだな。

日夏　あと、八坂入媛命も饒速日系の女性よ。父の八坂入彦命の母親が尾張連の祖・尾張大海媛だもの。次に景行天皇の妃に『古事記』ではただ「妾（みめ）」となっていて、出身が隠されている人がいるの。子が豊戸別王（とよとわけのみこ）と沼代郎女（ぬしろのいらつめ）とあるわ。『日本書紀』では、襲武媛（そたけひめ）が国乳別皇子（くにちわけのみこ）、国背別皇子（くにそわけのみこ）、豊戸別皇子を生んだとなっているわ。国乳別皇子は水沼別（みぬまのわけ）の始祖、国背別皇子はまたの名が宮道別皇子（みやじわけのみこ）、豊戸別皇子は火国別（ひのくにわけ）の始祖だわ。この襲武媛も熊襲の女性と思うの。名前に「襲」がついているし「水沼」や「宮道」「火国」は熊襲に近いことを表していると思うの。景行天皇の三〇九年の熊襲征伐にでてきた熊襲梟帥の娘の市乾鹿文（いちふかや）が御刀媛（みはかしひめ）と同一人物で、妹の市鹿文（いちかや）が襲武媛と同一人物のような気がするわ。襲武媛を妃にすることによって、景行天皇は熊襲との友好関係を築いたのね。ただ宮崎県に関しては熊襲の隙を突いたようね。熊襲の方が先に日向市付近を日神信仰の地として天照大神を祭っていたのに対し、さらにその南の西都（さいと）市西都原（さいとばる）

から宮崎市にかけて国をつくったとみているわ。御刀媛との子・豊国別皇子がその地を継いだの。この頃、熊襲は邪馬台国攻撃に目を向けていたので宮崎方面は手薄だったのよ。

智彦　宮崎県の古墳の推移をみると、日夏さんの言うように川南古墳群のあとの持田古墳群、西都原古墳群のあとの茶臼原古墳群と新田原古墳群、生目古墳群のあとの本庄古墳群と下北方古墳群など、石室の形や棺、副葬品などから、はじめは大分大倭の勢力がつくり、その後熊襲がつくったと思われるものがあるよ。ただ、西都原古墳群には大分大倭に続けて、熊襲がつくったと思われる鬼の窟古墳もあるよ。六世紀後半の円墳で、横穴式石室への入り口部分の墳丘がないのでちょっと変わった形なんだ。何となく熊本県山鹿市のオブサン古墳に似ているような気がしてね。オブサン古墳も六世紀後半の横穴式石室を持つ円墳で、こちらの方は突堤つき円墳と呼ばれているよ。両古墳の関連について触れた本に今まで行きあたったことはないが、ボクはどちらも熊襲が築いたと思っているんだ。また、西都原古墳群や生目古墳群にある地下式横穴墓も大分大倭のあとに支配者となった熊襲によるものと考えているよ。

日夏　大分大倭の墓域を熊襲も利用したというのね。

智彦　そうなんだ。生目古墳群の前方後方墳には、周囲を多数の地下式横穴墓が取り巻いているものがあって、その理由ははっきりとはわかっていないんだ。宮崎市教育委員会は、断定はしていないものの「前方後円墳の被葬者を子孫が慕い、寄り添うようにつくったもの。大和政権が地方の支配者の様式を容認したことによる」と考えているようなんだ。でも、ボクには納得がいかなくてね。生目古墳群の前方後円墳と地下式横穴墓の造成時期は一世紀ほどずれているんだ。三世代または四世代前の先祖を慕って墓の周囲に自分の墓をつくるなんて考えられないよ。それに地下式横穴墓の中には前方後円墳本体を削ってつくったものもあるんだ。崇拝する先祖の墓に穴を開けて虫食い状態にするなんて、なおのことあり得ないよ。これはおそらく支配者が代わったことを示しているんだ。たしかに、本庄古墳群や下北方古墳群には円墳の裾に地下式横穴墓がつくられているものがあるんだが、これは造成時期も近く、同じ一族のものと思われるから生目古墳群の地下式横穴墓とは性格を異にするものだよ。

日夏　進めるわね。熊襲は邪馬台国を攻める前に吉野ヶ里を滅ぼしていたと思うわ。

翔　それはあるかも。『肥前国風土記』では肥前の国々は景行天皇が征服してまわったことになっているんだ。風土記の「景行天皇」を「熊襲」に読み替えるのが正解なんだ。

日夏　次は成務天皇のとき。皇后の弟財郎女(おとたからのいらつめ)は穂積臣(ほづみのおみ)の祖とされているから饒速日系物部氏ね。大分大倭については特に言うことはないわ。

翔　この頃、熊襲は紀伊半島や北陸だけでなく長野県や新潟県、それに群馬県や埼玉県など関東地方にまで侵出しはじめていたと思うよ。

日夏　そして仲哀天皇のとき、熊襲は鎧袖一触、一気に邪馬台国を占領してしまうの。仲哀天皇が熊襲征伐に向かったのは、いわば戦後処理だったのよ。神功皇后が筑紫平野を追われた人々を連れて桜井市に入ったのは、かつて崇神天皇のとき湯布院倭を脱出した人々、それに垂仁天皇に杵築の出雲を追われた人々のあとをたどったわけね。この時点で日本国内には熊襲に対抗できる勢力はいなくなったと考えられるわ。

智彦　筑紫平野の人々が大挙して大和に入ったんだよね。その痕跡はないのかな。

翔　筑紫平野と奈良県桜井市付近の地名に同じものが多いのはよく知られているよ。朝倉(あさくら)や大福(だいふく)、長谷山(はせやま)、三輪(みわ)、三井(みい)、高田(たかだ)などは双方にあるし、字は違っていても雲堤(うなで)に雲梯、加美(かみ)に賀美とくれば偶然でないことは確かだね。

日夏　このあとは第五期の神功皇后の時代よ。

翔　神功皇后の頃、熊襲は都を八女市付近にまで遷し、朝鮮半島への侵出をはじめたんだ。大和王朝は熊襲の支配下において存在を許された王朝ということだな。

智彦　これで大和王朝が成立するまでの日本全体の流れがわかってきたよ。

見えてきた熊野帝国

▽一月十一日　日本古代史研究会　第十一回

武内宿禰の正体

日夏　今日は応神天皇からね。

第十五代　応神天皇（誉田天皇）

記述年	西暦	修正年	日付	事項
	二〇〇	三六八		生まれる
	二七〇	四〇三	正月	即位。仲姫を皇后とする
応神三年	二七二	四〇四		百済の辰斯王が立ったが礼儀を知らなかった。百済国は王を殺して謝罪し、阿花を立てて王とした
応神九年	二七八	四〇七	四月	武内宿禰が弟の甘美内宿禰の讒言で殺されかかる。身代わりの死で

				危地を脱した
応神十三年	二八二	四〇九	九月	妃にするつもりだった髪長姫を大鷦鷯尊（のちの仁徳天皇）に譲る
応神十四年	二八三	四〇九		弓月君が百済より渡来。その国の民百二十縣は新羅のために加羅に留まったまま
応神十六年	二八五	四一〇		百済の阿花王薨去。的戸田宿禰らが新羅を攻め、弓月の国の民を連れて帰る
応神二十五年	二九四	四一五		百済の直支王薨去。久爾辛が立って王となる
応神三十九年	三〇八	四二二	二月	百済の直支王が妹の新斉都媛を遣してきた
応神四十一年	三一〇	四二三		崩御。年一一〇（修正五十六歳）

『日本書紀』には都のことも葬儀も陵も書かれていないの。『古事記』では、都が「軽島の明宮」で年齢が一三〇、陵は川内恵賀となっているわ。都も葬儀も書かれてないのは異例なのに、歴史学ではあまり注視されていないみたいね。

まず、神功皇后のときと同じように朝鮮半島関連のことを抜き出してみるわね。

①四〇四（二七二〔応神三〕）年、百済の辰斯王が立ったが礼儀を知らなかった。百済国は王を殺して謝罪し、阿花を立てて王とした　※辰斯王の死は三九二年、一二〇年のずれ

②四〇九（二八三〔応神十四〕）年、弓月君が百済より渡来

③四一〇（二八五〔応神十六〕）年、百済の阿花王（阿莘王）薨去
※阿莘王の死は四〇五年、一二〇年のずれ
④四一〇（二八五〔応神十六〕）年、的戸田宿禰らが新羅を攻め、弓月の国の民を連れて帰る
⑤四一五（二九四〔応神二十五〕）年、百済の直支王（腆支王）薨去。久爾辛が立って王となる
※腆支王の死は四二〇年、一二六年のずれ
⑥四二二（三〇八〔応神三十九〕）年、百済の直支王が妹の新斉都媛を遣してきた

智彦　①と③は一二〇年のずれなのに、⑤ではさらにずれが大きくなっているね。それに、⑥では死んだはずの直支王が再び出てきているよ。わざとかどうかはわからないが、『日本書紀』の記述はここで乱れているね。それに②と④の弓月君の話はもっとのちの時代のことと思うよ。

日夏　四〇七年に武内宿禰が弟の甘美内宿禰の讒言で殺されかかっているけれど、どう考える？

翔　このときの武内宿禰は三世のことだよ。武内宿禰は三六〇歳説もある謎の人物で、春秋二年制を修正しても一八〇歳だろ。つくり話で済ませてしまわずに、何代かにわたる名と考えたらいいんだ。ここでその正体に迫ってみようか。

日夏　では、武内宿禰関連の文を抜き出してみるわね。

①三〇四（七三〔景行三〕）年、屋主忍男武雄心命を柏原に派遣。影姫との間に武内宿禰が生まれる
②三一五（九五〔景行二十五〕）年、武内宿禰を北陸、東方の諸国に遣わせる
③三一六（九七〔景行二十七〕）年、武内宿禰が東方より帰る

④三二八（一二二［景行五十二］）年、棟梁之臣(むねはりのまえつきみ)に任命される
⑤三三四（一三三［成務三］）年、大臣となる。武内宿禰は天皇と同じ日の生れ
⑥三六八（二〇〇［仲哀九］）年、天皇の喪を隠して天下に知らせなかった
⑦三六八（二〇一［神功摂政元］）年、東征し、大和へ入る
⑧三七四（二一三［神功摂政十三］）年、太子に従って角鹿の笥飯大神に参拝する
⑨三九一（二四七［神功摂政四十七］）年、皇后が「宿禰をして議(はかりごと)を行わしめよ」と言う
⑩四〇六（二七六［応神七］）年、武内宿禰に命じて池を作らせる
⑪四〇七（二七八［応神九］）年、弟の甘美内宿禰の讒言により筑紫で殺されかかる
⑫四四九（三六二［仁徳五十］）年、天皇と歌で問答し、「世の遠人(とおひと)、国の長人(ながひと)」と呼ばれる
⑬四五一（三六七［仁徳五十五］）年、『因幡国風土記逸文』に三六〇歳で行方不明になるとある
⑭四七六（四一六［允恭五］）年、玉田宿禰が武内宿禰の墓域に逃げ隠れる

①の屋主忍男武雄心命は日本武尊のことと解釈したね。武内宿禰が生まれたのは三一〇年でいいわね。②、③の東方派遣は年齢からして幼い武内宿禰には無理よ。これは父・日本武尊の瀬戸内遠征のことね。④、⑤は大分大倭でのできごととみて良さそうね。

翔　そうだよ。初代の武内宿禰は大分大倭から外に出ていないよ。続く⑥、⑦、⑧は宿禰二世のことだね。二世は三四二年生まれで、⑧の笥飯大神（熊襲大王）へは、父子で伺候したんだ。

日夏　⑨、⑩、⑪は宿禰三世のことかしら。

翔　当たり。三世は三七〇年前後の生まれだろうな。そして⑪のときに三世は殺されかかったのではなく、殺

されてしまったんだ。⑫は三世と入れ替わった甘美内宿禰、つまり宿禰四世のことだよ。四世も三七〇年頃の生まれで⑫のとき八〇歳とすると確かに長寿の人だよ。⑬も四世のことだね。このとき二八〇年生まれの日本武尊から通算すると一七二歳で、春秋二年制ならば三四〇歳を超えることになるね。甘美内宿禰は宿禰三世が応神天皇に仕えている間は自分に日があたることはないとみて、兄（従兄かも）に罪を着せて殺し、宿禰四世となるんだ。しかし、応神天皇の信頼を得ることはかなわず、天皇のそばに登用されることはなかったんだ。それで、今度は瀬戸内沿岸各地の景行天皇の血を引く王たちに近づくんだよ。そして応神天皇崩御後、あとを継いだ菟道稚郎子を暗殺して仁徳天皇を即位させ、自分の娘の磐之媛命を皇后に送り込んだ次第だよ。『播磨国風土記』揖保郡のところでも「宇治天皇」と、菟道稚郎子が即位していたように書かれていたよ。磐之媛命は『古事記』で葛城襲津彦の娘となっているが、葛城襲津彦と甘美内宿禰は同一人物なんだ。

智彦

奈良県御所市にある宮山古墳が宿禰四世の墓かな。宮山古墳の被葬者は葛城襲津彦説と武内宿禰説があるんだ。五世紀前半から中頃の前方後円墳で室大墓とも呼ばれているよ。

また、奈良県北葛城郡広陵町にある巣山古墳が宿禰三世の墓ではどうだろう。三世は筑紫に派遣されたときに殺されかかったんだね。もし、そのときに殺されたとすると、殯の場所は福岡県久留米市の高良山が有力だよ。高良山には武内宿禰の墓があると伝わっているからね。巣山古墳の周濠から、木製の長持形棺のふたと、その棺を載せたとみられる舟の木片が発掘されているんだ。木製の棺と舟は、高良山から埋葬地の巣山古墳まで遺体を運ぶのに使用したのではないかな。

そして、奈良県大和高田市にある築山古墳を宿禰二世の墓とみたいな。築山古墳は四世紀末の前方後円墳で、二十三代顕宗天皇の陵墓参考地とされているために詳細は不明なんだが、顕宗天皇は五一一（四八七）年の崩御だから百年以上ずれているよ。代々の宿禰の古墳をたどると、大和に入った武内宿禰の一族は枝分かれして大和盆地の西側で南北に長い勢力圏を得ていたことがわかるね。それから初代宿禰の墓はやはり大分県大分市元町の大臣塚古墳だよ。大臣塚古墳は百合若大臣伝説からその名がついたとされているが、日本で最初の大臣となった武内宿禰からとした方が納得できるからね。

日夏 大臣塚古墳の近くに高良神社があったはずよ。祭神は高良玉垂命で、その正体は武内宿禰といわれているの。大臣塚古墳の被葬者は初代武内宿禰で当たりかも。当時、このあたりは宮殿がつくられ、港もあって繁栄していたのではないかしら。仲哀天皇が熊襲征伐に出発するとき「紀伊国の徳勒津宮にいたところ、熊襲が叛いたので、徳勒津より発って穴門に向かった」とあったわ。この紀伊国が大分大倭で、徳勒津宮は古墳に近い顕徳町のことと思うのよ。顕徳の名の由来は、一五五三（天文二十二）年にキリスト教のダイウス（デウス）堂を建て、天徳寺と呼んだことからとされているわ。でも、それよりもっと古くに徳勒津があって、その名を残すために顕徳の地名になったとも考えられるわよ。顕徳町と古墳の間に若宮八幡宮があって、祭神が帯中津比古命だから仲哀天皇のことよ。

智彦 「顕徳」は後周で用いられた元号なんだ。九五四年から九六〇年にかけてのことだから、ダイウス堂より六〇〇年ほど昔だよ。元号を地名に使って「徳勒津」の名をとどめようとしたのかも。

翔 顕徳町は、今では海から離れているが古くは港だったんだ。顕徳町の北東には長浜町や塩九升の地名もあるくらいだから海が近くにまで入り込んでいたんだよ。

智彦 話を武内宿禰に戻して、⑭玉田宿禰はどうして武内宿禰の墓域に逃げ込んだのだろう。

翔 このときの墓は宿禰四世（甘美内宿禰）の墓だよ。玉田宿禰は葛城襲津彦の孫とあるね。葛城襲津彦は甘美内宿禰と同一人物だから、玉田宿禰は祖父の墓域に逃げ込んだのさ。ときの允恭天皇は応神天皇の子孫で、殺された宿禰三世と近い血縁にあったんだ。だから裏切り者の甘美内宿禰の孫を追ったんだよ。

智彦　そうだったのか。ところで、応神天皇の名「誉田（品陀）」とは何か考えたことがある？

日夏　弓を扱うときの肘あての「鞆」からとされているわね。

智彦　表向きの父親と本当の父親とが違っていることを暗示する名だとボクは考えたんだ。品陀和気命は仲哀天皇の子となっているが、宿禰二世が父親だったよね。垂仁天皇の子に似た名の誉津別命がいたよ。誉津別命も本当の父親は狭穂彦王なのに垂仁天皇の子として育てられたんだ。そのため名前が似ているんだ。皇后の狭穂姫の子であるにもかかわらず、即位していないのもそのためだよ。「ほむた」の「ほ」は寄生木の古名「ほや」の「ほ」と関係があるとみているよ。海底に棲む海鞘も語源は同じで、舟底や筏に付着して生活することからついた名だよ。

日夏　誉津別命がどうして狭穂彦王の子とわかるの？

智彦　狭穂彦王と狭穂姫は兄妹とされているが、そうではないんだ。狭穂姫のもとの名は佐波遅比売で、狭穂彦王と結婚してから狭穂姫と呼ばれたんだ。それを垂仁天皇がむりやり皇后にしたために悲劇が起こるんだ。『古事記』によって話を進めると、「沙本毘古、妹に問いて『夫と兄といづれか愛しき』、毘売『兄ぞ愛しき』」、これは兄妹の会話とは思えないよね。引き裂かれた相思相愛の夫婦のものだよ。次に兄の城に逃げ込んで出産した毘売の垂仁天皇に向かっての言葉だよ。「もしこの御子を天皇の御子と思ほしめさば治めたまうべし」、天皇の「子の名はどうする」に毘売が答えて「火中にて生まれしつ、本牟智和気と称すべし」。毘売の言葉は「この子は天皇の御子ではありませんが、私の形見と思ってどうか育ててください」との意味にとれるよ。沙本毘売は子が引き取られるのを確かめたのちに沙本毘古とともに城ごと焼け死んでしまったんだ。

熊野帝国と大和王朝

日夏　次は仁徳天皇よ。

第十六代　仁徳天皇（大鷦鷯天皇）

記述年	西暦	修正年	日付	事項
	二五七	三九六		生まれる（？）　※二五七年は神功摂政五十七年生まれ説から
	三一〇	四二三		太子の菟道稚郎子と大山守皇子が争い大山守皇子敗れる。太子は宮室を菟道に興てるが、即位しないまま三年が過ぎてしまう
	三一三	四二四	正月	太子が自殺。（仁徳天皇）即位。難波に都つくる。高津宮という。磐之媛命を皇后とする。
仁徳四年	三一六	四二六	二月	「今より三年、課役を除めて百姓の苦を息えよ」と言う
仁徳十年	三二二	四二九	十月	はじめて税を課し、宮殿を建てる
仁徳三十五年	三四七	四四一	六月	皇后薨去
仁徳三十八年	三五〇	四四三	正月	八田皇女を皇后とする
仁徳六十七年	三七九	四五七	十月	河内の石津原を陵地と定める
仁徳八十七年	三九九	四六七	正月	崩御（百舌鳥野陵）

仁徳天皇は生年がよくわかっていないの。『日本書紀』では「仁徳八十七年に崩御」だけで年齢なし。『古事記』では八十三歳で『水鏡』では一一〇歳とまちまちよ。わたしは書けなかったのだと思うわ。翔の話にあったように、四二三年、菟道稚郎子が即位しないまま三年が過ぎてしまうとあっても、即位していたとみるべきでしょうね。

翔　そうだね。何の理由もなく三年（修正一年半）もの空位はあり得ないよ。大山守皇子とは争ったのに、大鷦鷯尊とは皇位を譲り合うなんて矛盾だよ。宇治天皇は暗殺されて、そのあと大鷦鷯尊が即位したんだ。

日夏　四二四年、今までとは違い、遠く離れた難波に都をつくったことからも、仁徳天皇は応神天皇とは違う一族出身と考えられるわ。

翔　当たり。仁徳天皇は応神天皇の子となっているが、その実体は日本武尊が征服したあとの播磨や四国に入った仲哀天皇の子孫で、神功皇后が大和に入るとき抵抗した麛坂王か忍熊王の孫ではないかとオレは考えているよ。大山守皇子も同様だよ。

日夏　あり得るわね。大山守皇子の方が年長だったので、先に宇治天皇を攻めたんだわ。そして返り討ちにされたの。その後、宇治天皇が暗殺されるに及んで仁徳天皇が即位したわけね。大和は仁徳天皇にとって出身地でもないし、応神天皇に近い人たちがたくさんいるところだから難波に都を置いたのよ。その方が同族の控える播磨や四国に近いもの。

翔　応神天皇の葬儀を行っていないのも親子ではなかったことを示しているよ。『日本書紀』には応神天皇の陵の場所も書かれてないし、『古事記』でも「川内の恵賀の裳伏（もろふし）の岡」とあるのみ。生まれた年が明らかにされていないのも、応神天皇の子ではなかったからだよ。

日夏　『日本書紀』は神功皇后、応神天皇、仁徳天皇それぞれに一巻ずつ充てているわ。『古事記』では神武天皇から応神天皇までが「中巻」で、仁徳天皇から推古天皇までが「下巻」よ。親子ではないから応神天皇と仁徳天皇とは同じ巻にまとめなくてよいと認識されていたのね。

智彦　でも、仁徳天皇は記紀ともに応神天皇と仲姫命との子となっているよ。これをどのように解釈したらいいのかな。

日夏　応神天皇の主だった后妃子女を並べてみるわね。

〔皇后〕①仲姫命　〔子〕荒田皇女、大鷦鷯尊（仁徳天皇）、根鳥皇子
〔妃〕②高城入姫　額田大中彦皇子、大山守皇子
③弟姫　阿閉皇女
④宮主宅媛　菟道稚郎子皇子（太子）、矢田皇女、雌鳥皇女
⑤小甂媛　菟道稚郎姫皇女
⑥息長真若中比売（記）　稚渟毛二岐皇子
⑦糸媛　隼總別皇子
⑧日向泉長姫　大葉枝皇子、小葉枝皇子、幡日之若郎女（記）
（下略）

⑥の息長真若中比売と、⑧の幡日之若郎女は『古事記』によるものよ。どう、何か気がついた？

翔　④の宮主宅媛の子が太子になっているのがおかしいな。ふつうなら皇后である仲姫命の子の大鷦鷯尊が太子となるところだろ。

日夏　そうよね。だから「太子は菟道稚郎皇子で当然」と考えたらどうかしら。④の宮主宅媛からあとの媛が応神天皇の本当の后妃で、宮主宅媛が皇后だったとみるの。なら、菟道稚郎皇子が太子で何ら不思議はない

わ。①から③の后妃は大鷦鷯尊を応神天皇の子とするためにあとからつけ加えたものなのよ。

翔　①から③の姫は麛坂王または忍熊王の子で、日本武尊と弟橘媛(おとたちばなひめ)の孫の須売伊呂大中日子(すめいろおおなかつひこ)の妃となって大鷦鷯尊や大山守皇子を生んだんだ。二人とも応神天皇の子ではなかったが、天皇になる資格はもっていたんだな。須売伊呂大中日子と仲姫命は「中（仲）」の共通点があるよ。

智彦　納得がいったよ。このときの皇子や皇女には鳥の名がつく人が目立つよね。大鷦鷯尊、根鳥皇子、雌鳥皇女、隼總別皇子などとね。それが白鳥になったという日本武尊の血を引いていることを意味しているとしたら、①から⑦までの子女たちはみんな、応神天皇の子と考えていいのかなと思って質問したんだ。でも、日本武尊の血を引いていさえすれば応神天皇の子でなくてもいいわけだね。

この頃の古墳に副葬された水鳥（白鳥）形埴輪も被葬者が日本武尊の子孫であることを意味していると思うんだ。水鳥形埴輪は応神天皇陵とされる大阪府羽曳野(はびきの)市の誉田御廟山(こんだごびょうやま)古墳や藤井寺(ふじいでら)市の津堂城山(つどうやましろ)古墳、奈良県北葛城郡広陵町の巣山古墳などから出土しているよ。兵庫県朝来市の池田古墳からもたくさん出ているから、被葬者はやはり日本武尊の子孫だろうね。日本武尊の東征先が関東、東北ではなくて瀬戸内方面だったことの証だよ。

日夏　「磐之媛命を皇后とする」は、仁徳天皇の後ろ盾となった葛城氏（宿禰四世）の娘を皇后にしたことね。四二六年「今より三年、課役を除めて百姓の苦を息えよ」、四二九年「はじめて税を課し。宮殿を建てる」、このことにより「仁徳」の名がついたとされているわ。実際はどうだったのかしら。四五七年に、河内の石津原を陵地に定めているけれど、その仁徳天皇陵が大阪府堺市の大仙古墳なのか、上石津ミサンザイ古墳なのか確定していないの。どちらにしても国民に過酷な使役を課したことは間違いないわ。何せ世界に誇る（墓の大きさなど誇るようなものではないけれど）巨大な前方後円墳をつくらせたのだもの。

智彦　宮内庁は大仙古墳を十六代仁徳天皇の、上石津ミサンザイ古墳を十七代履中天皇の陵としているよ。だがミサンザイ古墳の方が古いようだし、仁徳天皇は石津原を陵地に定めたとあることから考えても逆だね。それから誉田御廟山古墳も応神天皇陵ではなくて宇治天皇の陵なんだ。宇治天皇の存在が隠されたために間違えてしまったんだ。真の応神天皇陵は誉田御廟山古墳より前につくられた藤井寺市の仲津山古墳だよ。

翔　ところで、この頃の熊襲はどうだったのだろう。

智彦　もう、日本中を征服しつくしていたんだ。島根の出雲で足場を固めた熊襲は鳥取県から京都府や兵庫県を経て紀伊半島までも支配地としていたんだ。島根県の熊野大社も南紀の熊野大社も熊襲がもとだよ。三重県の伊勢も日向の伊勢と同じく熊襲の日神信仰の到達地だよ。北陸の熊襲勢力は新潟県、長野県、静岡県、山梨県まで伸びていたんだ。また、景行天皇のときには群馬県、埼玉県あたりまでだった関東の熊襲も関東全体にまで広がっていたんだ。それだけでなく、朝鮮半島にも侵出し、広開土王碑文にあったように三九一年には百済と新羅に攻め入ったんだ。『出雲国風土記』の「国引き神話」は聞いたことがあるだろ。八束水臣津野命が新羅や高志の国（北陸）から土地を引っ張ってきて、狭かった出雲の国を広くした話だよ。津野命は熊襲の将軍で、征服した新羅や北陸から土地ではなくて人民を出雲へと引っ張ってきたんだ。この頃の熊襲の話は今まで信じられてきた日本の古代史を根底から覆してしまうもので、オレたち以外にはとても信じてもらえそうにないな。

智彦　こうなるともう、熊襲と呼んでいいものかどうか迷ってしまうね。大和王朝をも従える大王朝だね。本当の国名は違うだろうが、ボクたちは「熊野帝国」と呼んだらどうだろう。

日夏　いいわね。「熊野」ならば、その誕生地の熊本を示しつつ、かつ全国的な地名でもあるわ。それに王国より帝国とした方が大王の圧倒的な強さを表しているわ。この頃、熊野帝国が兵庫県や紀伊半島をも支配していたことがわかったので、気になっていた疑問点も解けそうよ。『日本書紀』の神功皇后から仁徳天皇にかけて「紀国」が三回出てくるの。最初は三六八（二〇一［神功皇后摂政前記］）年、神功皇后が穴門から海路で大和へ向かったとき。忍熊王が兵を起こして待っていると聞いた皇后は、皇子（応神天皇）と武内宿禰を紀伊水門に向かわせたの。皇后自身は摂津国（神戸市付近）の神々を次々に祭ってまわったあと、紀伊国日高で皇子と合流したとなっていたわ。次が四〇七（二七八［応神九］）年、武内宿禰が筑紫で殺されかかったとき。身代わりが死んだあと宿禰が筑紫から大和に向かうのに「紀水門に泊まる」となっていたわ。そして三番目が四三九（三四二［仁徳三十］）年、皇后の磐之媛命が紀国の熊野岬まで御綱葉（みつなかしわ）を取りに行ったの。このあと皇后は都（難波）に帰ることなく、天皇とは別居してしまうの。どう、何かヘンだとは思わない？　妙に紀国が絡んでいるの。

翔　紀国に熊野帝国の将軍がいたんだ。筑紫には大王がいて紀国には関西方面を取り仕切る大将軍が派遣されていたんだ。

日夏　ちょっとみえてきたわね。そのため神功皇后のとき、皇子と武内宿禰は紀国の大将軍のところまであいさつに行ったのか。和歌山市に日前（ひのくま）神宮、國懸（くにかかす）神宮という神社があるの。紀伊国の一宮とされているにもかかわらず、神階（しんかい）を贈られることがなかったという特別な神社なの。神社名の由来も不明で、神体の鏡は伊勢神宮のものよりも古いらしいわ。熊野帝国の大将軍を祭った神社ではないかしら。

智彦　和歌山市には岩橋千塚（いわせせんづか）古墳群があって、遺物から朝鮮半島と深く関わりがあったとみられているよ。その中にある石棚を持つ古墳は、福井県や福岡県、熊本県ともつながりがあったことを示しているよ。

日夏　神功皇后が祭ってまわったという神々は、熊野帝国の摂津方面の将軍たちのことで、皇后は忍熊王を討つ根回しに行ったのね。最初に、広田国（ひろたのくに）に天照大神の荒魂を祭ったとあるわ。これが西宮市の西宮神社とすると、その主祭神は蛭児大神だから素戔嗚族の神よ。広田国の天照大神は阿麻氏留神（男神）のことかもしれないわ。次に活田長峡国に稚日女尊を祭ったの。これは神戸市の生田神社のことのようね。次は事代主神、その次が住吉三神（表筒男、中筒男、底筒男）よ。事代主神は素戔嗚族だし、あとの神々もそのような気がしてこない？

智彦　ボクたちの考えでは稚日女尊は天照大神自身だったね。天照大神が素戔嗚尊の妃になって稚日女尊と呼ばれたとしたらどうだろう。つまり、天照大神は素戔嗚派に変わったとみるんだ。

日夏　二つ目の「武内宿禰が紀水門に泊る」は宿禰三世になり代わった四世（甘美内宿禰）が紀国の大将軍にあいさつに行ったと考えられるわね。三つ目の磐之媛命は大将軍に呼ばれて紀国まで出向き、仁徳天皇の元へは戻らないように命じられたのだわ。仁徳天皇と葛城氏とを引き離したわけね。次に進めるわ。

第十七代　履中天皇（去来穂別天皇）

記述年	西暦	修正年	日付	事項
	三三九	四三七		生まれる（？）
	三九九	四六七		仁徳天皇が崩御すると、太子去来穂別と住吉仲皇子が争う。住吉仲皇子が死ぬ
	四〇〇	四六八	二月	磐余若桜宮に即位。黒媛を皇妃とする
履中五年	四〇四	四七〇	九月	皇妃薨去
履中六年	四〇五	四七〇	三月	草香幡梭皇女を皇后とする。急病により崩御。年七十（百舌鳥耳原陵）

仁徳天皇に続いて履中天皇の生年も諸説あるの。四六七年に、太子・去来穂別と住吉仲皇子が争って、皇子が死んでいるのは後継者争いによるものね。翌年、磐余若桜宮で即位しているけど、この磐余は難波か河内にあったような気がするわ。皇妃の黒媛も葛城一族の女性ね。「皇妃」の呼称はほかに例がないわ。皇后に立てられない何らかの理由があったのでしょうね。

翔　それは父・仁徳天皇の妃の黒日売だったからではないか。黒日売と黒媛は同一人物だよ。

智彦　磐之媛命と同様、黒媛も葛城氏の娘だからという見方もできるよ。天皇と葛城氏が結びつくことを嫌った紀国の大将軍の承諾が得られなかったという理由でね。

日夏　四七〇年「皇妃薨去」「草香幡梭皇女を皇后とする」「急病により崩御」皇妃が死んですぐに皇后を立てたらその直後に崩御してしまったの。黒媛の死にも、天皇の崩御にも影の力がはたらいているのだわ。病死とは思えないわ。暗殺されたのかもしれないわね。

第十八代　反正（はんぜい）天皇（瑞歯別天皇（みつはわけのすめらみこと））

記述年	西暦	修正年	日付	事項
	三五二	四四四		生まれる（?）
	四〇六	四七一	正月	即位。津野媛（つのひめ）を皇夫人（きさき）とする。河内の丹比（たじひ）に都つくる。柴籬宮（しばがきのみや）という
反正五年	四一〇	四七三	正月	崩御

反正天皇も生年がよくわかっていないの。『日本書紀』は年齢なしで、『古事記』は六十歳よ。反正天皇は仁徳天皇と磐之媛命の子で、履中天皇の弟となっているけれど磐之媛命が四四一年に薨去しているから四四四年生まれはあり得ないわね。これまで十七代にわたって弟が皇位を継いだことはなかったわ。何か作為を感じるわ。四七一年「津野媛を皇夫人とする」の「皇夫人」もここでしか出てこない呼び方よ。津野媛にも皇后になれない事情があったのでしょうね。四七三年に崩御しているけど、年齢だけでなく陵のことも書かれてないわ。『古事記』では毛受野（もずの）ね。

智彦　仁徳天皇や履中天皇の陵はとてつもなく大きいよね。仁徳天皇の場合は陵地を定めてから十年後の崩御だが履中天皇は即位後数年で崩御しているから、とても準備期間などなかったと思われるね。それでもつくられた巨大な陵は何を意味しているのだろう。エジプトのピラミッドは失業対策として公共事業でつくられたという説もあるよ。大きな陵の造成も公共事業だったとしたら、仁徳天皇は名のとおりの徳有る天皇ということになるね。

日夏　日本の場合は祟りを恐れることを忘れてはいけないような気がするわ。出雲大社が大きくなったと同じように、恨みを抱いて死んだ天皇のために陵を特に巨大にしたのではないかしら。であれば、皇后を立てた直後に三十四歳（？）の若さで変死した履中天皇の陵が最大の古墳大仙古墳ということもあるかもね。

翔　熊野帝国に命じられて大きな古墳を造成したなんてことはないかな。古墳造成に力を注がせて、大和王朝の財力を消耗させたというのはどうだろう。おもしろいと思うんだがな。

日夏　翔は意外な見方をするわね。あとは来週ね。

▽一月十八日　日本古代史研究会　第十二回

交奪の大和王朝

▼隅田八幡神社人物画像鏡の謎

日夏　では允恭天皇から。

第十九代　允恭天皇（雄朝津間稚子宿禰天皇）

記述年	西暦	修正年	日付	事項
	三七六	四五六		生まれる（?）
	四一二	四七四	十二月	即位。忍坂大中姫命を皇后とする
允恭三年	四一四	四七五	八月	（天皇は長い間病気のため歩行も困難だった）医者を新羅より呼び、病を治めた
允恭七年	四一八	四七七	十二月	新室で宴をする
允恭八~十一年	四一九~四二二	四七七~四七九		衣通郎姫の話
允恭二十四年	四三五	四八五	六月	木梨軽太子と軽大娘皇女の話
允恭四十二年	四五三	四九四	正月	崩御。年若干（河内の長野原陵）

『日本書紀』には允恭天皇の生年も書かれていないの。崩御のときも「年若干」だから書けなかったのでしょうね。四五六年生まれとしたのは、『古事記』に七十八歳とあるからよ。允恭天皇は仁徳天皇と磐之媛命の子で、履中天皇、反正天皇の弟となっているけれど、磐之媛命の子ではあり得ないわ。
四七四年の即位のときも空位期間が一年半あるから、皇位を巡っての争いがあったと推測されるわ。皇位争いについて何も書かれていなくても、きっと何か血腥(ちなまぐさ)いできごとがあったはずよ。

翔　オレたちは応神天皇と仁徳天皇が親子ではないことを突きとめたよ。允恭天皇もそうなんだ。生没年がはっきりしていないのは、親子ではないのに仁徳天皇の子としたからだよ。允恭天皇の生まれは別の方面から考えるとわかるよ。天皇と同年代の人で、生没年不詳の意富本杼王(おほどのみこ)に注目してみたんだ。詳しい事蹟はわかっていないが、出自ははっきりしていてね。応神天皇の子の稚渟毛二岐皇子の子、つまり応神天皇の孫だね。忍坂大中姫命の同母の兄だよ。允恭天皇とこの意富本杼王を同一人物と考えたらいろんなことがみえてくるよ。允恭天皇を履中天皇の弟とした理由もね。允恭天皇が稚渟毛二岐皇子の子であると明かせば、応神天皇の孫だから皇位継承権はあるが、菟道稚郎子（宇治天皇）の血を引いていないことがわかるだろ。ついでに皇后の忍坂大中姫が同母の妹であることもバレてしまうものな。允恭天皇はさらに下の妹まで妃にしてしまったんだ。これは公にはできないよ。このことを『日本書紀』の執筆者は隠しながらも、書かずにはいられなかったんだ。それで、別人の話として挿入したのが「衣通郎姫の話」や「木梨軽太子と軽大娘皇女の兄妹の話」なんだ。『古事記』では、軽大娘皇女の別名が衣通郎姫になっているよ。衣通郎姫と軽大娘皇女は同一人物なんだ。

日夏　まだピンとこないわ。

翔　允恭天皇の別名は雄朝津間稚子宿禰だから、このことからも意富本杼王と同一人物とわかるんだ。

〈『日本書紀』による允恭天皇関係系図〉

仲姫 ＝ 応神天皇 ＝ 息長真若中比売（記）

- 仲姫・応神天皇 ― 仁徳天皇
- 応神天皇・息長真若中比売（記） ― 稚渟毛二岐皇子

仁徳天皇 ＝ 磐之媛

- 履中天皇
- 住吉仲皇子
- 反正天皇
- 允恭天皇

稚渟毛二岐皇子

- 意富本杼王（記）
- 弟姫（衣通郎姫）
- 忍坂大中姫

允恭天皇 ＝ 忍坂大中姫

- 木梨軽太子
- 安康天皇
- 軽大娘皇女（衣通郎姫・記）
- 雄略天皇

別名にある「朝津間（あさづま）」は、おそらく出身地から採られているんだ。『日本書紀』の注では「朝津間」を大和国葛上（かつじょう）郡の地名としているが、本当は近江国にあった息長氏の本拠地・坂田郡朝妻のことだよ。現在の滋賀県米原（まいばら）市に朝妻筑摩（あさづまちくま）の地名が残っていて、この米原市こそ坂田郡なんだ。忍坂大中姫命の妹・衣通郎姫は母とともに近江の坂田に住んでいたとなっていて、允恭天皇の出身地と皇后の妹の出身地が同じことがわかるね。当然、兄の意富本杼王も坂田出身と考えられ、允恭天皇と同一人物の可能性が高まるんだ。

允恭天皇が仁徳天皇の子ではないとわかれば、この頃の天皇の系列が二つあったことがみえてくるよ。第一は応神天皇系で神功皇后から応神天皇、宇治天皇と続くもの。記紀では宇治天皇の即位はないことにしたので、空位期間ができてしまったんだ。宇治天皇暗殺後にできたのが仁徳天皇系だよ。仁徳天皇、履中天皇、反正天皇と続いたあとは再び応神系の允恭天皇に戻るんだ。だから『日本書紀』は天皇の系列が入れ替わったことを隠すために允恭天皇を仁徳天皇の子としたんだ。即位するまでに空位期間があるのは仁徳系と争いがあったということ。書かれてはいないが、血で血を洗うような戦いのあとで即位したんだ。即位直前まで長期にわたって病重篤で歩行困難だった人が、即位後は急に回復して子も多く生しているよ。実際は壮健だったが、病気を装って身の危険を避けていたんだ。

智彦　それぞれの天皇の陵も二つの系列があったことを示しているね。仁徳天皇、履中天皇、反正天皇の陵は堺市の百舌鳥古墳群にあるんだ。でも、允恭天皇の陵は応神天皇と同じ羽曳野市、藤井寺市にある古市古墳群の市ノ山古墳だもの。

翔　仁徳天皇が皇位を奪い履中天皇、反正天皇と続いたのち、応神天皇の孫の允恭天皇が取り返したんだ。応神天皇は神功皇后（気長足姫）の子だから息長氏に近く、孫の允恭天皇も息長氏出身ということだね。

智彦　応神系、仁徳系の話のおかげで、隅田八幡神社人物画像鏡の謎が解けたよ。この鏡は和歌山県橋本市の隅田八幡神社に伝えられる銅鏡で、四十八文字の金石文で知られているよ。従来の説が修正前の西暦を基準にしているから、ここでは春秋二年制を先に、修正年を【】内に入れて話を進めるよ。原文は省略して次のような内容だよ。「癸未の年八月大王、男弟王が意柴沙加宮にいますとき、斯麻が大王の長寿を願ってこの鏡をつくる」。癸未の年については三八三【四五九】年、四四三【四八九】年、五〇三【五一九】年、六二三年説があるんだけど、鏡の特徴から七世紀の可能性は低いとされているよ。「おおど」の名を持っていて大王（天皇）になったのが二十六代継体天皇（在位五〇七～三一【五二一～三三】年）だね。それで癸未を修正前の五〇三年、鏡をつくった「しま」は百済の武寧王（嶋君、在位五〇一～二三年）とする説が有力なんだ。

しかし、継体天皇は越前から迎えられた天皇で、即位前の五〇三年に大和（意柴沙加宮）に入っていたとは考えられないし、この時期に百済の王が鏡を贈ってくる理由もわからないよ。それに鏡の作成年代も、もう少し古いようだしね。鏡の「男弟王」は継体天皇ではないんだ。それでこの鏡は「いつ誰が何のためにつくって誰に贈った」のか記されているにもかかわらず、「いつ誰が誰に贈った」のか謎なんだ。

日夏　天皇の系列が二つあったことがわかれば、鏡の謎が解けるの？

智彦　癸未の年を四四三【四八九】年、男弟王を允恭天皇とすればね。「意柴沙加宮」は允恭天皇の皇后の名と同じで「忍坂宮」のことだよ。そして仁賢天皇の別名が嶋郎だから「斯麻」を二十四代仁賢天皇（生年四四九～九八【四九二～五一七】年）と考えたんだ。鏡の製作が修正前の四四三年だと、仁賢天皇の生まれる前で、年代が合わないと言われそうだけれど、『日本書紀』には仁賢天皇の生年は書かれていないから、四四三年よりもう少し早く生まれていたこともあり得ると思うんだ。仁賢天皇は履中天皇の子の磐坂市辺押磐皇子の子だから仁徳系だよ。嶋郎が誕生したときは応神系の允恭天皇だったので、父親が子の行く末を案じて鏡を贈ったんだ。允恭天皇陵とみられている市ノ山古墳の西南に長持山古墳があったんだ。今は消滅したが、市ノ山古墳の陪塚で、隅田八幡神社人物画像鏡の原鏡となった画像鏡が出土しているよ。

日夏　二人の話、面白かったわ。鏡は「嶋郎（仁賢天皇）が生まれたとき、父親が子の安全を願ってつくり、敵対関係にあった允恭天皇に贈った」のね。

▼一事主神

日夏　次は安康天皇よ。

第二十代　安康天皇（穴穂天皇）

記述年	西暦	修正年	日付	事項
	四〇一	四六八		生まれる
	四五三	四九四	十二月	即位。都を石上に遷す。穴穂宮という。中蒂姫命を皇后とする（四五四年を元年としている）
安康三年	四五六	四九六	八月	眉輪王に殺される（菅原伏見陵）（眉輪王は大草香皇子と中蒂姫命の子で、大草香皇子は安康天皇に誅殺されている）

四六八年が生年では父の允恭天皇が十三歳のときになって、しかも第四子だから事実とは考えられないわ。四九四年には、中蒂姫命が皇后になっているけど、すでに結婚して子もある人を皇后にするのだから、中蒂姫命を皇后にすることが天皇位を安定させるために必要だったのね。四九六年に眉輪王に殺されていて、このとき眉輪王は幼少と思われるから濡れ衣よ。安康天皇について何もなければ次に進めるわ。

第二十一代 雄略天皇（大泊瀬幼武天皇）

記述年	西暦	修正年	日付	事項
	四一八	四七七		生まれる
	四五六	四九六		眉輪王の安康天皇殺害を聞くと、次々にほかの皇子を殺しはじめる。八釣白彦皇子、坂合黒彦皇子、眉輪王、市辺押磐皇子、御馬皇子が殺される。十一月、即位。草香幡梭姫皇女を皇后とする。（四五七年を元年としている）
雄略四年	四六〇	四九八	二月	葛城山に狩りをし、天皇に似た人に出会う。一事主神という。ともに狩を楽しむ。帰り道で会った百姓らがことごとく「徳有る天皇」と言う
雄略五年	四六一	四九八	六月	百済の蓋鹵王の婦人が、筑紫の各羅嶋で出産。子の名は嶋君。国に送り武寧王となる
雄略十八年	四七四	五〇五	八月	伊勢の朝日郎を伐つ
雄略二十年	四七六	五〇六		高麗が百済を尽す
雄略二十二年	四七八	五〇七	正月	白髪皇子を皇太子とする。丹波国の浦嶋子、蓬莱山に到りて仙衆を歴り観る
雄略二十三年	四七九	五〇七		百済の文斤王薨去。末多王を筑紫国の軍士五百人を遣して国に送り帰し、東城王とする。七月に発病、八月に崩御。（『日本書紀』に年齢なし、丹比高鷲原陵）

四九六年に、雄略天皇は眉輪王の安康天皇殺害を聞くと、次々にほかの皇子を殺したようだけど、眉輪王が父の敵をとるために安康天皇を殺したと思う？　わたしは、眉輪王は幼くてとてもできなかったと思うの。状況から安康天皇殺害は雄略天皇の手によると考えるのが自然だわ。草香幡梭姫皇女を皇后にしているけど、この姫は中蒂姫命の母親で履中天皇の皇后だから、かなり年上のはずよ。この女性を皇后に持つことが重要だったということね。『日本書紀』の雄略天皇の巻には朝鮮とのことがたくさん出てくるわ。半島側の記録を無視できなかったのね。四九八（四六一）年「百済の蓋鹵王の婦人が、筑紫の各羅嶋で出産。子の名は嶋君。国に送り武寧王となる」は、武寧王が生まれたのは四六二年だから年代修正しない方が良さそうね。五〇七（四七九）年「百済の文斤王薨去。末多王を筑紫国の軍士五百人を遣して国に送り帰し、東城王とする」は、三斤王（文斤王）の死、東城王の即位が四七九年だから、これも修正前に合っているわ。日本と朝鮮半島双方にまたがるできごとは、神功皇后や応神天皇のときには一二〇年ずれていたけれど、雄略天皇の時代にはほぼ正確に書き入れられているようね。ここで『日本書紀』の編集方針が変更されたか、執筆者が交代したか何らかの変化があったのでしょうね。次は清寧天皇よ。

翔　ちょっと待ってよ。葛城山の一事主神が気にならないのかい。雄略天皇は安康天皇紀に、「常に暴く強く、たちまち怒れば朝に見ゆる者は夕に、夕に見ゆる者は朝に殺されぬ」と周囲から嫌われ、恐れられていたんだよ。そして何人もの皇子を殺して即位したんだ。即位後も四九七（四五八［雄略二］）年七月には百済の池津媛と石川楯を密通の罪で木に縛りつけて焼き殺しているし、十月にも「天皇、誤りて人を殺したまうこと多し、はなはだ悪しき天皇なりと天下にそしられている」とあったよ。それが一事主神といっしょに狩りをしただけで「徳有る天皇」になったんだからおかしいだろ。

智彦　ホントだね。その後の雄略天皇は戦を除けば、人を一人も殺してないよ。

日夏　考えられることは一つね。狩りのときに誰かが入れ替わったんだわ。あまりにも非道な雄略天皇は葛城山で殺されたか、どこか遠くに幽閉……。あっ、天皇は土佐に流されたのよ。

翔　どうしてそんなことがわかるんだ？

日夏　高知県高知市の土佐神社の祭神が一言主なの。由緒に「創祀未詳、一説に雄略四年」とあったわ。『釈日本紀』には「神（一言主）が天皇に不遜の言あって、天皇が怒って土佐に遷した」ともあるの。雄略四年なら時期も一致しているわ。土佐に遷されたのは雄略天皇の方で、土佐神社の一言主は雄略天皇のことなのよ。

翔　なるほどな。殺されたことになっている皇子の誰かがまだ生きていて、狩りのときに入れ替わったんだ。天皇に似ていたと思われるので、仁徳系の市辺押磐皇子と御馬皇子、眉輪王を除くと、残るは八釣白彦皇子と坂合黒彦皇子だよ。だが、八釣白彦皇子は雄略天皇に直接斬り殺されているから違うね。坂合黒彦皇子は葛城円大臣（かつらぎのつぶらのおおみ）の邸とともに焼き殺されたことになっているものの「遂に骨（かばね）を択（え）ること難し」ともあって逃げ延びたことを暗示しているようだな。坂合黒彦皇子が雄略天皇の代役を務めたのだろうな。

智彦　入れ替わりは皇后が承知しないとできないから、ボクは仁徳系の皇子だと思うよ。皇后の草香幡梭姫は仁徳天皇の娘だよ。候補として仁徳系唯一の生き残り、反正天皇の子の高部皇子（たかべのみこ）を挙げておくよ。それから、雄略天皇の時代でもう一つ検討しておきたいことがあるんだ。五〇五年「伊勢の朝日郎を伐つ」とあったよね。朝日郎は熊野帝国の将軍ではないかな。

日夏　大和王朝が帝国に反逆したというの？

智彦　そうなんだ。いくら日本と朝鮮半島を縦横無碍（じゅうおうむげ）に駆け回った熊野帝国でも、どこかの時点で大和王朝が入れ替わって日本の支配者になったことには違いないんだから、この頃、帝国に陰りが見えはじめたのかな

翔　と思ってね。

その考えに賛成。『伊勢国風土記逸文』に伊勢津彦という神が出てきてね。別名が出雲建子命で、天日別命に国を譲って信濃の国へ移ったんだ。そのとき「日の如く照り輝いて波に乗り海を渡って行った」となっていたよ。伊勢津彦は「朝日郎」のことで、信濃の国は「諏訪大社」を指しているのではないか。『古事記』にある出雲の国譲りでは、建御名方神が「州羽の海（諏訪湖）」まで逃げて行ったとあったが、この朝日郎のことのような気がするよ。

日夏　それなら、熊野帝国凋落の兆しはもう少し前からあったのではないかしら。帝国の日神を祭る伊勢国に大和王朝側が侵攻したとなれば、紀国の大将軍にたちまちに踏みにじられたはずだもの。そうならなかったのは、紀国もそれどころではない状況に陥っていたということよ。そのことが『日本書紀』の中に書かれていないものかしら。

翔　五〇〇（四六五［雄略九］）年に紀小弓宿禰や蘇我韓子宿禰、大伴談連らが新羅へ侵攻して戦死、あるいは病死しているよな。海外のこととして見過ごしてしまったが、この敗戦に注目すべきなのかも。朝鮮半島まで言うがままにしていた熊野帝国だが、新羅との戦いで痛手を被ったために半島だけでなく日本国内の統治もままならなくなっていたのではないか。

智彦　このとき、紀大磐宿禰という人も出てきているよ。紀小弓宿禰と紀大磐宿禰は紀国の大将軍と関係がありそうだね。

翔　関係あると思うな。紀小弓宿禰は帝国本体の大将軍で、紀大磐宿禰はその子ではないか。もっと言うと小弓宿禰は大王その人だったかもしれないよ。大王が病死したために、さしもの帝国の統率力も急激な低下を余儀なくされて大和王朝が反旗を翻すきっかけとなったのではないか。

智彦　大和王朝は「紀憂」がなくなったから朝日郎を攻めたんだ。

日夏　それは「杞憂」。次は清寧天皇よ。

浦嶋伝説

第二十二代　清寧天皇（白髪武広国押稚日本根子天皇）

記述年	西暦	修正年	日付	事項
	四四四	四九〇		生まれる
	四七九	五〇七		（雄略天皇）崩御。太子の白髪皇子と星川皇子とが皇位を争い星川皇子が敗れる
	四八〇	五〇八	正月	即位。子が無いことを嘆く
			十一月	磐坂市辺押磐皇子の子、億計王（のちの仁賢天皇）と弘計王（のちの顕宗天皇）が見つかる
清寧三年	四八二	五〇九	四月	億計王を皇太子とし、弘計王を皇子とする
			七月	飯豊皇女「與夫初交したまう」というが夫があるかどうか定かではない
清寧五年	四八四	五一〇	正月	崩御。年若干（河内坂門原陵）

日夏　清寧天皇の母とされる葛城韓媛（かつらぎのからひめ）を雄略天皇が葛城円大臣から奪ったのは四九六（四五六［雄略天皇即位前紀］）年だから、雄略天皇との親子関係も怪しいわ。しかも、生年が四九〇年、雄略天皇は十四歳でしかないわ。「太子と星川皇子が皇位を争う、星川皇子敗れる」、星川皇子の方が本当の太子だったよう気がするわ。白髪皇子は雄略天皇の死後、星川皇子を戦いで破って皇位を得たように思うの。本当はもっと年上だったのに、雄略天皇の子になりすましたのよ。だから崩御のときの年齢を書けなかったの。清寧天皇の別名は白髪武広国押稚日本根子で、即位したときはすでに髪が白かったことを意味しているのよ。五〇八年に「即位、子が無いことを嘆く」とあるのが年長だったことをはっきりと示しているわ。『日本書紀』のとおり十九歳であったなら、子がないことを嘆くはずがないもの。

翔　だから雄略天皇の五〇七年、白髪皇子を皇太子としたすぐそのあとに、浦嶋の話が出てきたんだよ。「丹波国の浦嶋子、大亀を得たり、亀、女（おとめ）となりて浦嶋子、婦（め）とする、ともに海に入り、蓬萊山に到りて仙衆を歴り観る」だったな。白髪皇子の話のあとに伝説を挿入することで「白髪皇子は浦嶋子ですよ」とささやいているんだ。これは殺されたことになっていて若い時からずっと身を潜めていたある皇子が世に戻ってきたときにはすっかり白髪になっていたと言っているんだ。

智彦　そうだね。伝説が丹波国固有のものであるならまだしも、もとは中国から伝わってきたのであって、あえてここに書き込む必要はないもの。人が異界に入り込んだあと、故郷に戻ってみると長い年月が過ぎ去っていた話は『神仙伝』や『列仙伝』などにたくさん出ているんだからね。

日夏　では、浦嶋にたとえられた白髪皇子は誰のことと考えるの？

翔　『日本書紀』のどこかに出てきた皇子の一人だと思うよ。まったく名も知られていないような人ではないね。どうも跡継ぎが生まれたのではなく、発見されたところに鍵がありそうだな。「磐坂市辺押磐皇子の子の億計王と弘計王が見つかる」「億計王を皇太子とする」、いくら皇位継承権があるとはいえ、他人の子を喜んで皇太子にするはずはないよ。ここは行方不明になっている（実は匿（かくま）っていた）二人の皇子を見つけ出したことにして、自分の子を跡継ぎに指名したと考えた方がすっきりするよ。だから億計王、弘計王の系譜をさかのぼっていけば白髪皇子が誰のことかわかってくるさ。当然、仁徳系だよ。

日夏　二人の父親は履中天皇の子の磐坂市辺押磐皇子とされているわ。磐坂市辺押磐皇子は雄略天皇によって直接射殺されているので白髪皇子にはなれないわ。その弟の御馬皇子も捕らえられて殺されたので可能性は低いわ。残るは仁徳天皇の子の大草香皇子ね。大草香皇子の場合は家を囲んで殺されたとあるけれど、どのように殺されたのか書かれていないから可能性アリよ。年齢的にも磐坂市辺押磐皇子や御馬皇子より一世代上で白髪になっていてもおかしくはないわ。大草香皇子の年齢を何とか推定できないものかしら。

翔　大草香皇子は仁徳天皇と日向髪長媛（ひむかのかみながひめ）との子で、髪長媛は四〇九年に応神天皇から仁徳天皇に譲られたんだったな。

智彦　すると、大草香皇子は四一〇年代の生まれで、二人の王が見つかった五〇八年には九十歳代後半になってしまうよ。いくら白髪と言っても年を取りすぎているよ。

翔　そこなんだ。髪長媛を譲る話はウソ臭いとは思わないかい。応神天皇と仁徳天皇は親子ではなかったんだからな。話は仁徳天皇を応神天皇の子としたことに信憑性を持たせるために創作されたんだ。四〇九年に応神天皇は日向泉長媛を妃としたんだ。『日本書紀』では、応神天皇と泉長媛との子は大葉枝皇子（おおはえのみこ）と小葉枝皇子（おはえのみこ）の二人だよ。しかし、『古事記』では三人目に幡日之若郎女（はたひのわかいらつめ）が生まれているんだ。『日本書紀』は敢えてこの姫の名を隠している節がみられるね。応神天皇の子を一人ひとり挙げて全部で二十人としているにもかかわらず、数えると十九人しかいないんだものな。それは二十人目の幡日之若郎女を隠したことによるんだ。この幡日之若郎女こそ日向髪長媛なのさ。泉長媛とは母娘だから二人の名に「日向」がついていてもおかしくはないだろ。「日向」という名前の共通点から幡日之若郎女＝髪長媛という答えが導き出せるよ。

日夏　『日本書紀』の執筆者がここでもヒントを残しておいてくれたのね。

翔　髪長媛はつくり話のために母親の年代に繰り上げられたわけだよ。次は髪長媛がいつ頃、大草香皇子を生んだかについてだね。このことについてもあてがあるよ。仁徳天皇は皇后の磐之媛命が死ぬまでは妃を入れることができなかったんだ。四四一年皇后の死後、次々に応神系の女性を求めているね。四四三年に八田皇女、翌年に雌鳥皇女（失敗）とね。髪長媛もこの頃、妃になったと考えたらいいんだ。すると仁徳天皇と髪長媛との子、大草香皇子は四四六年、妹の草香幡梭媛皇女は四四八年くらいの生まれと考えられるよ。これだと二人の王が見つかった五〇八年に大草香皇子は六十三歳だよ。白髪だったことも、子が無いことを嘆いたこともぐっと現実味を帯びてくるだろ。

智彦　ホントだね。それに白髪皇子の名は髪長媛の子であることも示しているんだ。妹の草香幡梭媛の名も母親の別名・幡日之若郎女からきているんだ。こじつけのようだが「草香」は「日下」とも書くので「日向」から発展してできた名かもしれないよ。

日夏　そうなると、二人の王は見つかったとき、すでに成人していたのかも。『日本書紀』を読んだ時のイメージは少年なんだけれど。

翔　それはこれから先、追い追いわかってくるさ。

日夏　見つけられた二人の王まで進めるわね。

第二十三代　顕宗天皇（弘計天皇）

記述年	西暦	修正年	日付	事項
	四八四	五一〇		（清寧天皇）崩御。億計王と弘計王が位を譲りあったため、姉の飯豊青皇女が執政
			十一月	飯豊青皇女崩御（葛城埴口丘陵）
	四八五	五一〇	正月	即位。難波小野王を皇后とする
顕宗三年	四八七	五一一	四月	崩御（『日本書紀』に年齢なし、傍丘磐杯丘陵）。この年、紀生磐宿禰、任那を股にかけ高麗まで攻め込む。三韓の王のつもりで自らを神聖と称る。進撃を続けるも時を経るにつれ兵力が尽き帰国する

第二十四代　仁賢天皇（億計天皇）

記述年	西暦	修正年	日付	事項
	四八八	五一二	正月	即位。春日大娘皇女を皇后とする
仁賢二年	四八九	五一二	九月	難波小野王が自死する。（即位前の億計王への無礼を苦にして）
仁賢十一年	四九八	五一七	八月	崩御（『日本書紀』に年齢なし、埴生坂本陵）

顕宗天皇も仁賢天皇も年齢不明だわ。二人とも年齢がわからないのは書かれているイメージどおりの年少ではなかったからね。顕宗天皇、仁賢天皇の時代でもっとも不思議なのは飯豊青皇女ね。彼女が最初に出

てくるのは履中天皇の四六八年、皇妃黒媛の第三子青海皇女（一書曰く飯豊皇女）としてね。兄が市辺押磐皇子と御馬皇子よ。二度目は清寧天皇の五〇九年、夫がいるかどうか不明で、子はないような書き方だったわ。三度目が顕宗天皇即位前紀で市辺押磐皇子の第四子、顕宗天皇と仁賢天皇の妹として出てきたわ。そして四度目は二人の姉で、二人の代わりに政（まつりごと）を執ったとなっていたわ。二人の叔母であったり、妹であったり、姉となったり正体不明の女性なのよ。

翔　飯豊青皇女が二度目に出てきた五〇九年、「億計王を皇太子とし、弘計王を皇子とする」「飯豊皇女、與夫初交したまうというが夫があるのかどうか定かではない」となっていたよな。四度目の五一〇年は「億計王と弘計王は位を譲りあったために、姉の飯豊青皇女が執政する」だったな。どちらも二人の王のことに触れたあとに飯豊青皇女が出てきているだろ。飯豊青皇女は二人の後見役のようだから年上なんだ。それで、磐坂市辺押磐皇子の娘の線は消えるよ。黒媛の娘が濃厚だね。すると祖父が仁徳天皇、父が履中天皇となるから、二人の王に代わって執政することもできたんだ。

日夏　日本の歴史上の最初の女性天皇の可能性もあるわね。もし神功皇后が即位していたとすれば二人目ね。通常、天皇にのみ使用される尊称の「尊」が二人にはついているわ。「気長足姫尊」「飯豊青尊」とね。

翔　二人の王は兄弟ではなかったとは考えられないか。皇位を譲り合ったところにどうもひっかかるんだ。「譲り合った」は「奪い合った」が真実ではないのか。菟道稚郎皇子（宇治天皇）と大鷦鷯尊（仁徳天皇）も譲り合ったとなっていただろ。「成人した男二人が皇位を奪い合った」では絵にならないから「幼少の兄弟が譲り合った」と、誰もが受け入れるような美しい話に変えたのではないか。この仮説があり得るかどうか検討してみようか。

まず二人の親が誰かについて。弘計王は『日本書紀』のとおり磐坂市辺押磐皇子と葛城荑媛（かつらぎのはえひめ）との子でいいと思うよ。磐坂市辺押磐皇子を四六八年頃の生まれ、子の弘計王を四八六年頃の生まれとすると、発見された五〇八年では二十三歳前後になるね。磐坂市辺押磐皇子の生年は父の履中天皇が黒媛を皇妃にしたのが四六八年で、黒媛の死が四七〇年ということからの推定だよ。そして億計王は大草香皇子と飯豊青皇女との子ではないか。億計王については、隅田八幡神社人物画像鏡を思い出せばいいんだ。億計王は生年が四九二年とみられているが、もっと早くに生まれていたかもしれないのだったよな。

智彦　そうだね。鏡の製作を四八九年、そのとき億計王が七歳とすると、生まれは四八三年で発見された五〇八年では二十六歳だね。億計王は弘計王の兄とされていて年上とみられるから年齢的にも矛盾はないよ。

翔　だろ。それに大草香皇子は浦嶋でもあるから、子の億計王が嶋郎と呼ばれたんだ。億計王は弘計王と兄弟ではなかったんだ。磐坂市辺押磐皇子と飯豊青皇女が兄妹だから従兄の関係だな。また、二人が雄略天皇から逃れるときにつき添ったのが日下部連（くさかべのむらじ）使主（おみ）とあっただろ。日下部連は大草香皇子に仕える一族だから「日下部」の名をもっているんだ。清寧天皇は二人が見つかったとき、億計王の方を皇太子としたのも自分の子だったからだよ。

智彦　仁賢天皇は仁徳天皇の孫だから、名に「仁」がつけられたんだ。また、仁賢天皇の娘の手白香皇女（たしらかのひめみこ）の名も、祖父の大草香皇子（白髪皇子）からきているんだ。

翔　次は飯豊青皇女が億計王の母親たり得るかだな。ここでは先の浦嶋伝説を思い出せばいいんだ。「浦嶋子、大亀を得たり、亀、女となりて浦嶋子、婦とする」。この婦となった亀が飯豊青皇女だよ。皇女の別名は青海皇女だぜ。どうしてもアオウミガメを連想してしまうよ。ただ、アオウミガメが当時からそう呼ばれていたかどうかは知らないよ。飯豊青皇女は安康天皇や雄略天皇から命を狙われている大草香皇子を安全な場所に匿ったんだ。このとき億計王が生まれたんだ。磐坂市辺押磐皇子が雄略天皇に殺されたとき、億計王は弘計王とともに別の場所に隠されたんだ。そして清寧天皇が自分の子の億計王を皇太子としたのに、即位したのは弘計王だろ。これは皇位争いがあったためさ。譲り合いなんてまったくのウソだね。二人が争いをやめないので飯豊青皇女は自分で政を執ったんだ。皇女にとって億計王は自分の子だし、弘計王は兄の子だからどちらもむげにすることができなかったんだ。

日夏　顕宗天皇の五一一年に紀生磐宿禰が朝鮮半島を引き上げて帰国したとあったわ。紀生磐宿禰は四九七（四五九［雄略三］）年の紀大磐宿禰のことでしょうね。

翔　紀生磐宿禰は、一時は高句麗まで攻め込んだものの、結局は帝国衰退の趨勢を覆すことはできなかったんだ。紀生磐宿禰の朝鮮半島撤退によって帝国は百済や新羅への介入をあきらめたんだ。半島で帝国に従うのは加耶(かや)諸国だけになったと思われるな。

日夏　ところで、『日本書紀』には飯豊青皇女の話とは別に五一四（四九三［仁賢六］）年に挿入された奇妙な話があるの。「女人が泣いているので、わけを尋ねると『鯽魚女(ふなめ)が韓白水郎(からまのはたけ)に嫁いで哭女(なくめ)を生んだ。哭女は山杵(やまき)に嫁して飽田女(あくため)を生んだ。それより前に山杵は鯽魚女を奸(おか)して麁寸(あらき)を生んだ。麁寸は飽田女を娶った。麁寸は高麗に行ってしまった。それで妻の飽田女は心を傷めている』と。飽田女はまた言った。『夫（麁寸）は母にとっても兄(せ)、吾にとっても兄』と。」この話が何のことなのかわからないかしら。ちょっと気になるのよ。『日本書紀』の注では巷の話を挿入したものとみているようで、特に注視していないようなの。

翔　これは、世間でこんなことがあったというものではないよ。仁賢天皇に直接関係したことなんだ。『日本書紀』は白髪皇子の立太子に続けて浦嶋伝説を入れたように、仁賢天皇についても実際に起こったことを書いたんだ。当たり障りのないよう仮名でね。

日夏　翔がどのように解決するのか楽しみだわ。

翔　聞いただけではとてもややこしい感じだが、登場人物は六人だけだから何とかなるさ。男が三人で女が三人だね。まず、男三人のうち誰が仁賢天皇にあたるか。韓白水郎ではないな。次に山杵を仁賢天皇とすると、麁寸が次の世代になってしまうからこれも違うよ。だから残る麁寸が仁賢天皇なんだ。すると妻の飽田女は皇后の春日大娘皇女となるよ。だんだんみえてきただろ。山杵は麁寸の父親だから仁賢天皇の父・清寧天皇（大草香皇子）で、鯽魚女は飯豊青皇女だよ。ここまではすらすらだったな。あと残るは韓白水郎と哭女か。

日夏　哭女は飽田女の母だから春日大娘皇女の母親でしょ。それなら雄略天皇の妃の和珥童女君（わにのおみなぎみ）だわ。すると夫の山杵が雄略天皇になってしまうわ。翔はどこかで間違えているわよ。

翔　いや、いいんだ。今度は雄略天皇のときのヘンな話を思い起こすんだ。ヨチヨチ歩きの幼女（春日大娘皇女）の姿が天皇にとても似ていると物部目大連が進言したことから雄略天皇は不審を抱きながらもその子を自分の娘（皇女）とし、采女（うねめ）であった母親（和珥童女君）を妃にしたんだ。幼女は大草香皇子の娘で、和珥童女君は身籠ったあとで采女として出仕したんだ。雄略天皇は、生まれるのが早すぎると思い放っておいたものの、物部目大連の勧めで自分の娘と認めてしまったんだ。

日夏　哭女が和珥童女君なら、韓白水郎は和珥童女君の父親の和珥臣深目（わにのおみふかめ）ね。これで六人の登場人物が誰かわかったのね。あとはどのような関係にあったのかよ。

翔　雄略天皇のとき、大草香皇子は和珥氏に匿われていたんだ。かつて大草香皇子の子（億計王）を生んだ飯豊青皇女が和珥臣深目に嫁していたのを頼ったんだ。そのとき和珥童女君は大草香皇子の子（春日大郎女）を身籠ったんだ。その後、和珥童女君は采女として雄略天皇に仕えることとなり、生まれた娘は雄略天皇皇女として育てられ、のち仁賢天皇皇后となったんだ。春日大娘皇女から見ると、母の和珥童女君は「和珥臣深目と飯豊青皇女との娘」、夫の仁賢天皇は「大草香皇子と飯豊青皇女との子」だな。仁賢天皇は和珥童女君の異父兄だから「夫は母にも兄（兄の意）、私にも兄（夫の意）」となったんだよ。

日夏　すっきりしたわ。これで心置きなく次に進むことができるわ。

第五章 熊野帝国幻影

書き変えられた天皇の出自

▽一月二十五日　日本古代史研究会　第十三回

日夏　どこまでいってもおもしろいことが出てくるわね。今日もどう展開するか楽しみだわ。

第二十五代　武烈天皇（小泊瀬稚鷦鷯天皇）

記述年	西暦	修正年	日付	事項
	四八九	五一二		生まれる
	四九八	五一七		（即位前）大臣平群真鳥が王の如くふるまう。太子が物部麁鹿火大連の娘、影媛を妃にしようとするが、影媛はすでに平群真鳥の子の鮪と結婚していた。大伴金村連が鮪を殺し、その後、真鳥をも討った

武烈二	五〇〇	五一八	十二月	即位。春日娘子を皇后とする（四九九年を元年としている）
〜八年	〜五〇六	〜五二一		次々に人を殺しては喜ぶ
武烈四年	五〇二	五一九		百済は末多王を廃して嶋君が立つ、武寧王という
武烈八年	五〇六	五二一	十二月	崩御（年齢なし、傍丘磐杯丘陵）

武烈天皇は悪行の限りを尽くした天皇として書かれているわ。でも、わたしたちの年齢計算が正しければ十歳で崩御したことになり、そのように残虐なことができたはずがないの。皇后も架空の人ではないかしら。母親の春日大娘皇女の名を借りてきたような気がするわ。武烈天皇の事蹟は創作かもしれないわ。

智彦　この頃、平群氏が攻撃されているね。平群氏は武内宿禰の流れを汲む一族で、大和王朝の中では熊野帝国に近い存在だよ。そのために攻められたのかな。葛城氏など武内宿禰を祖とするほかの氏族もこの頃、低迷しているようだから、どうも大和王朝内の熊野帝国派は凋落の秋を迎えていたようだね。

日夏　このとき、大きな力をもっていたのは大伴氏と物部氏ね。大伴氏は天忍日命を祖とし、物部氏は天火明命（饒速日）を祖としているから、どちらも天照大神族よ。大伴氏と物部氏が手を結んで、帝国に近い武内宿禰の後裔を追い落としたことはあり得るわ。

ところで、わたしは武烈天皇が仁賢天皇の子とされていることに疑問を持っているの。清寧天皇や顕宗天皇、仁賢天皇の事蹟は『日本書紀』の巻十五に一緒に書かれているのに、武烈天皇は内容がとても少ないにもかかわらず、巻十六と別にされているわ。仁賢天皇と親子ではなかったからではないかしら。

智彦　陵が近接しているから、顕宗天皇とは近い関係にあったように思うよ。奈良県香芝市の傍丘磐杯丘南陵が顕宗天皇の、北陵が武烈天皇のものとされているんだ。

翔　顕宗天皇の陵は奈良県大和高田市の築山古墳ではなかったのか。

智彦　築山古墳は陵墓参考地で、傍丘磐杯丘南陵の方が陵に治定されているんだ。

日夏　陵からみると、顕宗天皇と武烈天皇が親子でもおかしくはないわけか。その武烈天皇がどうして仁賢天皇の子とされたのかが次の問題ね……。そうか、そうだったのか。ヘンだなと思っていたいくつかの疑問も智彦のヒントで一挙に解決よ。それぞれの疑問が関連していることに気がつかなかったから、重要だとは思わずに今まで黙っていたの。

智彦　顕宗天皇と武烈天皇が親子ということもわかったの？　その話、聞きたいな。

日夏　わたしが疑問に思っていたことを年代順に並べてみるわね。

①雄略天皇崩御のとき、妃の吉備稚媛が長子の磐城皇子でなく、弟の星川皇子に皇位を継がせようとしたのはなぜか。

②顕宗天皇皇后の難波小野王は磐城皇子の孫とされている。よって雄略天皇の曽孫にあたるが、雄略天皇の即位が四九六年、崩御が五〇七年で、小野王が皇后になったのが五一〇年だから一世代くらいの開きしかなく、曽孫は考えられない。

③仁賢天皇即位ののち、小野王が自殺したとあるが納得できない。小野王の非礼を理由に挙げているが、小野王自身が皇后のときのことでもあり、そのとき仁賢天皇が怒った様子もない。

④仁賢天皇皇后の春日大娘皇女は一男六女を生んだとなっているが、皇后になったのが五一二年で、仁賢天皇の崩御が五一七年だから、双子がいなければ五年間で七人生むことは困難。皇后に立つ前に結

婚していたとしても多すぎる。（億計王発見の五〇八年以前の結婚はあり得ない）
⑤武烈天皇の別名が小泊瀬稚鷦鷯で、雄略天皇の大泊瀬幼武と似ているのはなぜか。二人は近い血縁ではないし、武烈天皇が泊瀬で育てられた様子もない。
⑥平群鮪と結婚したという物部麁鹿火の娘・影媛とは誰のことなのか。影媛は仮名で、本当の名を出せないと思われる。
⑦即位前で六歳の武烈天皇が平群鮪と恋争いをしたとは考えられない。

智彦　何の関連もなさそうな七つの疑問だね。どのようにつながるのか楽しみだな。

日夏　⑦の武烈天皇と鮪の恋争いの話は、『古事記』では顕宗天皇即位前のことで、顕宗天皇と鮪が恋敵なの。この方が、年齢的に矛盾がないわね。だから、恋争いがいつだったかについては『古事記』の方を採るわ。⑥の『日本書紀』の影媛にあたるのは菟田首の娘で、大魚という名よ。この名前もウソくさいわね。

智彦　そうだね。『古事記』の歌の中で「大魚よし」は「鮪」にかかる枕詞になっているよ。

日夏　『古事記』での顕宗天皇は即位後、石木王（磐城皇子）の娘の難波王（難波小野王）と結婚しているわ。『日本書紀』では雄略天皇の曽孫だったのに、『古事記』では孫ね。ここからがわたしの推測よ。小野王は雄略天皇の曽孫でも孫でもなくて娘ではないか。そして、磐城皇子を女とみたの。すると①の疑問は姉でなく弟を後継者にしようとしたこととして解決されるわ。②の疑問も曽孫でなく娘ならば十分あり得ることなので解決よ。そして小野王は顕宗天皇崩御後、仁賢天皇と再婚したの。③の自殺は仁賢天皇が前天皇の皇后を妃にしたことを隠すためなの。再婚したときにはすでに身籠っていて、生まれてきた小泊瀬稚鷦鷯皇子は顕宗天皇の子にもかかわらず、仁賢天皇の子として即位したの。その妹の真稚皇女も小野王の娘よ。二人とも祖母の吉備稚媛と同じ「稚」の字を名に持っているのもそのためよ。だから④の疑問、春日大娘皇女の子のうち最後の二人は（自殺したことになっている）小野王の子を書き加えたもので、春日大娘皇女の子は五人、それも女の子ばかりということで解決ね。そして武烈天皇は雄略天皇の孫だから「小泊瀬」の名をもらっても不思議ではないわ。⑤の疑問も解消よ。⑥の影媛や大魚はもちろん小野王のことよ。小野王は最初、平群鮪と結ばれ次に顕宗天皇皇后になり、その後自殺を装って仁賢天皇の妃になったの。⑦の恋争いは武烈天皇ではなく顕宗天皇のこととして解決よ。以上のことから顕宗天皇と武烈天皇の陵が隣合っていても不思議はないことになるわ。

智彦　すごいね。全部無理なくつながっているね。

翔　仁賢天皇には男の跡継ぎがいなかったんだ。それで顕宗天皇の子であるうえに幼くもあった武烈天皇が即位することになったんだな。

日夏　次よ。五一九（五〇二）年「百済は末多王を廃して嶋君が立つ、武寧王という」、武寧王が立ったのは五〇一年。だから、ここでも朝鮮半島のできごとは、年代修正しない方がいいようね。

智彦　前に翔が言ったとおり、この頃の大和王朝は一見安定していたように書かれていても、湯布院倭の時代より相当激しい皇位の奪い合いが繰り返されたんだね。神武天皇から十代崇神天皇までの在位期間は紀元前六三年から紀元二五三年の三一六年間。それが十六代仁徳天皇から二十五代武烈天皇まで十代の在位期間は四二四年から五二一年のたった九十七年間で、そのうち仁徳天皇が四十三年を占めているから、あとの九代の平均在位年数は六年にしかならないよ。政権が目まぐるしく移り変わったことがわかるね。

日夏　大和王朝成立期の神功皇后から武烈天皇までのことは大体わかったわ。この頃、日本全体はどうなっていたのか、熊野帝国はどうなっていたのかをもう少し考えてみましょうか。
三世紀半ばから中国への朝貢を断っていた日本も、五世紀になると再び朝貢するようになっていたの。すべて中国側の記録だけれど、参考になると思うので並べてみるわ。

四一三年　倭国、東晋に遣使（『晋書』）　応神天皇
四二一年　讃、宋に遣使　応神天皇
四二五年　讃、宋に遣使　仁徳天皇
四三〇年　倭国王、宋に遣使　仁徳天皇
四三八年　珍、宋に遣使「安東将軍、倭国王」　仁徳天皇
四四三年　済、宋に遣使「安東将軍、倭国王」　仁徳天皇
四五一年　済「新羅ら六国諸軍事」　仁徳天皇
四六〇年　倭国、宋に遣使　仁徳天皇
四六二年　興、宋に遣使「安東将軍、倭国王」　仁徳天皇
四七七年　倭国、宋に遣使　允恭天皇
四七八年　武、宋に遣使「新羅ら六国諸軍事、安東大将軍、倭王」（以上、『宋書』）　允恭天皇
四七九年　武「鎮東大将軍」（『南斉書』）　允恭天皇
五〇二年　武「征東将軍」（『梁書』）　雄略天皇

讃、珍、済、興、武が「倭の五王」と呼ばれているのは聞いたことがあるでしょ。讃は応神天皇か仁徳天皇、履中天皇のいずれか、珍は仁徳天皇か反正天皇、済は允恭天皇、興は安康天皇、武は雄略天皇と考えられているの。『宋書』では讃と珍は兄弟で、興と武は済の子で兄弟となっているわ。歴史学では五王

を大和王朝の天皇にあてることが原則とされているようなの。下は対応する天皇名よ。どう？　大和王朝の歴代天皇を倭の五王にあてはめることには無理があるでしょ。

智彦　仮に大和王朝が中国に朝貢したとして、それを『日本書紀』が省くことは考えられないよ。だから中国の記録に出てくる倭国は大和王朝ではなくて別の国のことだよ。

日夏　それも『宋書』に「新羅ら六国諸軍事」とあるように、朝鮮六国を任せられるような強大な国なの。ここまでくれば、中国に遣使していたのはわたしたちが言う熊野帝国しかないとわかるでしょ。倭の五王は熊野帝国歴代の大王のことなのよ。四七八年に武が遣使したときの上表文も『宋書』に記載されていて、その内容もすごいの。「わが国は遠くにあり、領土を国外に求めてきました。祖禰（そでい）は自ら甲冑をまとい山川を駆け抜け、休む間もありませんでした。東を征すること五十五国、西を服すること六十六国、海北を平ぐること九十五国を数えます。私も父祖の偉業を継いで国を治めることに余念はなく（下略）」と、こんな具合よ。とてつもなく強大な国だったことがわかるでしょ。でも、歴史学では、武の上表文は誇張にすぎないと看過されてきたの。帝国の存在を知っているわたしたちだけが上表文の内容を真実と認めることができるのよ。

翔　「祖禰」を「祖なる禰」と捉えて、「禰」は祖先の名前ということはないのか。

智彦　「禰」の字には「父廟」の意味があるので、「祖禰」は亡くなった父祖のことでいいと思うよ。わたしは祖禰を興と武兄弟の父の済を指していると考えるわ。済のとき帝国が一番強大だったようなの。

日夏　「東を征すること五十五国」は北陸・中部・関東地方のことで、「西を服すること六十六国」は九州・四国・中国地方のこと。「海北を平ぐること九十五国」は朝鮮半島で、『日本書紀』で神功皇后が新羅を攻めた話や広開土王碑文（こうかいどおう）にある倭国の朝鮮侵攻はすべて帝国がなしたことだったの。わたしたちで帝国の存在を

翔　何とか証明してみたいわね。
翔　たぶん、記紀をつくるときに帝国存在の証拠となるようなものは抹消されてしまっているよ。オレたちにできるのは間接的な証拠を見つけ出すことくらいだろうな。
日夏　それでいいのよ。間接的といえども地名や神社、古墳などのさまざまな分野にわたって、いくつも確認することができれば否定しがたいものになるわ。
翔　そうだな。ではやってみるか。

熊野帝国探証Ⅰ

「筑紫」と「九州」の由来

智彦　ボクからはじめていいかい。傍証のようなものでいいならいくつか挙げることができるよ。「ことば」と「古墳」から何点か気がついたことがあるんだ。
日夏　いいわよ。智彦のあとはわたしね。「神社」から気がついたことを話すわ。
智彦　この前、翔が藤井綏子(やすこ)さんの本のことを話していたから、ボクも『九州ノート』という本を読んでみたんだ。その中に「九州の大王が筑紫や九州と言い始めたのではないか」とあって、ボクなりに調べてみたよ。『宋書』などによる倭の五王の名は讃、珍、済、興、武でいかにも中国風だよね。ある意味で熊野帝国歴代の大王は中国かぶれで、名前も中国用のものまで用意していたんだ。だから政治も中国をまねていたのではないかと考えたんだ。
まず、「筑紫」について。「つくし」の地名そのものは古くからあったんだ。その「つくし」に五王の誰かが「筑（楽器の意）」と「紫」の字をあてたんだ。藤井さんも触れているように、紫宸殿、紫禁城、紫宮など「紫」は天子のいる場所のことで、帝国の大王は中国に倣って自分の政所に「紫」を使ったんだよ。

日夏　この時代、大和王朝においては中国を模倣する様子は見あたらないわね。

智彦　次に九州について。九州の名前の由来は、筑前、筑後、肥前、肥後、豊前、豊後、日向、薩摩、大隅の九つの国があったからとされているんだ。九つの国が九州ならば四国は四州でもいいし、四国のように九州は九国でもいいことになるよ。それが九国ではなく「九州」となったのは何らかの理由があるはずなんだ。大隅国ができたのは七一三（和同六）年。根拠はないけれど、九州はそれ以前から「九州」と呼ばれていたような気がするんだ。ここでも藤井さんの本によると、中国で「九州」といえば「天子が直接治めている場所」のことなんだ。中国で「九」は重んじられる数字で、九山、九川、九曜などと使われているよ。

翔　それでか。紫禁城にまつわる俗説に九九九九の部屋があると聞いたことがあるぞ。

智彦　中国で「九州」という言葉は、「禹は九州を拓き九道を通じ九澤を跛し九山を度る。帝、禹に玄圭を賜い成功を天下に告ぐ、天下是において太に平治す。以後帝王の直轄地を九州という」とあり、中国の伝説の聖王・堯帝が夏王朝の始祖とされる禹に洪水を治めさせたことによるんだ。熊野帝国も中国をまねて直轄地を「九州」と呼んだのではないかな。ちなみに、「畿内」も同じように「王城の近く」の意味だね。畿内と呼ぶのは九州の二番煎じのような気がするね。のちの時代になると大和王朝でも中国のまねをするようになって、孝徳天皇が六四六（大化二）年の改新の詔で「東は名墾の横河より以来、南は紀伊の兄山より以来、西は赤石の櫛淵より以来、北は近江の狭狭波の合坂山より以来」とあり、畿内は、東は伊賀の名張川、南は紀ノ川中流北岸、西は明石、北は大津市までと言っているんだ。倭の五王より二〇〇年ほどあとのことだね。「駝足」だが、中国の人は九州を「九つの国」としてばかりか「国家そのもの」と考えていたようなんだ。

日夏　ちょっと待って。それは「蛇足」でしょ。

智彦　気がついた？　蛇足は余分なもののことだが駝足はダチョウの足で、飛べないダチョウにとっては大事なくてはならないものなんだ。ボクはそのつもりで使ったんだな。

日夏　あきれたわね。それでその先はどうなるの？

智彦　時代が少し下がって、宋が金に侵入されて国が分裂していたときに活躍した南宋の詩人・陸游（りくゆう）の辞世の句を紹介するよ。

死し去れば　元より知る　万事空（むな）しきを　（死ねばすべてが空しいことを知ってはいるが）
但（た）だ悲しむ　九州の同じきを見ざるを　（国が引き裂かれたままであるのが心残りだ）
王師（おうし）　北のかた　中原（ちゅうげん）を定むるの日　（いつの日か国軍が中原を奪いかえしたならば）
家　祭して乃翁（だおう）に告ぐるを　忘るること莫（なか）れ　（祭りをしてこの爺に必ず報告しておくれ）

九州ははっきりと「国のこと」になっているよ。

次は「海北を平ぐること九十五国」について。武の上表文の「九十五」の数字が正確かどうかはわからないが、朝鮮半島の多くの国々を侵略してまわったことは否定できないよ。広開土王碑文には、倭の侵攻が三九一年、三九九年、四〇〇年、四〇四年にあったと書かれていたよ。『三国史記』新羅本紀にも三四六年から五〇〇年の間に十七回もの倭人侵攻が記されているよ。その痕跡が朝鮮半島に残された前方後円墳なんだ。韓国南西部の栄山江（ヨンサンガン）流域には十数基の前方後円墳が確認されているんだ。五世紀後半から六世紀中頃の造成で、壁石の組み方が江田船山古墳（えだふなやま）（熊本県玉名郡和水町（たまなぐんなごみまち））に似ているとされているよ。また、忠清南道（ちゅうせいなんどう）の丹芝里（タンジリ）遺跡の横穴墓群（五世紀）も、九州に多く見られる様式と同じとされているんだ。ちょうど珍、済、興、武が「安東将軍、鎮東大将軍」に任命された頃と重なっているよ。

翔　朝鮮半島の前方後円墳や横穴墓群を日本から伝わったものとみているんだな。

智彦　次は「東を征すること五十五国」について。帝国は関東方面まで侵出していたんだ。「東」は北陸・中部・関東地方のことで、装飾古墳がその名残りだよ。帝国が衰退をはじめた頃につくられたのが同心円文や三角文を特徴とする装飾古墳で、そのほとんどが筑後川以南に集中しているよ。そして、なぜか遠く離れた関東（茨城県中心）にも残されているんだ。なぜこのような分布になるのか。それは、茨城までも帝国が支配していたと考えてはじめて理解できるんだ。学術的には高松塚のような壁画古墳の方に価値があるのかもしれないが、装飾古墳は何か違うんだよ。頭ではなく、見る者の心に共鳴してくるんだ。直接、血に訴えてくるように感じるのはボクだけではないと思うよ。
それに装飾古墳に限らず帝国内のさまざまな形式の古墳が全国の古墳のモデルになったと思っているよ。帝国が隆盛のときはもちろん、滅んだあとも各地に残った帝国派の有力者がその形を石室に取り入れたと考えたんだ。

翔　石室内までは大和王朝の目が届かないと考えたのかな。

智彦　そこまではわからないが、全国いたるところの古墳に帝国の足跡が残されているような気がしてならないんだ。具体的に例を挙げるよ。まず、石室の形から。竪穴式石室から横穴式石室へと変えた、つまり朝鮮半島の形式をいち早く取り入れたのは帝国なんだ。横穴式石室は九州から全国に広まったことがわかっていて、横穴式ながら石を持送り状にしてドーム形にしたり、石屋形といわれるものにしたり、複室構造にしたり、側（壁）面に胴張りと呼ばれる膨らみを持たせたり、石室内を赤で塗りこめたり（赤彩古墳）と、地域によって違いはあるものの、すべて帝国が関わっていると思うんだ。九州各地にみられる横穴墓や九州南部に多い地下式横穴墓もそうだと考えているよ。

次に石棺について。石を刳り抜いてつくった舟形石棺は、讃岐の割竹形石棺を起源とする説が有力視されているものの、帝国がはじまりと思うんだ。その後の横口式家形石棺も長持形石棺も帝国発祥だよ。長持形石棺は畿内のものとされているが、福岡県うきは市の月岡古墳や佐賀県唐津市の谷口古墳など九州にもあるんだ。副葬品についても、武具の冑や短甲、挂甲などが副葬された古墳は帝国色が強いように思う。石見型石製品と呼ばれるものや蛇行剣は祭祀に使われるもので、やはり帝国に関わりがあると考えているよ。金銅製の冠や耳飾りなど朝鮮半島からもたらされたものは、帝国の半島侵出によるもので、埴輪も帝国が起源だよ。垂仁天皇のとき野見宿禰が出雲の土部を呼んでつくったとあったものね。

翔　そのように何でも熊野帝国に結びつけちゃっていいのかい？

智彦　いいんだよ。今までは何か発見されるたびに、大和王朝と深い関わりがあっただの、大和王朝の支配がこのあたりまで及んでいただのと、確かな証拠がなくてもすべて大和に結びつけられてきたんだもの。これを熊野帝国との関わりがあったや、熊野帝国の支配が及んでいたに言い換えてもバチはあたらないよ。

翔　そうなのか。

智彦　そうだよ。近畿以外で発見されたものは何であっても当然の如く大和王朝の支配に結びつけられて、畿内で発見されたものはことごとく邪馬台国に結びつけられてきたんだから。

騎馬軍団と石人石馬

智彦　帝国に関係するものはまだあるよ。馬具の副葬にも注目したいね。馬具は単なる飾りではなくて実際に馬を駆って日本国中を征服してまわった足跡なんだ。中には古墳のそばに馬を葬ったものもあるくらいだよ。馬具が副葬されている古墳は日本各地にたくさんあるが、その馬具は全国的に似ているんだ。時間をかけて伝わったのではなくて、騎馬軍団によって一気に広まったみたいだよ。

日夏　それって「騎馬民族征服王朝説」に似ているわね。この説は五十年くらいまえに東洋史学者の江上波夫さんが唱えたもので、四世紀後半に東北ユーラシアの騎馬民族が南朝鮮から日本列島へ入り、大和王朝を支配または合併して大和朝廷となったというものよ。現在では挫折していると言ってもいい説ね。智彦は騎馬民族が日本に侵入したのではなくて、帝国が騎馬によって日本を統一し、さらに朝鮮半島まで侵出したと言うのね。智彦説を正解とすれば、江上さんは騎馬に注目したところまでは良かったのに、その侵攻方向を逆にとってしまったことになるわ。

智彦　『万葉集』では「肥人」は「こまひと」と読むんだ。肥人は古語辞典で「上代、南九州に住んでいた人」となっているよ。また、田氏肥人（でんしのうまひと）という人物もいたらしいよ。馬をたくみに使う肥後の人を「こまひと」「うまひと」と呼んだのではないかな。

翔　帝国では早くから馬を使っていたんだ。馬がたくさんいたから熊本で馬肉を食べるようになったのか。

日夏　そうきたか。翔は食べ物のことは逃さないわね。

智彦　馬肉は、加藤清正公が朝鮮出兵のときもたらした食習慣というのが通説だよ。

日夏　わたしは翔の勘の方を採るわ。だって、六七五（天武三）年に天武（てんむ）天皇が肉食禁止令を出しているもの。

「牛馬犬猿鶏の肉を食うことまな（なかれ）」とね。当時すでに馬を食べる習慣があったということよ。

翔　食べる話はこれくらいにして、馬を葬った例は多いのかい？

智彦　たくさんあるよ。九州では熊本県や宮崎県、それに福岡県の小郡市付近で多く確認されているよ。大阪府四條畷市の蔀屋北遺跡の五世紀の土坑からも馬の全身骨が発見されているし、長野県飯田市では五世紀の古墳周辺から三十もの埋葬例が報告されているんだ。飯田市には馬背塚古墳もあって、いかにも馬と関係が深そうだよ。それに馬の字がなくても青墓や青塚地名は馬を葬ったことによると思うんだ。岐阜県大垣市の『大垣市史』では、古代から中世の東山道の宿駅だった青墓宿を「大墓から変化して青墓になった、青は美称か」と疑問符つきながら由来を説明しているよ。だが「青」とは馬のことで、古代人は毛色から馬を「あお」と呼んだんだ。現在の青墓町には粉糠山古墳、昼飯町には昼飯大塚古墳などたくさんの古墳があって、その中には死者とともに馬を埋葬したものもあるかもしれないよ。

翔　青塚地名は全国各地にあるな。愛知県津島市や西春日井郡豊山町、犬山市には青塚古墳史跡公園もあるぞ。あと石川県河北郡内灘町、山形県飽海郡遊佐町、宮城県大崎市、茨城県鹿嶋市にも。当地の人は馬の埋葬からついた地名だとは夢にも思っていないだろうな。

智彦　話を副葬品に戻して、石人石馬がある古墳も帝国に関係しているよ。福岡県の八女古墳群が主で、あとは熊本県に九カ所、離れたところにあるものとして大分県臼杵市の臼塚古墳と下山古墳の石人が知られているよ。でも、なぜ臼杵市に石人が出現したのか謎なんだ。臼杵市の両古墳は五世紀前半から中頃のもので、この頃は帝国がもっとも強大なときだから、帝国から直接支配者が着任したのかもしれないね。下山古墳の石棺は阿蘇溶結凝灰岩製なんだ。帝国が臼杵に力を入れたのは大分大倭を押さえるためだろうね。大分大倭は帝国に従ってはいるが、成務天皇以降滅びることなく続いている一大勢力だからね。

日夏　それに日神を祭る佐賀関（さがのせき）に近いこともあるのではないかしら。

智彦　そうだね。臼杵を守る兵士たちは九州南部から連れてこられたと思う。臼杵の地名は宮崎県の延岡（のべおか）市周辺の臼杵から採って、このときつけられたんだ。遠浅の海岸で干潮時には山、満潮時には島となるような海岸地形を指していると考えているよ。それから、あまり知られてはいないが、延岡市大貫（おおぬき）町の南方（みなみかた）古墳群にも石人が一体残っているんだ。これらのことから延岡市付近の兵士が派遣されたと考えたんだ。

それに、臼杵市には数カ所の地下式横穴があってね。臼杵市教育委員会は横穴の遺物の年代に基づいて、十五世紀から十六世紀のものと推測しているよ。だが、形がとても似ていることから横穴は宮崎県南部から鹿児島県にかけてみられる古墳時代の地下式横穴墓と同じものかもしれないんだ。そうであれば、鹿児島の兵士もいたことになるね。あと、鳥取県米子（よなご）市の石馬谷（いしうまだに）古墳にも石馬があるが、ほとんど無視されているよ。

日夏　古墳群がある延岡市の南方は諏訪（すわ）神社の建御名方神（たけみなかたのかみ）に関係があるのではないかしら。どうも九州南部では、諏訪神社と言わずに、南方神社の名で建御名方神を祭っているようなの。南方神社は鹿児島県や宮崎県にたくさんあるわ。今の延岡市にはないけれど、南方の地名が残っていることが、かつて建御名方神を祭る神社があったことを示しているわ。

智彦　臼杵の下山古墳が位置するところも諏訪だよ。古墳の北東が諏訪山で、山のふもとに諏訪神社もあるんだ。延岡と臼杵はやはり帝国でつながりがあるんだよ。

次は八女古墳群について。八女古墳群は、太宰府市や筑紫野市周辺の古墳が南へと広まったと考えられているけど、そうではないんだ。八女に古墳群を残したのは帝国で、古墳も熊本から北へと広まっていったんだ。八女古墳群をつくったのが邪馬台国の後身の国と考えるから間違えるんだ。熊本から八女に伝わった古墳は、石人山古墳がつくられたあと東に伝播しているね。
約三百の古墳がある八女古墳群の中でひと際大きいのが石人山古墳（全長一一〇メートルの前方後円墳）と岩戸山古墳（全長一三五メートルの前方後円墳）で、大王の墓である可能性が高いよ。石人山古墳は五世紀前半から中頃のものとされていて、岩戸山古墳はその東三キロにあって六世紀前半、筑紫君磐井の墓とされているんだ。年代から石人山古墳は磐井の祖父あたりの墓だよ。これを倭の五王にあてられないか考えてみたんだ。磐井の父が武、伯父が興、祖父が済とすれば、石人山古墳は済が被葬者と考えられ、年代に矛盾はないよ。それから両古墳の間で、岩戸山古墳の西一キロに神奈無田古墳という大きな古墳があったんだ。残念ながら消滅してしまったんだが、これを武の墓とみたいね。

日夏　倭の五王に『日本書紀』の登場人物をあてはめられないかしら。もちろん天皇ではない人物でよ。

翔　あてがないことはないが、時代が合っているかは保障しないよ。
まず、四二〇年代に宋に遣使した讃は応神天皇と仁徳天皇のときに百済に遣わされた紀角宿禰ではどうかな。次に、珍は応神天皇のときに新羅を討って弓月の国の民を連れて帰った的戸田宿禰。済には、雄略天皇のときの紀小弓宿禰をあてたいな。何せ一番活躍したようで、その死にあたっては次の文が添えられていたよ。「大将軍、紀小弓宿禰、龍のごとく驤り虎のごとく視てあまねく八維を眺る、逆節を掩い討ちて四海を折衝く、然して則ち身万里に労きて命三韓に墜ぬ（下略）」、上表文の「自ら甲冑をまとい、山川を駆け抜け、東を五十五国、西を六十六国、海北を九十五国征服した」済にピッタリだよ。興は、紀小弓宿禰の子の小鹿火宿禰かな。小鹿火宿禰は弟の紀大磐宿禰の行動が気に入らず、角国に引っ込んでしまうんだ。角国を『日本書紀』の注では周防（山口県）としているが、周防に帝国の拠点があったとは思えないんだ。

智彦　帝国の古墳が北上してくる過程を考えると、石人山古墳の一つ前が、みやま市高田町の石神山古墳で、その被葬者を讃（紀角宿禰）とみるよ。古墳の舟形石棺は阿蘇溶結凝灰岩製だし、武装石人も配置されていて石人山古墳に似ているよ。「つの」地名は見あたらないが、みやま市が角国だったのかも。その前が福岡県大牟田市岬の黒崎観世音塚古墳で、被葬者は五王の前の沙至比跪、『日本書紀』に言う葛城襲津彦と思うよ。黒崎観世音塚古墳の墳頂部の割石は熊本市の金峰山産出のもので、やはり帝国との関連を示しているよ。珍（的戸田宿禰）の墓はこのルート上ではなく、うきは市の月岡古墳とみているよ。

日夏　わたしは角国を宮崎県児湯郡都農町としたいわ。日向国一宮の都農神社は素戔嗚尊の子孫の大己貴命を祭神としているし、近くに熊野神社もあるから帝国に関わりがあると思うの。

翔　古墳造成の流れから考えて紀角宿禰はみやま市の石神山古墳でいいのではないか。小鹿火宿禰の角国の方を都農町としたらどうだろう。そして、その墓所だが、智彦が注目していた西都原古墳群の鬼の窟古墳ではどう？　少し年代が合わないかもしれないが。あと、倭の五王最後の武は紀大磐宿禰のことになるね。

日夏　三人に「紀」の字がついているわね。それに大磐の子だから磐井というのもありそうだわ。

翔　一つ質問。宮崎県の古墳のことなんだが、前に川南古墳群のあとの持田古墳群、西都原古墳群のあとの茶臼原古墳群・新田原古墳群、生目古墳群のあとの本庄古墳群・下北方古墳群は熊襲がつくったと言っていたよな。智彦の「何でも帝国発祥説」に見合っているのかい？

智彦　うん。石室の形式から言うと、横穴式石室となっているものがあるんだ。中には天井がドーム形のものもあるし、横穴墓や地下式横穴墓もあるよ。棺も舟形の木棺や石棺がいくつか確認されているし、副葬品では、熊本県宇城市の国越古墳の鏡と同笵のものや、和水町の江田船山古墳の鏡と同型のものが出土していて、熊本方面とのつながりが想像されるよ。環頭大刀や甲冑や短甲、蛇行剣、各種馬具もそろっているし、埴輪も人物、動物、道具、家形と豊富だよ。

日夏　今日は長くなったのでここまでにしましょう。来週も続けて智彦からね。

熊野帝国探証Ⅱ

▽二月一日　日本古代史研究会　第十四回

稲荷山の金錯銘鉄剣

智彦　埼玉県行田市埼玉古墳群にある稲荷山古墳で発見された金錯銘鉄剣も熊野帝国に深く関係しているとみているんだ。金象嵌で一一五の文字が刻まれていてね。「辛亥年……獲加多支鹵大王寺在斯鬼宮時（下略）」一般に「四七一年、雄略天皇が斯鬼宮におわしますとき」と訳されていて、雄略天皇の別名・幼武から「獲加多支鹵」を「わかたける」と読ませているんだ。仮に年代修正しなければ、雄略天皇の在位は四五六年から四七九年でちょうど時期が合うわけだよ。

この鉄剣と似た文字を持つのが和水町の江田船山古墳から出土した大刀で、銀象嵌で七十五の文字が刻まれているよ。「治天下獲□□□鹵大王世（下略）」、稲荷山古墳の鉄剣が発見されるまでは「鹵」を「歯」と捉えて反正天皇（多遅比瑞歯別尊）のことと考えられていたが、発見後は「獲□□□鹵」も「獲加多支鹵」とされて、雄略天皇のことになってしまったんだ。

では、「獲加多支鹵」をどう読むか。「加」を「か」、「多」を「た」と読むことについては異論はないよ。でも「獲」を「わ」、「支」を「け」、「鹵」を「る」とするについては首をかしげざるを得ないね。古田武彦さんは「獲」は名前の一部ではないとして「獲る」と読み、「加多支鹵」を「かたしろ」と読んでいるよ。ボクもそのとおりだと思うんだ。

翔　そのようなヘンな名の大王が本当にいたのか？

智彦　その疑問は当然だね。では、大王の名を地方の王が直接言ったり書いたりすることができたかどうか考えてみて。答えは否だよ。『日本書紀』に天皇の名前が出てくるのは、それをつくったのが大和王朝側であり、かつ、過去のものであったからなんだ。地方の王にできることではないよ。それも鉄剣に刻めば非礼の証拠を自ら永遠に残すようなものだよ。だからここは、大王の呼び名を地名、あるいはそのほかの特徴のある普通名詞で刻み込んだと考えるべきなんだ。「かたしろ」を漢字にすれば「形代」で、意味は人形だから普通名詞だよ。鉄剣がつくられたとき「形代大王」と呼ばれる大王がいたんだ。そう呼ばれるのにふさわしい王は八女の「石人山古墳」に眠っている王＝紀小弓宿禰を置いてほかにないよ。古墳の名のもととなった武装石人が古墳を守っているものね。それに古来、石人山古墳一帯は人形原（ひとかたばる）と呼ばれ、現在の地名も人形原（にんぎょうばる）だよ。武は上表文で父祖を「祖禰」としていたね。「禰」が父廟を意味していることは前にも言ったが「形代」の意味もあるんだ。すると武は済を「祖禰」と書くことで「形代と呼ばれていた父祖」と表現したことになるよ。済と石人山古墳の被葬者とが形代でつながるんだ。その済は「東を征すること五十五国」だから、埼玉県まで遠征したこともあり得るんだ。

翔　埼玉県には「志木」の地名があるな。その志木に済が行宮を構えたときに鉄剣をつくったと考えてもおかしくはないわけだ。

智彦　それに熊本は帝国の発祥地だから、江田船山古墳に済の呼び名の「形代」銘が入った大刀が残されていても不思議ではないよ。江田船山古墳にも石人があることをつけ加えておくよ。

鉄剣の話に戻るよ。刻まれた辛亥年は四七一年が有力視されているんだ。これを修正すれば五〇三年だね。候補は、①四一三（二九一）年、②四四三（三五一）年、③四七三（四一一）年、④五〇三（四七一）年、⑤五三三（五三一）年の五回の辛亥年だよ。稲荷山古墳は五世紀前半とみられているので、①の四一三年と②の四四三年が近いようだね。特に②の四四三年は済が宋に遣使して「安東将軍、倭国王」に任じられた年だよ。まさに済のときなんだ。鉄剣の辛亥年はこの四四三年とボクは考えているよ。それに、雄略天皇の修正後の在位年は四九六年から五〇七年だから④には合致するものの、古墳の造成よりずっとあとの時代になってしまうんだ。

鉄剣がつくられたと思われる五世紀中頃における「獲」の字の使い方について、同時代の資料ではないが、『日本書紀』の例から推測してみたよ。

①乃獲細鱗魚（神功摂政前紀）　乃（すなわ）ち細鱗魚（あゆ）を獲（え）つ
②冀獲白鳥（仲哀元年）　冀（ねが）わくは白鳥を獲（え）て
③獲于掖上室山（履中三年）　掖上室山に獲（え）て
④獲斬朝日郎矣（雄略十八年）　朝日郎（あさけのいらつこ）を獲（と）え斬りつ
⑤獲覩日色（清寧即位前紀）　日の色（ひかり）を観ること獲（え）たり

「獲」はどれも動詞として使われていて人名に使われたものはないよ。また、いずれも目的物の前に置かれているから、古田武彦さんの言うとおり「獲加多支鹵大王寺在斯鬼宮時」は「かたしろ大王寺、斯鬼宮にある時を獲て」と読むべきで「わかたける大王」は誤読だよ。

翔　智彦の説に反対はしないが、質問を一つ。「寺」というのは何だ？　四四三年ではまだ仏教が伝わっていないだろ。この時期に寺が出てきてはおかしいよ。

智彦　仏教伝来後、寺は寺院のことになってしまったが、それ以前から「寺」の字はあったんだ。もとの意味は「政を執る場所」のことで、政所や朝廷と捉えたらいいんだ。すると「かたしろ大王の政所が斯鬼宮にあった時を獲て」と読むことになるね。結論として、埼玉と熊本の刀剣に刻まれた大王は帝国の大王を指していて、その大王は石人山古墳に眠る済と考えられるとまとめておくよ。以上が、ボクが挙げる熊野帝国存在の間接的証拠だよ。

日夏　わたしも質問。「獲」を動詞とみることに反対はしないわ。でもそうすると、鉄剣の「其児名乎獲居臣」だけはおかしくなるわ。どうみても名前のようだもの。ここはためしに銘文を全部読んでみたらどうなの。

智彦　そうだね。「辛亥年七月中記乎獲居臣」は、一般に「辛亥の年（修正前の四七一年）七月中にオワケのオミが記す」と訳されているよ。ボクは「辛亥の年（修正後の四四三年）七月にあたり、居の臣を獲るにより記す」と読んだんだ。

日夏　「乎」を発音なしの「何々により」としたのか。いわゆる置き字ね。漢文訓読の基礎だわ。

翔　その「居の臣」というのは何だ？

智彦　大王が先祖を祭るときにその霊の代わりとなって祭られる役、つまり形代のことだよ。「尸の字はかたしろ、居はかたしろが椅子に座ってじっとしている姿」と白川静さんは言っているよ。だから「居の臣」の地位を獲ることは帝国の先祖祭りの主役になることなんだ。

日夏　次の「上祖名意富比垝」は「かみつおや、名はオオヒコ」と読まれているよ。ボクもそれでいいと思うよ。オオヒコは多氏の可能性があるわね。先に鹿島神宮あたりに入っていた者が埼玉県まで広がっていて、帝

智彦　国侵出のあとは帝国に従う立場になっていたのかも。
「其児多利足尼」は「その子、タカリのスクネ」と読まれていて、「スクネ」は宿禰だろうね。次は「其児名弖已加利獲居」で「その子の名はテヨカリワケ」と読まれているよ。ボクは「テヨカリ」の読みにはこだわらないが、「獲居」は「居を獲」と読んでもいいかなと思っているんだ。どうしても名前としてしまうなら「テヨカリカクコ」と読みたいね。ただ、語呂が良くないよね。

日夏　オオヒコのときから帝国に従っていたかどうかはわからないわね。「獲居」がつくことから、テヨカリのときには関東における帝国の重要な地位に任じられていたと想像されるわね。

智彦　次は「其児名多加披次獲居」で「その子の名はタカヒシワケ」と読まれているよ。

次が「其児名多沙鬼獲居」で「その子の名はタサキワケ」。

次が「其児名半弖比」で「その子の名はハテヒ」。

次が「其児名加差披余」で「その子の名はカサヒヨ」。

次が問題の「其児名乎獲居臣」で「その子の名はオワケのオミ」と読まれているよ。ここばかりは「居の臣を獲るにより」と読むわけにはいかないよね。苦し紛れだけど「カクコのオミ」としておくよ。

次は「世々為杖刀人首奉事来至今」で「世々（よよ）、杖刀人（じょうとうじん）の首（かしら）となり奉事し来たり今に至る」と読まれているが、「首」は「おびと」とする方が合っているかな。

次が「獲加多支鹵大王寺在斯鬼宮時吾左治天下令作此百練利刀」で「ワカタケル大王の寺、シキの宮に在る時、吾、天下を左治し、この百練の利刀を作らせ」とされているよ。ボクは「かたしろ大王の政所がシキの宮にあった時、吾、治天下を左くるを獲るにより、この百練の利刀を作らせ」と読んでみたよ。

最後が「記吾奉事根源也」で「吾が奉事の根源を記すなり」と読まれていることに異論はないよ。

熊野帝国の神々

日夏　次はわたしの番ね。わたしは神社から熊野帝国の存在を考えてみたの。まず、帝国の大王を祭っているのが高良大社とにらんだわ。祭神の高良玉垂命の正体ははっきりしておらず、武内宿禰説が有力だけれど、わたしは筑紫君磐井とみたの。磐井は帝国最後の大王で、磐井の乱で殺されたあと神として祭られたの。のちに大和王朝が帝国に近い存在だった武内宿禰を表向きの祭神にしてしまったの。福岡県久留米市や八女市など、筑後川の南側に驚くほどたくさんの玉垂宮があるのは、この付近に帝国の都があったからではないかしら。それにこの地域には熊野神社も多いの。筑後市の熊野神社が紀州熊野から勧請されたあとでこの地域に広まったとされているけれど、その説明では納得がいかないくらい多いわ。やはり帝国の中心地で、大王の一族がたくさん住んでいたことによると考えた方が自然よ。熊野の地名も熊野神社もほぼ全国にあるのは、帝国の支配が全国にわたっていたからよ。前に智彦が話したように「くま」は、帝国の支配地だったことからついた地名で、各地の熊野神社も帝国の一族を祭ったものではないかしら。熊毛や熊岡、熊谷などの地名も関わりがあるような気がするわ。

翔　臼杵の下山古墳と臼塚古墳に挟まれている場所も熊崎だな。

智彦　佐賀県立博物館で刳り抜き式の舟形石棺を見たことがあるんだ。佐賀市久保泉町の熊本山古墳から出土したものだよ。やはり、熊つながりで帝国に関わっているようだね。古墳の場所が熊本山というだけでなく、石棺も阿蘇溶結凝灰岩製だったよ。

日夏　次は熊野大社。熊野大社は熊野本宮大社、熊野速玉大社、熊野那智大社の三社からなっていて、帝国の王子の一人が早い段階で紀伊半島南部に進出してできたと思うの。本宮大社の主祭神は家津美御子神で素戔鳴尊のことといわれているの。わたしは応神天皇と武内宿禰がお参りした気比神宮の伊奢沙別命（別名、御食津大神）に名が似ているように思うの。速玉大社は速玉大神で、阿蘇神社の健磐龍命の子の速瓶玉命に似ているし、那智大社は夫須美大神で、熊野大社は熊野櫲樟日命に似ているわ。熊野大社は帝国との関係が深そうでしょ。

智彦　神社名そのものからそうだよね。

日夏　その後、帝国の主要一族がどんどん関西方面に出て行くようになり、熊野大社に続いて関西に大きな神社がたくさんできたと考えるわ。例を挙げると、和歌山県内ではまず、日前神宮、国懸神宮。和歌山には関西方面で最大の力を持った大将軍がいたのね。日前神宮、国懸神宮はこの大将軍に関わる神社で、ほかに伊太祁曽神社と丹生都比売神社を挙げておくわ。伊太祁曽神社の祭神・五十猛命は素戔鳴尊の子よ。丹生都比売神社の丹生都比売大神は天照大神の妹の稚日女尊とされているから、一見、天照大神系の神のようでもあるの。でも、稚日女尊は天照大神自身であり、素戔鳴尊と結ばれることによって素戔鳴派に変わったとみるべきなのよね。それに、丹生都比売大神の子の丹生高野御子神は高野明神とも呼ばれるように高野山の神で、「高野」は「高良」に通じているような気がしてならないわ。

智彦　そうかもしれないね。朝鮮半島南部の「加耶」と「加羅」も同じとみられているものね。

日夏　大阪湾沿いに北上すると次が住吉大社ね。住吉三神はよく神功皇后と一緒に出てくる神で、住吉大神の名で高良大社にも祭られているから素戔鳴系に近いのよ。次の西宮神社は西宮大神（蛭児大神）が祭神よ。蛭児命は国産み神話に出てくるけれど、事代主神と同一神とも見られているわ。次は滋賀県と京都府。まず日吉大社と松尾大社の二つを挙げるわ。どちらも素戔鳴尊の孫神の大山咋神が祭られているの。伏見稲荷大社は素戔鳴尊の子の宇迦之御魂大神で、八坂神社は素戔鳴尊自身が神ね。それから賀茂別雷神社

（上賀茂）は賀茂別雷大神、賀茂御祖神社（下鴨）は玉依媛命が祭られているから、素戔嗚系ではないようにみえるの。でも「かも」がつくと素戔嗚系の匂いがするのよ。素戔嗚尊の子・味耜高彦根神の別名は迦毛大御神だし、事代主神や恵比寿神が祭られているところには鴨や加茂などの地名が多いんだもの。それに松尾大社から夏至の日の出方向に賀茂御祖神社があって、さらにその先が日吉大社だから深い関係があるに違いないわ。

大将軍八神社は陰陽道の八将軍を祭っているとされているから、帝国とは関係なさそうだけど、その祭神は素戔嗚尊や熊野橡樟日命だからやはり帝国の八将軍を祭ったものなのよ。愛宕神社も怪しいのよね。帝国には関係しない稚産日命を祭っているものの、愛宕山の朝日峰に鎮座していることから日神を祭っているようで、ほかにも多賀神社や白鬚神社、貴船神社などが気になるけれど、はっきりしたことはわからないのでここまでとしておくわ。こうしてみると奈良大和のまわりは帝国勢力でいっぱいね。大和王朝は成立当初からその場所を指定され、しっかり取り囲まれ見張られていたんだわ。

智彦　大和王朝からみればまさに「四面襲歌」だね。

日夏　それは「四面楚歌」。まあ熊襲の神々に囲まれていたのだから間違いではないけれど。大和を取り囲んだ神社以外では兵庫県宍粟市の伊和神社、島根県松江市の熊野大社、福井県敦賀市の気比神宮、石川県羽咋市の気多大社、長野県諏訪市の諏訪大社、愛知県津島市の津島神社、静岡県三島市の三嶋大社、埼玉県大宮市の氷川神社などが帝国に関わっていると思うわ。あと、各地にある浅間神社も、もとは音読みの「センゲン」ではなく「あさま」と読んで、日神信仰に関係があるような気がするの。字が違っていても伊勢神宮（内宮）の東に位置する朝熊山も関係ありそうだわ。朝熊神社は「あさくま」と読むけれど、祭神は素戔嗚尊の子の大歳神よ。それに浅間神社は富士山の周辺だけでなく、伊勢、志摩にもたくさんあるの。

以上、帝国に関わると思われる代表的な神社を並べてみたわ。

翔　出雲大社も素戔嗚系だろ。代表の中に入れなくていいのかい？

日夏　出雲大社は、帝国の時代よりあとで創建されたとみているからはずしたの。
智彦に質問。帝国の支配が全国に及んで、帝国にちなむ神社が各地に残っているのだから、帝国に関わる古墳が同じように残っていても悪くはないでしょ。古墳名はその形状や出土物からつけられたものが多いとしても、帝国の王や将軍を指しているものもあるのではないの？

智彦　形状からつけられたのは丸山、茶臼山、釜塚、車塚、銚子（ちょうし）塚、ひょうたん山、蓬莱（ほうらい）山などの古墳だね。出土物などからつけられたのは甲塚（かぶとづか）、剣塚（つるぎづか）、石人山、石櫃山（いしびつやま）、舟塚（舟形石棺から）などだよ。支配者を指すものとしては、抽象的ではあるが天神山、将軍塚、王塚、鬼塚などが考えられるかな。帝国に関係していると思われるのは、稲荷山、蛭子山、祇園山、諏訪山、愛宕山、浅間山、将軍塚などの古墳だろうね。狐塚は稲荷山と同じと考えていいと思うよ。銘鉄剣が出た稲荷山古墳の近くには将軍山古墳や愛宕山古墳、浅間塚古墳もあるから、埼玉古墳群は帝国にちなむ名の古墳がそろっていることになるね。

日夏　神社とセットで参考にできそうね。次は翔の番よ。

長者伝説

翔　オレも帝国の足跡を追ってみたよ。帝国は自らを黄金の国と呼ぶくらいだから、金を生産していたと考えたんだ。金の生産には水銀が必要だと思われるので、水銀の産地にも注意したよ。水銀は丹生都比売神社とも関わっているよ。また、武器を製造していたことから農具（鉄器）も生産していたと思ったんだ。鉄製の農具があれば農業生産性も高くなって、国は飛躍的に繁栄しただろうな。そこまで考えたところで長者伝説に行きあたったよ。長者伝説は炭焼きの若者の家の裏山や近くの川に金がゴロゴロあって、妻となったお姫様から金に価値があることを教えられて長者になるというあらすじなんだ。この伝説では、炭を焼くことや採金だけでなく、製鉄も同時に連想されるよ。また、朝日長者などの伝説では、沈もうとする夕日を呼び戻したり、餅を弓の的にしたために没落したりしてしまうんだ。これらの伝説が帝国の日神信仰と繁栄と滅亡を暗示しているとみたんだ。

日夏　その結果はどうだったの？

翔　それがよく説明ができそうにないんだ。オレ自身としては「日招き」や「餅的」「財宝隠し」などの話は帝国に関わると確信しているんだが。

智彦　関係がありそうな長者伝説にはどんなものがあるの？

翔　まず帝国発祥の地、熊本県から。熊本市子飼（こかい）に「蜑長者（あまの）伝説」、山鹿（やまが）市菊鹿（きくか）町地域に「米原（よなばる）長者伝説」があるよ。物語中で蜑長者のところから鞠智（きくち）城まで車路でつながっていたというから、この二人の長者は親密な関係にあったんだ。オレは『魏志』倭人伝に出てきた狗奴国王卑弥弓呼（ひみくこ）とその官・狗古智卑狗（くくちひこ）を思い浮かべたよ。
米原長者伝説では、炭焼小三郎が黄金で栄え、金扇で日招きをして火災に遭い没落したとなっているよ。玉名市の「疋野長者伝説」は炭焼小五郎が主人公で、関係すると思われる疋野（ひきの）神社の祭神は波比岐神（はいきのかみ）となっていたな。ここで栄えた日置（ひおき）氏は製鉄をしていたようで、近くにタタラ跡もあるとのことだよ。

日夏　波比岐神の父親が大歳神だから素戔嗚系の神だわ。

翔　次は大分県で、玖珠郡九重（ここのえ）町田野（たの）の「朝日長者伝説」では日招きと餅的、財宝隠し、没落が伝わっているね。大きな田があったという千町無田には「年ノ神」と「朝日台」の地名があるよ。

日夏　年ノ神は大歳神のことだから、やはり素戔嗚系よ。

翔　大分県では「真名野長者伝説」も知られているよ。炭焼と金が中心で、没落の話はなく、娘の般若姫の話へと続いているんだ。場所は豊後大野市三重町内山と臼杵市深田にまたがっていて、三重町では山王宮と蓮城寺、臼杵では山王宮と満月寺が関係しているね。

日夏　山王宮は日吉神社の通称で、その祭神は大山咋神といって大歳神の子よ。ここまでの長者伝説では、関わりがある神社の神がすべて素戔嗚尊の子孫神だわ。しっかりと帝国につながっているではないの。

翔　そうなんだが、うまく系統立てて説明しにくいんだよ。
次は福岡県で、太宰府市に「虎丸長者伝説」があって、通古賀の田中長者と長者ぶりを競って負けたと伝わっているよ。うきは市浮羽町には「尼の長者伝説」と「天の長者伝説」があるが、この二つは同じものだね。尼の長者は肥前の長者と「おごりくらべ」をしたとなっているよ。浮羽には古賀の地名もあるから、虎丸長者伝説の田中長者は、尼の長者のことかもな。「あま」の字は「天」が正解で、帝国の王族を意味していて、熊本の蟹長者に近い一族と思うよ。あと行橋市に「福原長者遺跡」があるが、伝説そのものについてはわからなかったよ。
ここから本州に入るよ。日招き伝説は、なぜか日本海側に多いんだ。それで海に沿ってみていくと、島根県益田市蟠龍湖に伝わる「斎藤長者伝説」が扇で日招きする話になっていたな。安来市は「長田兵部朝日長者伝説」で、関係すると思われるのが金屋子神社だよ。金屋子神は中国地方でタタラがあったところには必ず祭られているらしいんだ。

日夏　金屋子神は中国地方を中心に九州、四国、関東、東北で祭られている神で、安来市の金屋子神社が本社よ。

翔　鳥取県では鳥取市の「湖山(こやま)長者（赤坂長者）伝説」も金扇で日招きするよ。京都府京丹後(きょうたんご)市久美浜(くみはま)町の「朝日長者」は、伝説の内容はわからなかったが、旭という地名が残っていて、神社も旭神社だった。祭神は宇賀之御霊命となっていたな。石川県金沢市の「山科(やましな)長者伝説」は、芋掘り藤五郎(とうごろう)と黄金の話で、新潟県佐渡島の「犬神長者伝説」は軍扇で日招きする話になっていたよ。地名に長者ヶ原、真野(まの)湾があるよ。

日夏　真野の地名は大分の真名野長者の真名野に近いな。帝国の支配は佐渡の金山にまで及んでいたようだよ。

智彦　佐渡の金山は江戸時代初期に開山されたとなっているけど、もっと古くからあったのかもしれないわね。

翔　そうだね。平安時代に書かれた『今昔物語』にも佐渡の黄金の話が出ていたよ。
新潟県には「日の出長者伝説」もあるし、関連の有無はわからないが長岡(ながおか)市に朝日百塚(あさひひゃくづか)もあるよ。秋田県では秋田市に伝わる朝日長者と夕日長者が対立したという伝説に旭山が出ていたよ。
ここからは瀬戸内から太平洋側に入るよ。広島県福山(ふくやま)市赤坂(あかさか)町に長者ヶ原の地名があるんだ。かつて銅を産出していたらしいよ。香川県坂出(さかいで)市は「城山長者伝説」で、城山には古墳や神籠石もあるとのことだよ。兵庫県加西(かさい)市北条(ほうじょう)町の「朝日長者伝説」では日招きと没落の話が伝わっていて、愛知県三河市の「米福(よなふく)長者伝説」では、鉄と酒をつくって栄えたとのこと。神奈川県足柄下郡箱根町には「福原長者伝説」。埼玉県川越(かわごえ)市の「木野目(きのめ)長者伝説」は、時代が新しいようだが福原地名があるよ。福島県郡山(こおりやま)市は「虎丸長者伝説」が伝わっていて、同市の富久山(ふくやま)町地区に福原の地名があるね。どうも「ふくやま」や「ふくはら」も長者伝説に関係が深そうだよ。鳥取や広島の赤坂地名もそうだし、筑紫野市の「虎丸長者」と郡山市の「虎丸長者」も名が同じだね。

日夏　長者の名に「米」や「福」がつくのは、祭る神が大歳神や宇賀之御霊で稲作に関わる神だからなのね。

翔　広島県から東側の伝説については関係がありそうな神社がよくわからなかったんだ。伝説がもう少し詳しくわかって場所が特定できれば、どの神社が関係しているか推定できるんだがな。

日夏　これだけでも十分成果があったと思うわ。

智彦　帝国に関わるキーワードのような長者名と神名と地名がたくさん出てきたね。翔が注目した以外に「ひき」「ひおき」はどうだろう。日置の地名も全国各地にあるよ。そのすべてが長者伝説に結びつくものではないかもしれないが、日神信仰と製鉄に関係していることは確かだよ。

日夏　帝国にまつわる地名なら「丹生」も加えたいわ。

翔　そうだよな。丹生は水銀鉱床があったところだから、場所に偏りがあるだろうな。古代の水銀産地は日本各地にあったようだが、主な場所は中央構造線に沿っていたんだ。熊本から大分、四国北部、淡路島、和歌山県、三重県のライン。あと福井県を加えておくよ。こうしてみると帝国は日神を祭るためだけに東へ東へと進出したのではなく、水銀をも求めていたことがわかるね。だって三重には伊勢神宮、和歌山には日前神宮、国懸神宮、福井には気比神宮と帝国関連の神社がそろっているものな。和歌山が水銀の主要産地だったことは丹生神社の総本社とされる丹生都比売神社があることからもわかるね。大分県大分市佐野（さの）の丹生神社の近くには丹生、丹川（あかがわ）の地名と赤迫池（あかさこのいけ）があって、ここも水銀産地だったんだ。帝国始祖の熊野櫲樟日命が熊本に移ったのも水銀を求めてのことかもしれないな。

智彦　帝国関連地名に熊野山はどうだろう。埼玉県東松山（ひがしまつやま）市や栃木県足利（あしかが）市、福島県福島市などに熊野山の名がついた古墳が何カ所かあるんだ。

翔　金のつく地名もそうだよ。もともと熊襲や狗奴国の名のもとになったものだし。日本各地にある金峯山や金峰山は、修験道が盛んになったあとで吉野の金峯山から広まったとされているが、もっと古く帝国時代からのものかも。熊本市にも金峰山があるもの。

智彦　あと「あら」もそうだと思うんだ。荒木や荒尾、新井などだよ。なぜと聞かれると困るんだが何となく意識の中に入ってくるんだよ。もう一つ、「船」のつく地名も挙げておくよ。船山や船岡などは舟形石棺にちなむものかもしれないが、それさえも帝国がもとだろ。江田船山古墳というのもあったよな。「ふね」のつく古墳は日本各地にたくさんあるよ。船塚や船玉、船宮、船木山、船戸山などで、場所はいちいち挙げないが帝国に関わりがありそうだね。

神籠石

翔　ところで、長者伝説を調べているときに地名以外で帝国に関係すると思われるものに二つ気がついたんだ。一つは神社の祭礼で「風流（ふりゅう）」と呼ばれる舞踊などのこと。

日夏　お祭りの飾りや踊り、音楽を指すこともあるようね。「浮立」の字をあてるところもあったはずよ。

翔　さすがだね。風流は筑後地方、それに山陰から北陸にかけて目立って多く、関東では日立風流物（ひたちふりゅうもの）が知られているよ。細かく見ると長者伝説の場所とは一致してないが、大まかな分布が似ているんだ。それに高良大社にも御井（みい）町風流があって、大社に近い熊野神社や須佐能袁（すさのお）神社、賀茂神社などで舞が奉納されているよ。瀬戸内や東海地方ではあまり目につかないし、大和ではあったかどうかもわからなかったよ。鹿児島県や宮崎県の棒踊りや大分県臼杵市の杖踊り、高知県や愛媛県の太刀踊りも風流の一種と思うよ。

日夏　悔しい。神社のことなのに何で気がつかなかったのかしら。

智彦　祇園祭も帝国に関わるお祭りだよね。

日夏　それはそうよ。素戔嗚尊を祭る八坂神社の祭礼なんだもの。

智彦　だよね。では「くんち」はどうなんだろう。「博多くんち」は櫛田神社の、「長崎くんち」は諏訪神社のものだから素戔嗚系とはっきりしているし、「唐津くんち」の唐津神社は住吉三神を祭っているから、やはり帝国に関わりがあるとみていいのかな。

日夏　そうかも。ああ、このことにも気がついてなかったわ。落ち込んじゃうわ。

翔　まあ、落ち込まずに落ち着いて。風流だけに、いつか風の流れも変わってくるよ。ところで「くんち」って何のことなんだ？

智彦　語源は「九日（くにち）」とされているよ。あと「宮日」「供日」説もあるが、どれもしっくりこないね。帝国の祭りなんだから「黄金の稲（くち）（穀霊）」とは考えられないかな。

日夏　稲の実りに感謝しているのね。素戔嗚系の神のお祭りにぴったりよ。

翔　立ち直りが早いな。秋の空か。なぐさめるのではなかった。ついでにもう一つ質問。「うるち米」と「もち米」の「ち」も「くんち」の「ち」に関係があるのか？

智彦　ボクはあると思うけど、そうは考えられていないようだよ。そもそも、その語源さえもまったく関係がないとされているんだ。「うるち」はサンスクリット語の「ウィリチ（米）」から、「もち」は「モチノキ」や「望月」「持ち歩く」などからと考えられているんだ。

日夏　同じお米の呼び方なのに、同じ次元で扱われていないのね。わたしたちは「うるち」「もち」の「ち」も稲（穀霊）のこととしておきましょう。あと翔が見つけた帝国に関するもう一つは何？

翔　「神籠石」のことなんだ。前に三人で高良山に登ったときに見たあの列石だよ。坂出市の「城山長者伝説」の城山にも神籠石があると知ってから、高良山の神籠石と同じ目的でつくられたものであれば、帝国に関わっているかもしれないと思って気になってきたんだ。現在、神籠石は朝鮮式山城の範疇に含められていて、七世紀後半につくられたとなっているよ。朝鮮式山城とは日本が白村江（はくすきのえ）の戦いで敗れたあと、防衛のために西日本各地につくった山城のことなんだ。『日本書紀』など記録に残っているものが鞠智城や基肄（きい）城など十二カ所あるけれど、神籠石がある高良山や城山など十六カ所は記録にないよ。歴史学では、記録になくても、鞠智城などと同時期につくられたことになっているんだ。しかし、神籠石はどう見ても防御に役立ちそうもないんだな。防御のためであれば地形に応じて石を二段、三段に積んだ場所もあるはずだよ。それで朝鮮式山城とは別の時代のもので、その目的も別にあったのではないかと考えてみたよ。すると、高良山にあるのだから「神域」を示すもののような気がしてきたんだ。であれば、帝国が盛んだった五世紀前後のものとなるな。

日夏　その十六カ所とはどこなの。高良山を除くと、あと十五カ所ね。

翔　次の表のように、朝鮮式山城と似ていて九州に多く、あとは瀬戸内に分布しているよ。発見されていないだけで、まだほかにもあるかもしれないな。

智彦　帝国が神籠石をつくったとの考えは当たりかも。前に古墳の話をしたときに、横穴式石室は帝国が最初に取り入れたと言ったよね。帝国内の部族によってはその伝わり方が違っているとしても巨石を用いた横穴式石室や同心円などの装飾、胴張形の側面、持送りでドーム型の天井、複室構造の石室、それに副葬品の馬具や金環など、どうも神籠石の近くの古墳にそろっているようなんだ。

日夏　あら。肝心の高良山の祇園山古墳は巨石古墳ではないわよ。

智彦　祇園山古墳は横穴式石室に移行する前の古墳だから巨石でなくていいんだ。高良山の西南にはかつて石櫃（いしびつ）山（やま）古墳があったんだ。五世紀末の前方後円墳で、石棺は縄掛突起（なわかけとっき）がある横口式家形石棺だよ。その西南の浦山（うらやま）古墳は五世紀後半の前方後円墳で、初期の横穴式石室で持送り、阿蘇溶結凝灰岩の横口式家形石棺には線刻装飾があって、副葬品は刀剣、勾玉、金環、甲冑片などだよ。それに高良山の北東側は巨石古墳の宝庫なんだ。下馬場古墳、前畑古墳、上諸富古墳、穴観音古墳などがあるよ。

日夏　久留米市にはたくさんの巨石古墳があるのね。知らなかったわ。

智彦　次に女山神籠石は女山そのものに長谷古墳群、スモタバ古墳群、日吉坊古墳群などがあるが、巨石古墳ではなく横穴墳だね。女山の西側の堤というところに残っているたくさんの巨石が目を引くんだが、バラバラになっているから何とも言えないよ。堤には塚原の地名があるので、かつてはたくさんの古墳があったんだろうね。女山南側の成合寺谷古墳は六世紀後半の造成で、高良山北東側の古墳に近い時期だよ。

次に雷山神籠石の近くには長嶽山古墳群があるよ。ここは初期の横穴式古墳なので巨石ではないが、しっかりとした石積みが残っているよ。少し離れて糸島市神在に釜塚古墳もあるよ。

智彦　次は杷木神籠石。近くにそれらしい古墳は見つかっていないが、うきは市浮羽町朝田に重定古墳、楠名古墳、塚花塚古墳、少し離れたうきは市吉井町に月岡古墳、日岡古墳、塚堂古墳があるよ。

■神籠石一覧

	山城名	所在地
九州	女山神籠石	福岡県みやま市瀬高町
	雷山神籠石	福岡県糸島市雷山
	杷木神籠石	福岡県朝倉市杷木
	阿志岐神籠石	福岡県筑紫野市阿志岐
	高良山神籠石	福岡県久留米市御井町
	鹿毛馬神籠石	福岡県飯塚市鹿毛馬
	御所ヶ谷神籠石	福岡県行橋市津積
	唐原神籠石	福岡県築上郡上毛町
	帯隈山神籠石	佐賀県佐賀市久保泉町
	おつぼ山神籠石	佐賀県武雄市橘町
四国	永納山城神籠石	愛媛県西条市河原津
	讃岐城山城神籠石	香川県坂出市西庄町
中国	石城山神籠石	山口県光市石城山
	鬼城山城神籠石	岡山県総社市奥坂
	大廻小廻山城籠石	岡山県岡山市草ケ部
	播磨城山城神籠石	兵庫県たつの市新宮町

日夏　次の阿志岐神籠石だが、宮地岳の西南に五郎山古墳があるよ。

智彦　五郎山古墳の近くに筑紫神社があるわね。祭神の筑紫大神は五十猛尊と言われているので素戔嗚系ね。

日夏　次の鹿毛馬神籠石には西南に川島古墳群があるよ。

智彦　御所ヶ谷神籠石は庄屋塚古墳、橘塚古墳、綾塚古墳となっているよ。
次の唐原神籠石には、神籠石のすぐ東に穴ヶ葉山古墳群、少し北には封土がなくなって巨石が露出した吉岡巨石塚古墳もあるよ。この古墳は民家の中庭にあって、まるで石庭の石と化しているんだ。ちょっと変わった趣があっておもしろいよ。

日夏　福岡県だけでもすごい数ね。

智彦　次の帯隈山神籠石の近くは古墳が多いね。前出の熊本山古墳や久保泉丸山遺跡にある古墳のほかに関行丸古墳、西隈古墳、西原古墳などもあるよ。おつぼ山神籠石には玉島古墳と潮見古墳だよ。

翔　九州に巨石古墳がたくさんあるんだな。巨石古墳といえば奈良県高市郡明日香村の石舞台古墳しか知らなかったよ。

智彦　ここから四国に入るね。永納山城神籠石の西南の天神地区に古墳が密集していて、次の讃岐城山城神籠石には城山の北東山麓に醍醐古墳群があるんだ。あとは中国地方の四件ね。
石城山神籠石の西南には国森古墳と後井古墳、近くにはさらに十数基の古墳があるようだよ。
次に鬼城山城神籠石の西南には青谷川古墳群と塔坂古墳群、次の大廻小廻山城神籠石の周辺にもたくさんの古墳があって、神籠石に関わりがありそうな古墳を特定するのがむずかしいくらいだよ。龍光寺古墳、光明谷大塚古墳、大明神古墳などがあるよ。最後の播磨城山城神籠石には北東に馬立古墳群と市野保古墳群、また少し北に宮内古墳群や天神山古墳群となっているよ。

翔　神籠石と古墳に関係があったとはな。気になったのは神籠石の「西南」に古墳が多かったことだよ。神籠石で囲った山の西南に古墳をつくることに意味があったのかな。

日夏　あったのよ。大分の「遺跡と神社と古墳」が北東と南西、北西と南東の位置で関係していたことは翔自身が気づいたことではないの。

翔　そうだった。オレは地図の上で気がついただけなんだけど、どんな意味があるんだ?

日夏　神社と山、あるいは神社と神社が西南と北東に位置するのは珍しいことではないの。聖なる山の西南を居住地としてその近くに古墳をつくれば、結果的に山の西南に位置することになるわ。神社には「夏至の日の出方向」に山がくるように建てられ、逆に山からみると神社が「冬至の日没方向」となっているものがあるの。本殿がないことで知られている奈良県桜井市の大神(おおみわ)神社は、拝殿から東北東に三輪山を拝するようになっているわ。福岡県内でも高祖(たかす)神社と高祖山、宮地嶽(みやじたけ)神社と宮地嶽、竈門(かまど)神社と宝満山(ほうまんざん)などがその位置にあって、大分県の宇奈岐日女(うなきひめ)神社と由布(ゆふ)岳もそうね。それから、日の出方向というよりピッタリ西南と北東に位置するのが香取神宮と鹿島神宮で、このことは結構知られているわ。朝倉市の美奈宜(みなぎ)神社にお参りしたことがあるの。林田と荷原(いないばる)の二つの美奈宜神社があって、両社ともに延喜式に記載された式内社であることを主張してきたわ。この二社が西南と北東の位置にあるのよ。林田から北東に荷原の神社があって、荷原からさらに北東に線をのばすと籾岳(もみだけ)に突きあたるわ。だから林田が下社、荷原が中社、籾岳山上が上社だったかもしれないの。そうであれば両社ともに式内社で間違いないわ。

翔　そうなのか。なら、神籠石をつくった人たちも方向にはこだわりをもっていたんだろうな。遠く離れた神籠石どうしも位置関係に意味があったなんてことはないのかな。

智彦　そう言われると、九州の神籠石は二つずつ東西に並んでいるような気がしてきたよ。

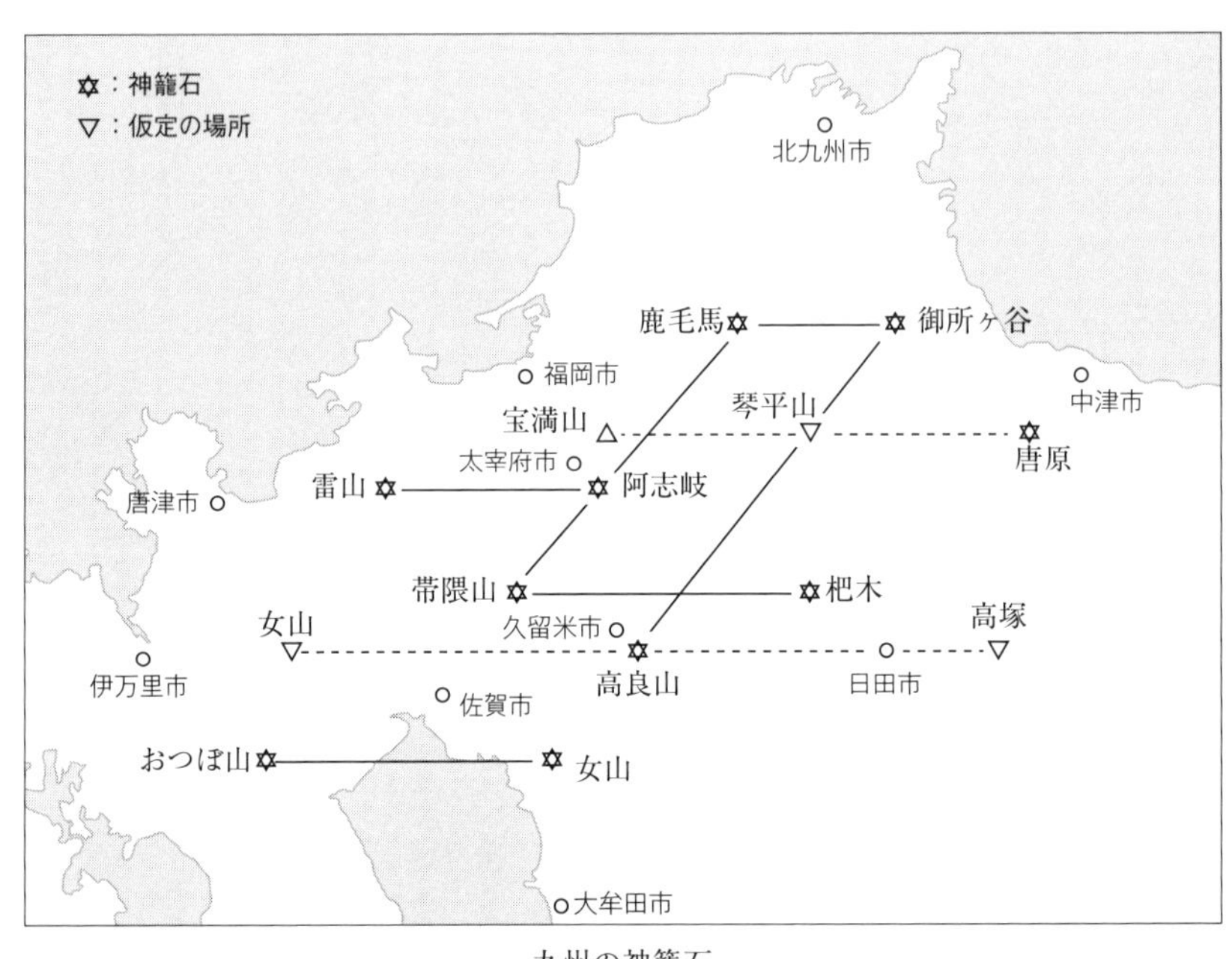

九州の神籠石

日夏　ホント？　ちょっと緯度を調べてみようよ。

翔　北から見ていくと鹿毛馬と御所ヶ谷は北緯三三度四〇分で同じだな。唐原は単独だよ。雷山と阿志岐が三三度二九分で同じ。帯隈山が三三度二〇分、杷木が三三度二一分でほぼ同じ。高良山が単独。おつぼ山が三三度一〇分、女山が三三度九分でほぼ同じだ。九州以外でも石城山が三三度五九分、永納山城が三三度五八分でほぼ同じ。鬼城山城と大廻小廻山城が三四度四三分で同じだ。これだけ一致すると偶然で済ませてはおけないな。

智彦　帯隈山と阿志岐、鹿毛馬は西南から北東に並んでいるようにも見えるよ。

翔　そうだな。それに高良山の北東が御所ヶ谷になっているぞ。単独と見られていた唐原の西にも神籠石があったと仮定してみよう。「高良山—御所ヶ谷ライン」と交差するところだろうな。福岡県嘉麻市碓井の琴平山はどうだ。唐原も琴平山も三三度三三分だよ。

日夏　位置的にはピッタリね。でも琴平山で神籠石は発見されていないようよ。

智彦　琴平山の北西麓に臼井御塚古墳、その西南に上臼井日吉古墳、琴平山の北東に沖出古墳もあるから、神籠石はなくても何か関係がありそうだね。それにほぼ真西の宝満山も関わりがあるのかな。

翔　そうなると、もう一つ単独と思われていた高良山にも東か西に対となる神籠石があったのかもしれないな。東なら大分県日田市天瀬の高塚あたり。高良山も高塚も三三度一七分だよ。

日夏　高塚愛宕地蔵尊で知られているところね。ここも神籠石は発見されていないわ。古墳も遺跡もありそうにないわ。

智彦　でも、高塚地名は怪しいね。かつて古墳があったのかな。もし、高良山の西側とすればどのあたりだろう。

翔　佐賀県多久市かな。多久市の西に女山があるな。瀬高町の女山とは読みが違うが怪しいよ。それに三三度一七分でもあるし。

智彦　多久市に古墳はあるが、女山から東側にちょっと離れているね。

日夏　神籠石も見つかっていないから高塚も女山も、関係があるかもしれないということでいいわね。

翔　オレたちの結論は「神籠石と巨石古墳は関係アリ。熊野帝国の手によるもの」でいいな。

智彦　ただし、神籠石と時代が一致するのは竪穴式古墳、あるいは初期の横穴式古墳のときまでで、巨石をふんだんに使うようになったときには帝国は滅んでいたんだ。巨石古墳は帝国王族の子孫または帝国に強い影響を受けた氏族によってつくられたものだろうね。

第六章 蘇我氏の王朝

熊野帝国の滅亡

▽二月八日　日本古代史研究会　第十五回

▼継体天皇の正体

日夏　次は継体天皇ね。

第二十六代　継体（けいたい）天皇（男大迹天皇（おおどのすめらみこと））

記述年 西暦	修正年	日付	事項
四五〇	四九三		男大迹天皇は応神天皇の五世の孫、彦主人王（ひこうしのおおきみ）の子。近江の三尾（みお）（滋賀県）で生まれ、三国（みくに）（福井県）で育つ
五〇七	五二一	二月	樟葉宮（くすはのみや）（大阪府枚方市）に入る。即位。手白香皇女（たしらかのひめみこ）を皇后とする

継体六〜二十三年	五一二〜五二九	五二四〜五三二		(百済とのやりとりを多く記載)
継体十七年	五二三	五二九	五月	百済の武寧王、薨去
継体十八年	五二四	五三〇	正月	百済の聖明王が即位する
継体二十年	五二六	五三一	九月	都を磐余の玉穂に遷す
継体二十一年	五二七	五三一	六月	筑紫国造磐井叛いて近江毛野に「今こそ使者たれ、昔は吾が伴として肩すり肘すりつつ共器にして同食いき、安ぞ卒爾に使となりて余をして儞が前に自伏わしめん」と言う。遂に戦う
継体二十二年	五二八	五三二	十一月	大将軍物部大連麁鹿火と磐井とが筑紫の御井に交戦う。麁鹿火が遂に磐井を斬る。筑紫君葛子、糟屋屯倉を献って償う
継体二十三〜二十四年	五二九〜五三〇	五三二〜五三三		(任那とのやりとりに変わる)毛野臣を安羅(任那)に遣わす
継体二十四年	五三〇	五三三	十月以降	毛野臣、(朝鮮半島から)対馬に着いて病死。葬送のとき川をのぼって近江に入る
継体二十五年	五三一	五三三	二月	崩御。年八十二(修正四十一歳、藍野陵)ある本に二十八年崩御とある、ここに二十五年としたのは百済本紀辛亥三月に「日本の天皇、太子、皇子倶に崩薨りましぬ」とあるからだ。辛亥は二十五年にあたる。どちらが正しいかは後世にまかせよう

まず、継体天皇の正体。応神（おうじん）天皇の子孫で福井に育ったことになっているけれど、わたしは、かつて神功（じんぐう）皇后が最初に生んで、妹の與止日女（よどひめ）に育てさせた品夜和気命（ほんやわけのみこと）の子孫だと思うの。品夜和気命は仲哀天皇の子だから、その子孫が即位すれば正統の血筋に戻ることになるわ。

智彦　それで「継体」の名がつけられたのか。

日夏　『日本書紀』の執筆者は継体天皇の出自についてヒントを残してくれているわ。それは継体天皇より前に即位を勧められた倭彦王（やまとひこのおおきみ）のことよ。仲哀天皇の五世孫で、即位を持ちかけられると恐れて逃げ出し、行方不明になったとあるの。継体天皇が仲哀天皇の五世孫とほのめかしているのよ。品夜和気命は母の神功皇后に置いていかれたのだから九州に残ったはずよ。一時的には與止日女神社で育てられたとしても、結局は母のふるさとの海神の国・志摩（しま）（糸島半島）に引き取られたと思うの。そして、その子孫の男大迹王は志摩の王として育ったの。即位前から仕えていた近江毛野臣も博多湾岸の人で、そのため、筑紫君磐井と同じ釜の飯を食ったことがあったの。ここでいう「近江」は琵琶湖ではなく「筑紫に近い海」のことで博多湾を指しているのだわ。

大陸側との史料比較では、五二九（五二三）年「百済の武寧王、薨去」は五二三年が正しく、五三〇（五二四）年「百済の聖明王、即位する」も五二三年のことだから、やはり朝鮮半島のことは年代修正をしない方がいいようね。「筑紫国造磐井、叛く」とあっても、磐井が国造でなかったことは確かよ。国造にして反逆者の磐井であれば、子の葛子が「筑紫君」と呼ばれるはずがないもの。

智彦　『古事記』では磐井も「筑紫君」となっていたね。

翔　磐井は熊野帝国の大王なんだ。ただし祖父の済の時代の勢いが父の武のときには陰りをみせはじめ、磐井に到っては国内外ともにピンチに陥っていたんだ。四七八年、武が宋に遣使して安東（あんとう）大将軍となったよな。

その後、宋が梁に代わった五〇二年には征東将軍にもなって、言葉の上では格上げのようでも実質が伴わない名前だけのもので、梁にそれほどの余裕はなかったんだ。帝国はすでに下り坂に差しかかっていたところを、さらに中国の後ろ盾をあてにできなくなったことで、坂を転がるように衰退しはじめるんだ。皮肉なことに魏から西晋に代わった二六六年、邪馬台国の女王が朝貢したものの、成果を得られなかったため熊襲（のちの熊野帝国）へ勢力が移っていったのと同じ歴史をたどってしまったよ。朝鮮半島では帝国の支配地だった加耶諸国が百済や新羅に侵略され、時を同じくして日本では大和王朝が大和周辺の帝国勢力を一つ一つつぶしていたよ。百済と大和王朝は連携していたんだ。

日夏　まさにそのときに、大和王朝は帝国憎しと燃えていた人を天皇に迎えたのね。継体天皇は品夜和気命から何代も続いた長い忍耐と屈辱の日々を糧にして、帝国打倒に心を滾らせていたんだわ。

智彦　五三一年に磐余に都を遷したのは、大和王朝内の帝国派を一掃できたことと、筑紫に攻め入る用意ができたことを示しているんだ。ただ、磐井が敗れたあと、筑紫君葛子が糟屋（直轄領）を奉った意味がわからないよ。帝国が滅んで、大和王朝はいつでもいいときに糟屋を屯倉とすることができたはずだよ。

翔　磐井の乱で帝国勢力が全滅したわけではないんだ。生き残った王たちもいて、葛子もその一人だね。それに、糟屋には特別の意味があったのさ。糟屋は仲哀天皇の橿日宮があったところだろ。「没利嶋・阿閉嶋を限りて御筥にす」の御筥の地で、継体天皇の先祖の仲哀天皇は香椎宮に葬られている可能性があるんだ。今は香椎宮といっているが、もとは「香椎廟」だもの。それで葛子は一番に糟屋の地を差し出したんだよ。

日夏　「毛野臣、対馬に着いて病死。葬送のとき川をのぼって近江に入る」そのとき毛野臣の妻がうたったの。「枚方ゆ　笛吹き上る　近江のや　毛野の若子い　笛吹き上る」この歌は、近江毛野が葬送のため淀川をさかのぼって近江（琵琶湖）に運ばれたとき、大阪府枚方市で詠まれたものとされているわ。

翔　毛野臣が朝鮮半島に居座っていたとき目頰子(めづらこ)が迎えに来て、やっと帰国したんだ。目頰子とは誰のことなんだ。『日本書紀』では「詳ならず」となっていたな。

智彦　名はわからないが毛野臣の子ではないかな。妻の歌に出てくる「毛野の若子」のことと思うよ。「めづらし」は「かわいい、愛らしい」の意味をもっているものね。

日夏　百済本紀には、「日本の天皇、太子、皇子が倶に崩薨りましぬ」となっていたらしいの。そのために『日本書紀』は継体天皇の崩年を修正前の五三一年としたというの。でも、継体天皇とその太子、皇子が同時に亡くなった様子はないわ。同時に亡くなったのは帝国の大王とその太子、王子と考えるべきね。当時、百済からみた日本の王は帝国大王のことなのよ。だから、五三一年に筑紫君磐井と太子、数人の王子が戦死したということね。葛子は生き残った王子の一人よ。『日本書紀』では、磐井は二年間戦って五三二年に死んだことになっているけれど、もっと早く一年で敗れたのかもしれないわ。あるいは百済本紀では、五三一年に戦闘がはじまって、翌年磐井とその子らが死んだとする「翌年」が抜けていたとも考えられるわね。継体天皇の崩年は、磐井の乱から春秋二年制で三年後の五三三年、年代修正して五三三年のことなのよ。

翔　日夏の説は大体においてそのとおりだと思うけれど、一つだけ重要なことが抜けているよ。磐井を斃(たお)したあと、継体天皇については崩御のことしか書かれてなくて、『日本書紀』の記述はえらく近江毛野臣に偏っているような気がしないかい。まるで毛野臣が主人公みたいだろ。ここにカラクリがあるんだ。

日夏　どういうこと？　磐井の乱のあとの継体天皇の政治がまったく書かれていないことや、崩年があいまいにされていることについては、わたしも気にはなっていたの。でも、どこに抜かりがあるのかわからないわ。

翔　近江毛野臣と継体天皇が同一人物ということさ。

日夏　そうすると継体天皇は磐井を破ったあと日本を留守にして朝鮮半島に渡ったことになるわ。天皇が海外遠征したなんて聞いたことがないわ。

翔　継体天皇が志摩の国の王と言ったのは日夏だよ。それに近江毛野臣も博多湾岸の人で、近江が博多湾のことと見抜いたのも日夏だよ。あとは二人を重ね合わせるだけだよ。『日本書紀』で継体天皇の晩年の数年間がまるで毛野臣が主役のように書かれたのも、毛野臣が継体天皇その人だからだよ。

日夏　そう言われるとそのような気もしてきたわ。

翔　朝鮮半島に渡ろうとする近江毛野臣の軍を磐井が遮ったというのがそもそもおかしいよ。そのとき六万とあっただろ。当時そのような大軍で海を渡ることは考えられないよ。のちの、六〇二（推古十）年に新羅を討とうとしたときが二万五千人、六六三（天智二）年でさえ二万七千人だよ。毛野臣の六万は最初から磐井と戦うための六万と考えた方がふつうだよ。継体天皇自ら大和から兵士を率いてきたんだ。そして磐井を斃すと、そのまま朝鮮半島に渡ってしまったんだ。加耶諸国を自分の支配地にしようとしたのか、加耶諸国から帝国勢力を追い払おうとしたのか、それとも、百済や新羅から守ろうとしたのかわからないがね。このとき河内馬飼首御狩（かわちのうまかいのおびとみかり）が毛野臣の伴として一緒に半島に渡っているよ。この御狩は継体天皇の股肱の臣と推測されるので、天皇から離れて半島に渡ることは考えられないんだ。つまり、毛野臣が継体天皇という証拠さ。

日夏　わたしは何でそこに気がつかなかったんだろう。翔の言うとおりね。

智彦　河内馬飼首御狩がどうして一番の寵臣とわかるの？

翔　即位のとき河内馬飼首荒籠（あらこ）という人がいただろ。男大迹王は荒籠の働きによって即位を決意したんだ。即位後「厚く寵待（めぐみたま）うことを加う」とあるよ。御狩はその荒籠の子なんだ。だから手放すことができない子飼いの側近とみたんだ。

日夏　糸島半島に景勝地・芥屋の大門があるのは知っているわね。玄武岩の大きな洞窟よ。男大迹王の名はこの「大門」からきているのかもしれないわ。

智彦　芥屋は「空洞（気屋）」のことかな。それに毛野も「けや」と読めないこともないよ。

日夏　芥屋の大門の近くに歴史を感じさせる古祠・大祖神社があるわ。ひそかに近江毛野臣を祭っているのかも。

智彦　そうなると、毛野臣の妻が詠んだ歌の意味も変わってくるね。「近江に入る」は琵琶湖ではなく、糸島半島かも。「ひらかた」を川沿いの傾斜地の意味にとれば、何も大阪府の枚方に限る必要はないんだ。

翔　字は違うが、平方地名は福岡県小郡市の太刀洗川沿いにあるな。ほかにも埼玉県越谷市（大落古利根川）・上尾市（荒川）、千葉県流山市（江戸川）、茨城県下妻市（鬼怒川）にもあるよ。

智彦　「ひらかた」は糸島半島の川沿いにもあったかもしれないね。貴人の葬送は棺を引いて歩くのがふつうだが、毛野臣は海人の国・志摩の王なので、棺は川を舟で運ばれたんだ。その川を糸島半島のどの川と採るかだが、桜井川はどうだろう。弊の松原の野北から桜井川をさかのぼって桜井に至ると鬼塚の地名があるんだ。古墳は見つかってないが、古墳からついた地名だよ。鬼塚の近くには相薗もあって、継体天皇の陵があるとされる「藍野」と似ているよ。

日夏　近江毛野臣と継体天皇の類似点がどんどん出てくるわね。でも、継体天皇陵は大阪府高槻市にある今城塚古墳の可能性が高いとされているわ。このことをどう考えるの？

翔　継体天皇は対馬で暗殺されたんだろうな。遺体は出身地である糸島半島に葬られたとみるね。今城塚古墳の方は見せるためのもの、あるいは祭りをするためのものと考えたらいいのではないか。

日夏　葬るためではないのに、二〇〇メートルに近い前方後円墳をつくったと言うの？

翔　そうだよ。近江毛野臣としてではなく、継体天皇として大きな陵が必要だったんだ。

智彦　翔に賛成。今城塚古墳は横穴式石室の基礎工事がなされているだけで、石棺片は残っていたが石室の石材もなければ石棺もないんだ。石室の石まで盗掘されてしまったとは考えにくいので、最初からなかったとみていいのではないかな。石棺片は遺体の代わりに入れたんだ。

日夏　石棺片があったのなら、もとは完成品の石棺があって遺体も葬られていたのではないの？

智彦　ごめん。説明不足だったよ。石棺片といっても三種類の石が残されていたんだ。阿蘇ピンク石と兵庫竜山石、それに大阪二上山白石だよ。仮に三つの石棺があったとして、その破片だけが残っているのはもっとヘンだよ。ここは古墳祭祀者が意図的に三種の石棺片を入れたと考えた方が自然だよ。継体天皇の遺体が今城塚古墳に葬られることはなかったんだ。

日夏　継体天皇は磐井を斃して帝国を崩壊させるためだけに、即位したようなものだったのね。

翔　ちょっと待った。阿蘇ピンク石って何だ？

智彦　阿蘇の溶結凝灰岩のことだよ。通常は灰黒色なんだが、特に宇土市馬門で産出するものがピンク色をしてそう呼ばれているんだ。なぜか大阪府や奈良県まで運ばれて古墳の石棺に使われているよ。

翔　兵庫県から運ぶだけでも大変だったろうに、わざわざ九州から運んだのか。

智彦　ところで、漏盧って知ってる？

日夏　阿蘇近辺に自生している植物でしょ。

智彦　うん。阿蘇から九重にかけての山野に自生しているキク科の植物で、絶滅危惧種に指定されているよ。一メートルほどの花茎が直立して青い小さな花がかたまって咲いていて、径が五センチくらいの球状になるんだ。「平江帯」や「肥後躰」の字があてられることもあるが、その語源が不明なんだ。ボクは「肥後の松明」、略して「肥後手火（ひごたい）」と考えているよ。花と茎の形状からついた名とみたんだ。古代史とは関係ないが阿蘇のことから、つい脱線してしまったよ。

武寧王と七支刀

智彦　磐井が敗れ帝国が滅んだところで、神功皇后のときから先延ばしにしていた七支刀について説明するよ。七支刀は百済の武寧王に関わりがあるとみたんだ。関係がありそうな箇所を抜き出しておいたよ。

三九四（二五二〔神功摂政五十二〕）年、百済が七枝刀一口、七子鏡一面ほかを献上してきた。

四九八（四六一〔雄略五〕）年、蓋鹵（がいろ）王の婦人が筑紫の各羅嶋（かからのしま）で出産。子の名は嶋君（しまきし）。国に送り武寧王となる。

五〇七（四七九〔雄略二十三〕）年、百済の文斤（もんこん）王薨去。末多（また）王を筑紫国の軍士五百人を遣して国に送り返し、東城（とうせい）王とする。

五一九（五〇二〔武烈四〕）年、百済は末多王を廃して嶋王が立つ、武寧王という。

五二九（五二三〔継体十七〕）年、五月、百済の武寧王、薨去。

神功皇后の時代、修正前の二五二年の七支刀は奈良県天理市布留町の石上神宮（いそのかみ）が所蔵している七支刀のこととみられていて、これについて異存はないよ。六十余文字の金象嵌が施されていて、それをどう解釈するかが問題なんだ。簡単に言うと、いつ、誰が、何のために、誰に贈ったのかだね。文面からすると、百済の王族が倭の王に贈ったことははっきりしているよ。ただし、その王族が誰なのか、倭の王が誰なのかわかっていないんだ。
時期については「泰□四年」の文字から、魏の太和四（二三〇）年、東晋の太和四（三六九）年、北魏の太和四（四八〇）年が候補とされているよ。「泰□四年」の□は読み取れないものの、「禾（のぎ偏）」のように見えるので「和」とすれば「泰和」だね。だが、そのような年号はないので「太和」の間違いということにされているんだ。

翔　それはないだろ。刀剣に金象嵌で残す文字で、しかも外国の王に贈るものにそのような間違いを犯すはずはない。ここは「泰」ではじまる年号しかないよ。

智彦　そうだよね。すると西晋の泰始四（二六八）年と南朝宋の泰始四（四六八）年が浮上してくるんだ。ボクは迷わず南朝宋の泰始四（四六八）年を採るよ。帝国が百済を支配していた時期だもの。そして、のぎ編ではない「始」がのぎ編のように見えた理由は大和王朝が七支刀の「始」を加工して、あたかものぎ編のように見せかけたうえ、旁の部分を読めないようにしてしまったからだよ。『日本書紀』は熊野帝国の存在を隠してきたよね。この時も帝国大王がもらった七支刀をずっと昔に大和の天皇がもらっていたかのように細工をしたんだ。二五二年のできごととしたのもそのためだよ。本心は魏の太和四（二三〇）年にしたかったのだが、百済がはじめて朝貢してきたのが修正前の二四七年なので、それよりあとの二五二年に挿入したんだ。銘文を「太和四年」と読ませようとすることが『日本書紀』がつくられたときから今日まで続いてきたわけだよ。
「いつ」が泰始四（四六八）年とわかれば、誰がつくったかもわかるね。そのときの百済の王は蓋鹵王だよ。何のためにつくったかは「子のため」。その子の名は嶋君、つまり武寧王で、七歳になった記念につくった刀を帝国大王に贈ったんだ。

日夏　武寧王は、ちょうど七歳ね。それで「七枝刀と七子鏡」なんだわ。

智彦　では贈られた方、倭の王は誰かといえば武だよ。時期的には興もあり得ないこともないが、嶋君が帝国大王から名をもらって武寧王になったとすると、武で決まりだね。武寧王は東城王の子とされているが蓋鹵王の子なんだ。『日本書紀』に「蓋鹵王の婦人が筑紫の各羅嶋で出産。子の名は嶋君」が正しいんだ。帝国大王に贈られた七支刀が、いつ大和王朝のものになったかはわからないよ。

日夏　七支刀が石上神宮に納められた時期なら見当がつくわ。『日本書紀』にヒントがあるもの。

翔　そんなものがあったかな。

日夏　六六八（天智七）年に、新羅の僧・道行（どうぎょう）が草薙剣を盗んで新羅へ持ち帰ろうとする盗難事件があったの。ところが風雨のために果たすことができず、剣は熱田（あつた）神宮に納められたわ。『日本書紀』にはそれ以上詳しいことは書かれていないけれど、九州北部の伝説では、道行は博多までたどり着いたのちに断念したことになっているわ。そのためか、福岡県鞍手（くらて）郡鞍手町の古物（ふるもの）神社では、草薙剣が袋を突き破って空を飛んで降ってきたのでしばらく祀ったと伝えられているの。遠賀（おんが）郡岡垣（おかがき）町の高倉（たかくら）神社でも一時的に祀ったとなっているのよ。これは二つの神社が帝国から没収した七支刀を石上神宮へ運ぶときの道筋にあったからよ。盗難事件はでっちあげで、没収を偽装したものなんだわ。

智彦　でも、『日本書紀』の記述も二つの神社の話も七支刀ではなく、草薙剣となっているよ。

日夏　それはそうよ。正直に七支刀を九州から大和へ運んだなんて書けるわけがないもの。でも、古物神社ははっきりと物部系の神社よ。枕詞「いそのかみ」は「古」にかかるし、石上神宮は布留（ふる）町にあることが知られているでしょ。それに「物」は物部氏に通じているわ。だから、七支刀が物部系の神社をたどりながら石上神宮に行きついたとみていいのよ。もし盗難にあったのが本当に草薙剣だったら、物部系の神社ではなくて、尾張（おわり）氏に近い神社をたどったはずよ。それから、没収されるまで七支刀がどこに祭られていたかも浮かんできたわ。

翔　どうしてそんなことがわかるんだ。オレには見当もつかないよ。

智彦　帝国の都があったと思われる久留米、八女（やめ）付近が考えられるよね。

翔　そうか。神社か古墳かということだな。

日夏　福岡県八女市の西南のみやま市瀬高（せたか）町に磯上物部（いそのかみもののべ）神社（通称・高野（こうや）の宮）があるの。その高野の宮に、古田武彦さんが注目して知られるようになった五体の神像があって、うち一体が七支刀を胸に掲げているの。神宝の七支刀が大和王朝によって没収されたので、神像に七支刀を抱かせて当時の経緯を残そうとしたのではないかしら。ほかの四体の像も関連した意味を持っているはずよ。私も前に神像を見てきたことがあるの。

智彦　五体の像はどのようなものなの？

日夏　一体目は半裸の赤人（せきじん）で、まるで河童のようね。お皿をさかさにしたような帽子をかぶっているわ。二体目はマントの男性で、ちょっと年を取っている感じ。三体目は鏡を持った女神あるいは少年で、四体目が七支刀を持った男性で、武人のようだわ。最後が五三の桐の文様衣装をまとった男性で、冠を被って笏（しゃく）を手にしているの。どう、何か気がついた？

翔　智彦の説を延長すればいいんだ。赤人は朝鮮半島と日本の間を結ぶ航海士。帽子は済州島の石像・トルハルバンがかぶっているものと同じではないか。マントの男は七支刀を贈った蓋鹵王。女神に見えるのは嶋君（武寧王）だね。七歳の像だから女のようにも見えるが少年像だよ。武人は七支刀を届けに来た百済の使いで、冠を被った男が帝国大王の武というわけさ。

智彦　ちょっと検討してみようか。航海士といっても赤人は日本の海人族ではないようだね。

日夏　この頃、百済と耽羅（たんら）（済州島）との国交がはじまったの。百済から日本に渡るのに、加耶を経由せずに済州島から日本に至る航路ができたのかも。赤人は耽羅人ということにしておきましょう。

智彦　次は蓋鹵王の年齢だね。嶋王が七歳のとき、すでに高齢であったかったかどうか。

日夏　この頃の百済歴代の王は、在位期間がわかっているのに生年は不明なの。推定するしかないわ。十七代阿莘（あしん）王（三九二～四〇五在位）は三九三年に高句麗（こうくり）を攻撃しているわ。王位に就いたときにはすでに成人していたものとみていいわね。子の腆支（てんし）が三九四年に太子になっていることと矛盾しないわ。十八代腆支王（四〇五～二〇在位）は三九七年、太子のとき人質として倭へ渡り、阿莘王の死によって帰国して王位に就いたの。仮に太子となったのが十五歳のときで三八〇年生まれとしておくわね。十九代久爾辛（くにしん）王（四二〇～二七在位）は王位に就いたとき幼少だったの。二十代毗有（ひゆう）王は久爾辛王の長男、または腆支王の庶子とされているわ。四二〇年に幼少だった久爾辛王の子が四二七年に王位に就くことはあり得ないので、毗有王は腆支王の子ね。腆支王が太子になったあとに生まれたとすると、四〇〇年前後のことで、子の蓋鹵王は四二〇年前後に生まれたとみられるわ。七支刀を贈った四六八年では五十歳くらいよ。当時としては初老だわ。マントの男性に合っているわよ。

智彦　次は女神、あるいは少年に見えるのが嶋君かどうか。

日夏　二五二年の七子鏡を嶋君が持っている姿としたらどうかしら。武人は翔の言うとおり、百済の使いね。あとは戴冠の男性について。冠の形のことはわたしにはわからないし、笏も中国ではじまったものらしいから置いておくとして、五三桐は日本独自の紋章で、それも地方の王クラスのものではなく、日本の大王を意味するものと考えるわ。それで五体目の男性を帝国大王の武とする説は可としたいわ。丹生都比売（にうつひめ）の子の高野御子大神（たかののみこのおおかみ）に続いてここでも「高野（こうや）」が「高良（こうら）」に通じているように思うのよね。

智彦　五三桐は皇室の家紋だね。天皇家より前に帝国大王が使っていたのかもしれないな。中国の伝説で、桐は徳の高い天子が世に出たときに鳳凰が現れて止まる木とされていて、いかにも帝国大王が好みそうな話だよ。冠も笏も同じく中国から取り入れたんだ。

翔　豊臣秀吉も五三桐や五七桐を家紋にしていたんだよな。ひょっとして秀吉は帝国の末裔だったりして。幼名も日吉丸で日吉神社に関係がありそうだよ。秀吉は先祖の倭の五王が朝鮮半島を支配していたことを知っていて、われもと朝鮮出兵に及んだのではないのか。

日夏　ダメよ。それは倭の五王から千年以上のちのことでしょ。歴史小説ならおもしろいけれどね。

翔　そうかな。秀吉の母親は尾張清州朝日の人だというよ。朝日も帝国キーワードの一つだったよな。それに木下藤吉郎の「木下」も「紀氏」と関係あるかもしれないのにな。まあ、七支刀のおかげでこの頃の朝鮮半島の情勢や百済と日本との関係がはっきりしてきたから、よしとするか。

ちょっとおさらいしてみようか。蓋鹵王のとき百済は帝国に従属していたんだ。四六一年には王の弟、昆支（こんき）を送ってきているし、四六八年に七支刀を贈ってきたんだから。蓋鹵王の四五九年から東城王の五〇〇年まで、倭は盛んに新羅に侵攻したと『三国史記』新羅本紀にあるな。四七五年、高句麗に攻め込まれた百済は漢城が落ち、蓋鹵王が殺されて次の文周（ぶんしゅう）王は南の熊津（ゆうしん）に都を遷したね。三斤（さんきん）王を経て次の東城王が南下政策を採ったので、圧迫された加耶諸国は防衛のため連合したんだ。四七九年、文斤（もんこん）王（三斤王）が死んだとき、人質としていた末多（また）王に筑紫国軍士五百人をつけて百済に送り、東城王としたとあって、このときまで百済は帝国に従っていたんだ。

智彦　「筑紫国軍士五百人」は大和王朝が筑紫国に命じたものではなくて帝国兵士のことだね。

翔　もちろんだよ。帝国によって王位に就いた東城王だが、高句麗に背中を押されるかたちで加耶諸国に侵入するようになり、しだいに帝国と百済との関係がねじれていくんだ。五〇一年に武寧王が立ったあと、倭の新羅侵攻は五一二年が最後となっているだろ。帝国は百済による加耶諸国への侵入を抑えきれず、加耶諸国の従属も揺らぎはじめて、新羅を攻めるどころではなくなったんだ。ここで倭と百済、加耶諸国との関係に変化が生じたんだな。五一三年には大加耶（てがや）と新羅が同盟しているよ。

日夏　加耶諸国にとって帝国が頼りにならなくなったということね。

翔　武寧王は子の淳陀（じゅんだ）を人質として倭に送っているが、このときの倭は帝国ではなく大和王朝なんだ。武寧王七歳のとき、百済は帝国に従っていたんだが、武寧王の即位後は大和王朝と手を結んでいたわけだよ。そして五二九年、百済は聖王のとき高句麗に大敗。時を同じくして大加耶と新羅との同盟は破棄され、新羅は加耶諸国に侵入をはじめるんだ。そのため帝国大王の磐井は加耶諸国に援軍を送ろうとしたんだ。『日本書紀』では新羅に南加羅を破られたため、任那を復興しようと近江毛野臣（大和王朝側）が援軍を送ろうとし、それを新羅から賄賂をもらった磐井が阻止したとなっていたな。事実は逆で、磐井が援軍を送ろうとしたのを大和側が阻止したんだ。賄賂をもらったかどうかはわからないが、磐井の乱のあと毛野臣が朝鮮半島に渡っているにもかかわらず、新羅が加耶諸国東南部の国々をかすめ取っていくのを黙認していることから、大和王朝と新羅の間には密約があったろうね。磐井の乱は単なる地方豪族の反乱ではなく、朝鮮半島をも絡めた国際戦争だったんだ。磐井は加耶諸国救援に目を向けていたために背後を突かれて敗れたんだよ。半島に渡った毛野臣が守ろうとしたのは加耶諸国の西部で、その中心の大加耶も五六二年には新羅に滅ぼされてしまったわけだ。

日夏　翔に一つ謝っておくわ。豊臣秀吉は倭の五王から千年以上のちのことだからと話を打ち切ったでしょ。ゴメンね。

翔　やっぱり秀吉が帝国の末裔と思い直したのか？

日夏　秀吉ではなくて桐の紋のことよ。五三桐や五七桐は神社の神紋として千年どころか今日にまで残っているのでは、との思いに至ったの。桐の紋を使う神社は素戔嗚(すさのお)系が見込まれるわね。ちょっと調べてみると、愛知県清須市の日吉神社の二つある神紋のうち、一つが五七桐だわ。あと、滋賀県大津市の日吉大社の三宮も五七桐よ。和歌山県新宮市の熊野速玉大社も長崎県対馬市の阿麻氐留(あまてる)神社や兵庫県宍粟(しそう)市の伊和(いわ)神社、静岡県三島市の三嶋(みしま)大社もそうだわ。やはり素戔嗚系とみられる神社ばかりよ。桐紋は確かに帝国に関わっていると言って良さそうね。

架空の天皇

第二十七代　安閑(あんかん)天皇（広国押武金日天皇(ひろくにおしたけかなひのすめらみこと)）

記述年	西暦	修正年	日付	事項
	四六六	五〇一		生まれる
安閑元年	五三四	五三五	正月	都を勾金橋(まがりのかなはし)に遷す。春日山田皇女(かすがのやまだのひめみこ)を皇后とする
安閑二年	五三五		十二月	崩御。年七十（修正三十五歳、古市高屋丘陵）

日夏　安閑天皇は継体天皇の子とされているけれど年齢からみて無理よ。継体天皇九歳のときの子はないわ。都を勾金橋に遷して春日山田皇女を皇后にしたとあっても、「即位した」とも書かれていないし、わたしにはどうも架空の天皇と思えてならないの。実在した人であったとは思うけれどね。

五二四（五一三［継体七］）年、勾大兄皇子（安閑天皇）が春日山田皇女を妃にしたときの皇女の歌よ。

隠国の泊瀬の川ゆ流れ来る　竹のい組竹節竹　本辺をば琴に作り　末辺をば　笛に作り吹き鳴らす
御諸が上に　登り立ち　我が見せば　つのさはふ磐余の池の　水下ふ　魚も上に出て歎く　やすみし
し我が大君の　帯ばせる　細文の御帯の　結び垂れ　誰やし人も　上に出て歎く

智彦　歌に「やすみしし」が使われているから死者のことを詠んだとして間違いないよ。ただ、歌そのものは『日本書紀』がつくられた頃のものだと思うよ。

日夏　どうみても生きている人ではないわ。皇女は結婚した喜びどころか、夫の死を嘆く歌を詠んだの。

五三五（五三四［安閑元］）年四月に国造稚子直が後宮に逃げ込む事件があったわね。十二月には物部尾輿が皇后に首飾りを献上することもあったわ。『日本書紀』では、尾輿の首飾りを幡媛が盗んで皇后に献じたことになっているけれど、尾輿が幡媛を通して贈ったというのが真実よ。これらのことから、春日山田皇女は大きな力を持っていたことがわかるわ。稚子直は皇女のもとに逃げ込めば助かると思っていたし、尾輿は皇女を妻にすることができれば、今以上に揺るぎない地位を確立できると考えていたの。このとき、皇女が独身であったこともわかるわね。のちの宣化天皇崩御のとき、即位前の欽明天皇が春日山田皇女自身に即位を薦めるくらい力を持っていたのね。

翔　『日本書紀』に熊野帝国崩壊後の動きが書かれていることに気がついたかい。

智彦　武蔵国造の乱のことかな?

翔　当たり。磐井を斃したあと、西日本はほぼ大和王朝に従うようになっていたんだが、関東までは完全に掌握できてなかったんだ。同年四月に「使いを遣して珠を伊甚に求めしむ、伊甚国造、時をこゆるも進らず」とあったろ。「伊甚」は千葉県勝浦市あたりのことで、このとき大和王朝の命令は軽く見られていたんだ。十二月には、武蔵の笠原直使主が同族の小杵と国造の地位を争い、小杵が上毛野君小熊と手を組もうとしたところで、大和王朝は笠原直使主を援けて小杵を討ったとあるよ。小杵は帝国末裔としての抵抗を試みたのではないかな。それに上毛野君小熊も帝国に関係がありそうな名だよ。この乱のあと、九州、中国、四国などで三十近い屯倉を設置しているが、これは各地の旧帝国勢力があわてて自分の領地を献上したことを意味しているんだ。武蔵の小杵の二の舞いとならないためにな。

日夏　どんどん進めるわ。

第二十八代　宣化天皇（武小広国押盾天皇）

記述年	西暦	修正年	日付	事項
	四六七	五〇一		生まれる
	五三五		十二月	即位（五三六年を元年としている）
宣化元年	五三六		正月	都を檜隈の廬入野に遷す。二月、蘇我稲目宿禰を大臣とする。橘仲皇女を皇后とする

五〇一年に生まれた宣化天皇は、安閑天皇と同じく継体天皇の子とされているけれど、やはりあり得ないわ。安閑天皇と違って、五三五年十二月に即位したとなっていても、宣化天皇も架空の天皇のような気がしてならないの。五三六年二月に蘇我稲目宿禰が大臣になっていて、このときに改革派の稲目の力によって春秋二年制が廃止されたと考えるわ。

智彦　安閑天皇、宣化天皇の正体について考えてみたらどうだろう。架空の天皇であっても、誰か有力な候補者がいたと思うんだ。

日夏　年齢から継体天皇の子でないことは確かね。継体天皇の別名は男大迹天皇、彦太尊(ひこふとのみこと)それに近江毛野ね。安閑天皇は広国押武金日天皇に勾大兄皇子、宣化天皇は武小広国押盾天皇に檜隈高田皇子(ひのくまのたかだのみこ)で、「広国押」から二人が兄弟であることはわかるけれど、継体天皇とのつながりははっきりしないわ。

翔　前に似た名を持つ天皇がいただろ。清寧(せいねい)天皇だよ。その名は白髪武広国押稚日本根子尊(しらかのたけひろくにおしわかやまとねこのみこと)だから、広国押武金日天皇も武小広国押盾天皇も清寧天皇の子と考えたらいいんだ。仁賢(にんけん)天皇の異母弟だね。

日夏　そうか。尾張連草香(くさか)の娘の目子媛(めこのひめ)は継体天皇の妃となって安閑天皇、宣化天皇を生んだとなっているけれど、本当は大草香皇子(おおくさかのみこ)の妃となって二人を生んだのね。尾張連草香は大草香皇子を暗示しているのよ。安閑天皇と宣化天皇は五〇一年頃の生まれで、清寧天皇の崩御は五一〇年だから、年齢的矛盾はないわ。

蘇我氏誕生

▽二月十五日　日本古代史研究会　第十六回

日夏　今日からは天皇の生年以外は年代修正なし。だいぶわかりやすくなるわね。

第二十九代　欽明天皇（天国排開広庭天皇）

記述年	西暦	修正年	日付	事項
	五〇九	五二二		生まれる
	五三九		十二月	即位。年若干（五四〇年を元年としている）
欽明元年	五四〇		正月	石姫を皇后とする。都を磯城嶋に遷す。金刺宮という。（在位中には百済、任那、新羅、高麗のことが多く出てくる）
欽明六年	五四五			百済、六丈の仏像造る「願わくは天皇、勝善れたる徳を獲たまいて、倶に福祐を蒙らむ」と言う
欽明十三年	五五二		十月	百済の聖明王が釈迦仏の金銅像を献上してきた
欽明三十一年	五七〇		三月	蘇我大臣稲目薨去
欽明三十二年	五七一		四月	崩御。年若干（檜隈坂合陵）

『日本書紀』は、五五二年の金銅仏献上のとき日本に仏教が伝わったとしているの。ただ、仏教公伝は五三八年説もあるのよね。この頃のことになると、記紀以外の記録も残されるようになっているわ。その中の一つ『元興寺伽藍縁起幷流記資材帳』（元興寺縁起）は元興寺（法隆寺、飛鳥寺）の由来や資材を記したもので、もう一つ『上宮聖徳法王帝説』は法隆寺に伝わった聖徳太子の伝記ね。『元興寺縁起』によると仏教伝来は欽明七年歳次戊午（五三八年）、『上宮聖徳法王帝説』でも欽明戊午年となっていて、『日本書紀』より十四年早く伝わったように書かれているの。でも、戊午年は欽明天皇即位前の宣化三年なの。そのうえもう一つ謎があって、欽明天皇の在位期間が『日本書紀』では三十三年なのに、『上宮聖徳法王帝説』では四十一年よ。この在位年数の違いを解消するために「二朝並立論」というものが考え出されたの。欽明七（五三八）年も宣化三（五三八）年も、どちらも正しいとするものよ。継体天皇が崩じた五三三（五三一）年に子の欽明天皇（母は手白香皇女）が即位し、『元興寺縁起』や『法王帝説』はこれを採った。ところが、同時に安閑天皇（母は目子媛）も即位して、そのあとを宣化天皇が継いだ。『日本書紀』は後者を採って安閑、宣化二人の天皇の崩御後に欽明天皇が即位したように書いた。だから八年間は二つの王朝が並立していたというものよ。

智彦　ちょっと都合がよすぎる解釈だね。これまでに二人の天皇が同時に在位したことは一度もなかったよ。

日夏　そうよね。それに、二朝並立論では在位期間の誤差は説明できても、仏教公伝年の謎は解けないもの。わたしの安閑天皇、宣化天皇架空説にも合わないわ。

翔　わかったよ。仏教公伝の謎も在位年数の謎も一挙に解決。

日夏　日本の歴史上の大きな謎の一つよ。そんなに簡単にわかるものかしら。

翔　『日本書紀』は一人の人物を都合によって二人に書き分けることがあっただろ。男大迹王が継体天皇と近江毛野臣に書き分けられたのがそのいい例だよ。それで、ある二人の人物の類似点を並べてみたんだ。その結果、二人をもとの一人に戻すことができたんだ。すると同時に、二つの謎も解消できたんだな。

日夏　ごめん。そこまで言われてもまだピンとこないわ。

翔　宣化天皇の即位が五三五年十二月で、翌年二月に蘇我稲目が大臣になったよね。そして五七〇年三月に稲目が死んで、翌年四月に欽明天皇が崩じたんだ。日夏の言うとおり宣化天皇が架空の天皇で、実際には欽明天皇が即位していたとすれば、欽明天皇と蘇我稲目との活躍期間が重なっているように思ったんだ。特に、稲目の死と欽明天皇の崩御は一年一カ月の間があるものの、欽明天皇は即位の年齢も崩御の年齢も「年若干」となっていて、真実が書けなかったことを如実に語っているから、そこに作為を感じてね。欽明天皇と蘇我稲目は同一人物で、稲目が死んだときが欽明天皇崩御のときなんだ。

日夏　なるほどね。でも、欽明天皇と蘇我稲目に書き分けなければならない理由がわからないわ。

翔　はっきりしているじゃないか。記紀をつくらせた人物にとって、蘇我氏の人間が天皇であってはならなかったからだよ。大和王朝が引き継いでもよい事蹟は欽明天皇の名で、王朝として継ぎ難い事蹟は蘇我稲目の名で記録に残したんだ。

日夏　そうか、蘇我氏が天皇家だったとする説もあるわね。おもしろくなってきたわ。

翔　欽明天皇の即位年に話を戻すよ。欽明天皇は宣化天皇のときどころか、安閑天皇より前の五三三（五三一）年に即位していたんだ。オレたちの考えでは、五三三（五三一）年は継体天皇崩御（近江毛野臣の死）の年にあたるよ。だから欽明天皇は継体天皇崩御後すぐに即位したことになるんだ。これを表にしてみたよ。

即位の次の年を元年としているよ。即位の年は前天皇（継体天皇）に算入済みだから重複しないようにし

■欽明天皇即位年照合表

	辛亥	壬子	癸丑	甲寅	乙卯	丙辰	丁巳	戊午
日本書紀による	継体 25 年	空位	空位	安閑元年	2 年	宣化元年	2 年	3 年
書紀西暦	531 年	532 年	533 年	534 年	535 年	536 年	537 年	538 年
年代修正後の西暦	533 年の 2	534 年の 1	534 年の 2	535 年の 1	535 年の 2	536 年	537 年	538 年
隠された欽明８年	即位年	元年	2 年	3 年	4 年	5 年	6 年	7 年

＊ 535 年まで春秋二年制

たんだ。このような年代の数え方は二十代安康天皇のときからみられるようだね。この表の「隠された欽明八年」で、戊午年は欽明七年だから『元興寺縁起』と一致するよ。仏教公伝は五五二年より早い五三八年が正しいんだ。第一、五四五年にはすでに六丈の仏像が届けられているとみられるから、五五二年が最初とは言えないよ。『日本書紀』では五三八年が欽明天皇即位前なので五五二年まで遅らせたんだ。欽明天皇が在位した三十三年に「隠された八年」を足すと四十一年となって、『上宮聖徳法王帝説』とも一致するよ。

日夏　よくわかったわね。春秋二年制を知らなければ、まったく理解できないところね。わたしなんか知っているのに気がつかなかったわ。でも、まだ質問があるわ。欽明天皇は継体天皇の子よ。それがいつどこで蘇我氏になってしまったの？

智彦　ボクも質問。即位を八年間遅らせた理由と、その間二人もの架空の天皇を立てた理由を知りたいな。

翔　そうきたか。だが抜かりはないよ。まず、欽明天皇の生まれについて。欽明天皇は継体天皇と手白香皇女との子とされているが、実は人質として来日していた百済の王子と手白香皇女との子なんだ。手白香皇女は継体天皇の皇后となったのではなく、百済王子と結婚していたんだ。『日本書紀』の五二〇（五〇五［武烈七］）年に「（百済王は）斯我君（しがきし）を遣（まだ）して調進る、遂に子有りて法師君と曰う、是れ倭君の先なり」とあるね。斯我君の子の法師君は日本の王の先祖となったとはっきり書いてあるんだ。五二〇年前後に生まれた天皇は欽明天皇だけだよ。それに欽明天皇は幼名が隠されているだろ。ふつうなら「〇〇皇子」と書かれているはずなんだよ。百済王子の子だから名前が隠されたんだ。

日夏　悔しいわね。斯我君も法師君もここ一カ所しか出てこないので、読み飛ばしてしまったわ。でも、欽明天皇が斯我君の子としても、母親が手白香皇女とまでは書かれてないわよ。

翔　推測だけど、五二一（五〇七〔継体元〕）年に「手白香皇女を皇后に立て内において修教せしむ。遂に男を生ましめたり、天国排開広庭尊とす」とあるから、欽明天皇が五二一年頃に生まれたことはわかっていたんだ。だから、『日本書紀』の執筆者が欽明天皇の生まれた年を知らないわけがないよ。それなのに「年若干」はないだろ。「内において修教せしむ」は後宮の管理をさせたと考えられているが、ほかに例を見ない表現だよ。これは継体天皇の周辺で手白香皇女の姿を見ることがなかったので、内に籠っていたように書いたんだ。見ないはずだよ、斯我君のもとにいたんだから。

欽明天皇が継体天皇の子ではない状況証拠はまだあるよ。継体天皇が即位するとき、応神天皇の五世孫なので皇位継承権が弱いとして、仁賢天皇の娘の手白香皇女を皇后に迎えたとされていたね。いわば入り婿だよ。それが真実ならば、目子媛との子の勾大兄皇子や檜隈高田皇子は後継者候補に挙げられなかったはずだよ。跡継ぎは手白香皇女の子に限られて当然なんだ。ところが、実際は勾大兄皇子や檜隈高田皇子も後継候補だったんだ。このことからも継体天皇と手白香皇女が夫婦ではなかったと言えるね。

日夏　それなら、斯我君は天皇の父親として、大和王朝内で権力をふるったはずよ。そのようなことが書かれていたかしら。

翔　斯我君は早くに死んでしまったので活躍する時間がなかったんだ。五二四（五一三［継体七］）年「百済の太子、淳陀薨せぬ」が、それだよ。この淳陀太子が斯我君のことで、太子は法師君が生まれて一、二年で死んだんだ。『日本書紀』はこの淳陀太子の死に続けて、勾大兄皇子と春日山田皇女との結婚を記し、そのあとに前出の挽歌のような歌が出ているよ。つまり、春日山田皇女は勾大兄皇子と結婚した喜びの歌ではなく、夫の淳陀太子の死を嘆く歌を詠んだことになるね。

日夏　すると斯我君は手白香皇女だけでなく、春日山田皇女も妃にしていたと言うの？

翔　そうではないよ。斯我君と淳陀太子が同一人物であるのと同じように、手白香皇女と春日山田皇女も同一人物なんだ。ここまでくると一人を二人に分けて、まったく別の人物にしてしまうのは『日本書紀』の常套手段とわかるね。手白香皇女を仁賢天皇と春日大娘皇女との子、春日山田皇女を糠君娘との子としているので、二人は異母姉妹にみえるよ。ところが、糠君娘の存在が怪しいのさ。「糠」は「殼（空、中身がない）」、つまり架空の人物なんだ。ここはウソと気づくように執筆者がわざと「糠」の字を使ったんだ。春日山田皇女の母親は糠君娘ではなく、春日大娘皇女だから娘にも春日がついているのであって、春日山田皇女は手白香皇女と同一人だよ。

智彦　『日本書紀』では、安閑天皇の陵に「皇后春日山田皇女及び妹神前皇女を合せ葬れり」となっているけど、『陵墓要覧』には、「神前皇女と合葬」となっているだけで、春日山田皇女の名がないね。

翔　安閑天皇のところで日夏も気づいていたように、物部尾輿が春日山田皇女に首飾りを贈ったのは春日山田皇女、つまり手白香皇女が若年にして即位した欽明天皇の母であり、夫を亡くしていたからなんだ。皇女は五三三年に継体天皇（近江毛野臣）が崩御するとすぐに法師君を即位させて欽明天皇が誕生したんだ。法師君十二歳の頃だね。そのときの法師君と母親の会話と思われるものが、欽明天皇が即位したとなっている五三九年、皇子と春日山田皇女とのやりとりの形で書かれているよ。

皇子「余幼年く（おのれとしわか）浅識（さとりすくなし）、政事に閑（なら）はず、山田皇女は明かに百揆（もものまつりごと）に閑（なら）いたまえり」

春日山田皇女「早く位（たかみくら）に登りて天下（あめのした）に光（て）り臨（いま）さしめよ」

日夏　『日本書紀』を読んだだけでは二人の会話の経緯がわからないよ。だが、母と子と知っていれば意味は明白だよ。皇子は母親に「私はまだ政治が執れる年ではありません。お母さんは今まで臨時天皇として政治を担ってきて経験も豊富ではありませんか。お母さんこそ即位したらどうでしょう」と言ったんだ。それに対して母親は「あなたはもう大丈夫、思い切ってやってみなさい」と返したんだ。

翔　ちょっと待って。どうしてここで臨時天皇が出てくるのよ。継体天皇から欽明天皇に引き継がれたのならば臨時天皇の出番はないわ。

智彦　皇子の言った「明かに百揆に閑いたまえり」から、母親が政治に大きく関わっていたことはわかるよね。手白香皇女は継体天皇が磐井を斃して朝鮮半島に渡ったときから臨時天皇となっていたんだ。継体天皇が存命のうちに重ねて即位することはできないし、かと言って天皇が長期に及んで海外に出たままで、国内不在の状態を打開するには臨時天皇しかなかったんだ。

継体天皇は出発のときから二度と大和に戻る気はなかったので、戦いの前に物部大連麁鹿火に対してこう言ってるよ。「長門より東をば朕制（われかと）らん。筑紫より西をば汝制（いましかと）れ」とね。これは話が逆で「筑紫より西は朕にまかせろ。もう大和に戻ることはないから長門より東のことはお前がどうにでもしたらよい」が本音で、そのため大和王朝は継体天皇が朝鮮半島に渡るとすぐに臨時天皇を立てたんだ。

「閫外（こんがい）の任（にん）」という言葉があるよ。将軍の職のことで、中国最初の歴史書『史記』に「閫より内は寡人これを制せん、閫より外は将軍これを制せよ」とあることから使われるようになったんだ。「閫」は宮中の門だから都の意味で、「寡人」は王が自身を言う謙遜語だよ。継体天皇の言は、この『史記』の一文をもとにつくられたもののようだね。

日夏　欽明天皇の生まれはわかったけれど、百済王子の子の欽明天皇がどうして蘇我氏なのかわからないわ。

翔　蘇我氏は武内宿禰（たけしうちのすくね）を始祖として蘇我石川宿禰、蘇我満智（まち）、蘇我韓子（からこ）、蘇我高麗（馬背〈うませ〉）、蘇我稲目と続いてきたことになっているよ。でも、武内宿禰が始祖では時代が合わないし、韓子は混血児を指す言葉なので、これを名前とする人がいたことも否定的に捉えられているんだ。歴史学では蘇我稲目より前の系譜はつくられたもの、蘇我氏の出自は不明と結論づけられているよ。

少し時代をさかのぼると、四一五（二九四〔応神二十五〕）年、百済の高官に木満致（もくまんち）という人がいて、王が幼いのをよいことに政治をほしいままにしたという記述があるんだ。そして百済本紀にも似た名前の木（もく）刕満致（らまち）という人がいて、四七五（蓋鹵王二十一）年、太子だった文周王を擁して南に向かったとあるんだ。二人とも蘇我満智と似ていると思わないかい。木満致と蘇我満智同一人説を門脇禎二さんが唱えたんだが、時代が合わないとして否定されているよ。

智彦　木満致を『日本書紀』に挿入するときに、わざと時期をずらしたとも考えられるね。木満致がいつ頃の人か検討し直す価値はあると思うよ。

翔　だよな。オレは木刕満致が蘇我満智と同一人物だと思う。時期的にも矛盾はないよ。それに、蘇我氏の系譜もまったくのでたらめではないと考えたんだ。すると、蘇我石川宿禰のあとに百済の木刕満致が割り込んできたことがみえてきたよ。つまり、蘇我氏は武内宿禰を始祖とする一族と百済の高官が結びついて生まれたことになるね。允恭（いんぎょう）天皇以降、武内宿禰の流れを汲む諸豪族はしだいに勢力を弱めてきただろ。葛城氏の玉田宿禰は殺されるし、葦田宿禰の一族もさえないよ。平群（へぐり）氏も族長の真鳥（まとり）と鮪（しび）が殺され、羽田氏も黒媛が履中天皇皇妃となったあとの活躍はみられないよ。武内宿禰系の諸豪族は何とか生き残りを図っていたところで、そこに百済の高官たちが朝鮮半島から逃避してきたんだ。葛城氏が起死回生とばかりにこれを受け入れて蘇我氏ができあがったんだ。のちに蘇我馬子が「葛城県は元臣が本居なり」と言ったのは、葛城県が馬子の母方の地であるとの意味だよ。
ここから欽明天皇自身のことに入るんだが、蘇我氏系譜の石川宿禰に続く蘇我満智、蘇我韓子、蘇我高麗の名前はちょっとわざとらしいような気がしないかい？

日夏　満智が百済系で、韓子が新羅、高麗が高句麗の名前ね。もうわけがわからないわ。

翔　武内宿禰の子孫にあたる紀氏の来歴を記した『紀氏家牒』というものがあって、それによると満智の妻は新羅出身の韓兄比売で、そのため子が韓子と呼ばれたんだ。そして韓子の妻は高麗毘売なんだ。高句麗の女性だよ。それで子が高麗と呼ばれたんだ。本名は馬背だよ。これで百済、新羅、高句麗風の名が連なった理由がわかるね。
次に高麗と稲目との関係。稲目の幼少の頃のことを考えてみるよ。手白香皇女にとって夫、法師君にとって父親を失ったことは百済からの支援が期待できなくなったことを意味しているんだ。そこで法師君は蘇我氏と手を結んだんだ。蘇我氏にとっては百済の王族を迎えることができるうえ、同時に倭国の天皇の孫でもあるのだから願ってもないことだったと思うよ。法師君にしても百済出身の一族の支えはぜひとも欲しかっただろうね。蘇我氏なしでは即位できてなかったかもしれないよ。このとき物部氏と大伴氏が大きな力を持っていたんだ。中でも物部氏は清寧天皇の子の勾大兄皇子と檜隈高田皇子を手の内に抱えていたからね。手白香皇女は自身が臨時天皇であることを最大限に生かしたんだな。継体天皇が崩御するや物部氏を出し抜き、須臾にして法師君を即位させてしまったんだ。

智彦
翔

物部氏がうまく立ち回っていたら、安閑天皇や宣化天皇が実在していたかもしれないんだ。

一方、大伴氏の方はさらに大きな見込み違いをしていたんだ。大伴氏が推して天皇となった男大迹王は大和から出て行ったあげく、後継者を残さないまま崩じてしまったのだからな。なまじ継体天皇の擁立者となったばかりに、その後に備えての用意を欠いていたんだ。この時点で大伴氏が抱える有力な皇位継承候補は一人もいなくなってしまったんだよ。継体天皇が崩御して、物部氏の動向に気を取られているうちに、視野の外から忽然と蘇我氏天皇が出現したんだ。大伴氏は室屋に続いて金村が大連になったものの、結局は失脚への道を歩むんだ。

欽明天皇即位前紀にこうあったね。「天皇幼くましましし時、夢に人有りて云さく『秦大津父といふ者を寵愛みたまはば壮大に及りて必ず天下を有らさむ』山背国の深草里より得つ、践祚すに乃至りて大蔵省に拝けたまふ」、秦大津父はここにしか出てこない人物だよ。これを「蘇我大父」に読み替えると話がみえてくるだろ。蘇我大父は高麗のことだよ。

結果、蘇我満智から韓子、高麗、稲目と続いてきた蘇我氏の系譜は血のつながりを意味しているのではなく、族長を表していることになるね。継体天皇の子とされている欽明天皇が蘇我氏になったわけがこれでわかっただろ。

あと残った宿題は、即位を遅らせた理由と架空の天皇を立てた理由だな。それは「天皇家の血筋と蘇我氏は別」であることにするためだよ。そのために、欽明天皇と蘇我稲目の二人に分けて、蘇我氏とは関係がない安閑天皇と宣化天皇を差し込んで欽明天皇ともに継体天皇の子としたんだ。さっきも触れたが、勾大兄皇子（安閑天皇）も檜隈高田皇子（宣化天皇）も清寧天皇が隠棲しているときに生まれた子で、仁賢天皇の異母弟だよ。母親の尾張目子媛は物部目子媛のことで、物部目大連の娘なんだ。二人は欽明天皇の叔父にあたるが、蘇我氏との血縁はないね。

日夏 欽明天皇は稲目の娘の堅塩媛と小姉君の二人を妃にしたとあったわ。自分の娘を妃にはできないわよ。ここはどう考えるの？

翔 堅塩媛は蘇我氏の女性だよ。稲目の娘ではなくて稲目と結婚したと捉えるべきなんだ。十三人もの子を生したとあるので、複数の女性を示しているんだ。

小姉君は、堅塩媛の妹となっているが、妹ではなく、蘇我氏でもないよ。欽明天皇皇后の石姫は檜隈高田皇子と橘仲皇女の娘で、妹に小石姫皇女と倉稚綾姫皇女がいるよ。次の妃の稚綾姫皇女が石姫の妹の倉稚綾姫のことで、石姫と倉稚綾媛の間の姉妹、小石姫が小姉君の正体だよ。三姉妹の二番目だから小姉君と呼ばれたんだ。三姉妹が父の檜隈高田皇子同様、物部氏に育てられたことから姉妹の子供たちもほとんど物部氏と言っていいくらいだよ。同じ欽明天皇の子でも堅塩媛の子は蘇我系で、三姉妹の子は物部系なんだ。欽明天皇は新興の蘇我氏だけでなく物部氏とも縁を結んで、抜かりなく政治を執ったんだ。どう？日夏の質問の答えになっているかな。

日夏 わかったような気がするんだけれど、納得するにはもう少し時間がかかりそうだわ。

翔 しつこいようだが、欽明天皇と蘇我稲目が同一人物ということは、稲目の死と敏達天皇即位前後のことからも推し量ることができるよ。

五七〇（欽明三十一）年三月、蘇我大臣稲目薨去
五七一（欽明三十二）年四月、崩御
五七二（敏達元年）年四月、敏達天皇即位

なぜか欽明天皇が崩御してから敏達天皇の即位まで一年間空いているだろ。でも、稲目が死んだときが欽明天皇崩御のときだから、敏達天皇は稲目が死んだ五七〇年三月か、遅くとも四月には即位していたんだ。同年四月の詔に「朕、帝業を承けて若干年なり」とあったね。三十年以上も在位している天皇の言葉とは思えないだろ。これを即位したばかりの敏達天皇の言葉とすれば、すんなりと理解できるよ。三月に稲目が死んだ（欽明天皇崩御）あとの即位で、在位約一カ月の詔だったんだ。このとき、高麗の使者の船が漂流して越に流れ着いたんだが、そのことを敏達天皇は、五七二（敏達元）年五月になって「あのときの高麗の使者は今どうしている？」と大臣に尋ねているね。高麗船の漂着が欽明天皇のときではなく、自分が即位したばかりのできごとだったから覚えていて、その後のことを問うたんだよ。

日夏　欽明天皇の崩年まで書き換えて、天皇家と蘇我氏とを別の系譜にしてしまったことはわかったわ。そこで根本的なことを問うわ。なぜ蘇我氏が天皇家であってはいけないの？　それがはっきりしないと説得力はないわよ。

翔　それはね。記紀をつくらせたときの天皇、つまり天智天皇や天武天皇が蘇我氏ではなかったからだよ。もし二人が蘇我氏だったなら用明天皇や推古天皇も蘇我氏の天皇と堂々と書かれていただろうな。ところが両天皇は蘇我氏ではなかったし、蘇我氏出身になりすますこともできない立場だったんだ。だから天皇家が神武天皇から連綿と続いて天智天皇、天武天皇に至ったことにするためには、その途中に蘇我氏の天皇が割り込んできてはならなかったんだ。天智天皇と天武天皇の出自については、これからだんだんわかってくるよ。

日夏　翔は蘇我氏について執念があるようね。

翔　オレの姓の阿比留が対馬に多いことは知っているだろ。阿比留一族は上総国（千葉県）が発祥の地で、あるとき対馬に渡ったというのが定説なんだ。しかし蘇我氏の末裔とする説もあってね。真相は不明だが、ついつい力が入ってしまうんだな。

馬子の正体

▽二月二十二日　日本古代史研究会　第十七回

日夏　わたしも蘇我氏について少しは勉強してきたわ。翔の独り舞台ではつまらないもの。

第三十代　敏達天皇（譯語田淳中倉太珠敷天皇）

記述年	西暦	日付	事項
	五三八		生まれる
	五七二	四月	即位。百済大井に宮つくる、蘇我馬子宿禰を大臣とする
敏達四年	五七五	正月	広姫を皇后とする。十一月皇后、薨去
敏達五年	五七六	三月	豊御食炊屋姫尊（のちの推古天皇）を皇后とする
敏達十三年	五八四		馬子宿禰、仏殿をつくる
敏達十四年	五八五	三月	物部弓削守屋ら仏像、仏殿を焼く
		八月	崩御（年、記載なし。磯長陵）

翔　欽明天皇には橘大兄（のちの用明天皇）や穴穂部皇子、泊瀬部皇子（のちの崇峻天皇）などの有力な後継候補がいたのに譯語田渟中倉太珠敷尊が即位できたのは母の石姫が皇后だったことが大きいのね。それに即位時点では、蘇我氏より物部氏の方が有力だったことも挙げられるよ。石姫は物部氏の中で育ったと考えられるし、天皇自身もほとんど物部氏と言っていいくらいだよ。

日夏　敏達天皇は皇后が広姫で、子に押坂彦人大兄皇子ほか二人ね。広姫が薨じたあと豊御食炊屋姫が皇后となって竹田皇子、鸕鷀守皇女、田眼皇女ほかを生んだの。敏達天皇の時代、蘇我馬子が仏教を取り入れようとしたのに対し、天皇や物部守屋は排斥したことが知られているわ。

翔　蘇我氏には強い霊力をもった巫女がついていなかったんだ。当時は権力や財力をもってしても神の承諾がなければ国を動かすことが困難だったんだ。それで馬子は古来からの日本の神による政治を廃して、仏教による政治に変革しようとしたんだ。百済の仏教公認は三八四年で、すでに二〇〇年近く経っていて仏教は百済出身者にはなじみがあったからね。と言っても、馬子自身が仏教を信じていたわけではないよ。あくまで馬子は自らの力で政治を執り行う手段としての宗教を求めたんだ。一方、敏達天皇は物部氏の中で育ったうえに、皇后の広姫は息長氏だから、思うように祭祀を司ることができたんだ。仏教を取り入れる必要はまったくなく、むしろじゃまものだったわけだよ。当然の結果、両者の間に軋轢が生じたんだな。

日夏　宗教の対立イコール政治の対立だったのね。

翔　敏達天皇が即位したとき、天皇自身も穴穂部皇子も物部氏に近かったので、大臣の馬子より優勢だったことがわかるね。天皇が馬子の建てた仏塔を物部守屋に命じて切り倒し焼かせるまではね。このあと天皇は病を得て崩御するんだ。病む直前、天皇が馬子にかけた言葉が「汝ひとりが仏法を行うのであれば許す」だったね。馬子は歓喜したとあったよ。でも、喜んだはずがないんだ。馬子自身が仏教を信仰したかったのではなく、仏教を国家宗教にしたかったんだから、それを完全に否定されたこのとき、天皇に対する殺意が芽生えたんだ。『日本書紀』と『古事記』では敏達天皇の崩御の年月が違っていて、病死というのも怪しいよ。オレは毒殺だと思うね。敏達天皇崩御のあとは大和王朝内の雲行きが変わり、今まで優勢だった物部氏らの廃仏派より、崇仏派の蘇我氏の力がしだいに上回っていったと想像するよ。

智彦　五八三（敏達十二）年に日羅という人が出ていたね。火葦北国造の子で、百済の王に仕えていたのをわざわざ呼び返したけど、帰国後すぐに殺されてしまうんだ。その後、葦北君等も皆殺しにしたとあったよ。熊本のことだけに熊野帝国と関係があるのではないかと気になるんだ。

翔　関係あるだろうな。帝国の末裔が葦北で生き延びていたんだ。日羅を放っておいては百済と手を結んでやっかいなことになると、大和王朝側が芽を摘んだんだ。

日夏　このあとは蘇我氏隆盛の時代ね。

第三十一代　用明天皇（橘豊日天皇）

記述年	西暦	修正年	日付	事項
	五一九	五二七		生まれる
	五八五		九月	即位。磐余に宮つくる。池辺雙槻宮という。蘇我馬子宿禰を大臣とする
用明元年	五八六		正月	穴穂部皇女を皇后とする
用明二年	五八七		四月	崩御（年、記載なし。磐余池上陵、のち河内磯長陵）

用明天皇は、その名が知られているわりに在位期間は短く、天皇自身がどう動いたのかもわかっていないの。この時代、馬子と守屋との対立がますます深まったとあるわ。翔、何か言いたいことがあるの？

翔　言ってもいいかな。聖徳太子は蘇我馬子の子だよ。馬子の子だから厩戸皇子なんだ。

日夏　何を言っているのよ。厩戸皇子が用明天皇の子ではないとでも言うの？

翔　そうは言ってないよ。用明天皇と蘇我馬子は同一人物なんだ。穴穂部皇子と物部守屋もそうだよ。この頃の『日本書紀』は同一人物だらけだよ。一人の人物を二人に分けたら、その周辺の人も二人にしないと辻褄が合わなくなったんだ。欽明天皇を二人に分けたときから「欽明天皇の子の用明天皇」と「蘇我稲目の子の蘇我馬子」に書き分けなければ話が通らなくなったんだよ。用明天皇と蘇我馬子、穴穂部皇子と物部守屋の系譜を並べると次のようになるよ。

用明天皇：別名が橘豊日皇子、池辺皇子。父が欽明天皇で母が堅塩媛。皇后は穴穂部皇女（穴穂部皇子の姉）で、子が厩戸皇子。嬪が蘇我稲目の娘の石寸名で、子が田目皇子（豊浦皇子）。宮は池辺雙槻宮。

蘇我馬子：別名が島大臣。父が稲目で母は不明。妻の名は不明だが物部守屋の妹。子は善徳、蝦夷（豊浦大臣）ほか

穴穂部皇子：父が欽明天皇で母が小姉君。姉が穴穂部皇女（用明天皇皇后）

物部守屋：父が物部尾輿で母が阿佐姫。妹の名は不明だが馬子の妻

穴穂部皇子は小姉君の子で、敏達天皇同様に物部氏の中で育ったんだ。物部守屋は物部尾輿の子とされているが、物部氏の族長に担がれた穴穂部皇子のことだよ。法師君が蘇我氏の族長に迎えられて蘇我高麗の子・稲目とされたのと同じだね。穴穂部の名は石上穴穂宮で養育されたことからついたもので、石上は物

部氏の大和における拠点なんだ。だから守屋の父母を無視して、妹を姉に置き換えると同一人物であることがわかるよ。

池辺皇子、島大臣も天皇のときは「池辺」、馬子では「島」と使い分けただけなんだ。そして、子の厩戸皇子も善徳と同一人物だね。推古天皇の五九六年、法興寺の寺司に馬子の子の善徳が任命されたとき、慧慈という高句麗の僧が寺に住み込んだとあったよ。そして六二一年、厩戸皇子が薨じると慧慈は非常に悲しんで、自分が予言する日に死んでしまったとあっただろ。

日夏　そうか。慧慈とのつながりが善徳と厩戸皇子が同一人物であることを暗示しているのね。

翔　用明天皇の嬪・石寸名の子が田目皇子だが、彼は舒明天皇でもあり蘇我蝦夷でもあるよ。田目皇子の別名は豊浦皇子で、蝦夷の別名が豊浦大臣だよ。『日本書紀』では、舒明天皇も蘇我氏と直接関係がないように書かれているね。敏達天皇と菟名子夫人との間に太姫（桜井）皇女と糠手姫（田村）皇女が生まれ、その糠手姫と押坂彦人大兄皇子との間に生まれたのが舒明天皇となっているよ。しかし例の如く、「糠」の字がつく人物はその存在が怪しいんだ。ここでは、その母の菟名子夫人も太姫も糠手姫も借り物の名だよ。というのも、敏達天皇と豊御食炊屋姫との間にはすでに似た名の桜井弓張皇女や田眼皇女が生まれているからなんだ。この二人の名を借りて架空の皇女を誕生させ、舒明天皇が蘇我氏から遠い血縁であったように書き換えたんだ。石寸名と欽明天皇皇女の磐隈皇女の系譜についても示しておくよ。

石　寸　名：父が稲目で母は不明。用明天皇の嬪、子が田目皇子。

磐隈皇女：別名が夢皇女、石坰王、石前王女。父が欽明天皇で母が堅塩媛。伊勢の神に仕えていたとき異母兄の茨城皇子に犯されたためにその任を解かれる。

石寸名と磐隈皇女には「石（磐）」の共通点があるよ。茨城皇子は馬子のことだよ。茨城皇子はこのあと出てくることもなく、その実体が感じられないのは仮の名だからだよ。

智彦 今まで出てきた同一人物は、片方が死ぬと間もなくもう片方も死んでいたよ。でも、用明天皇崩御のあとも馬子は長く生きていたんだよね。このことの説明はできるの？

翔 『日本書紀』では敏達天皇の次に橘豊日が即位して用明天皇となっているが、橘豊日、すなわち馬子は即位しなかったんだ。敏達天皇のとき、自分が大臣となって政治に関わっているうちに、天皇より、その陰にいた方がより大きな力を都合よく行使できることに気がついたんだ。それで天皇を選び、動かす側、実質的に天皇より上に位置する大臣の地位に固執したんだ。敏達天皇の後継候補としては、

①敏達天皇と皇后・広姫との子の押坂彦人大兄皇子
②欽明天皇と小姉君との子の穴穂部皇子
③欽明天皇と堅塩媛との子の橘豊日（馬子）

が考えられるよ。①の押坂彦人大兄皇子は敏達天皇が変死した時点で皇太子の地位は消滅したんだ。②の穴穂部皇子（物部守屋）が即位すれば、敏達天皇と同じように廃仏姿勢をとることは目に見えているから馬子は断固、阻止したんだ。③は馬子自身その気がないのでバツだよ。そこで馬子は自分の妻の穴穂部皇女を臨時天皇にするという奇抜な手を打ったんだ。それならば馬子は天皇としての権力を実質的に掌握できるし、穴穂部皇女は物部育ちだから物部氏の顔も立つうえに穴穂部皇子の矛先もかわすことができるものな。用明天皇とは馬子（影の天皇）と穴穂部皇女（表向きの臨時天皇）との二人を合わせたようなものだったんだ。

智彦 臨時天皇は即位の儀式を行わなかった天皇のことだね。飯豊青皇女や手白香皇女と同じとみていいのかな。

翔 そうだね。ふつう皇位は崩御によってのみ次の天皇に引き継がれるんだが、臨時天皇の場合は次にふさわ

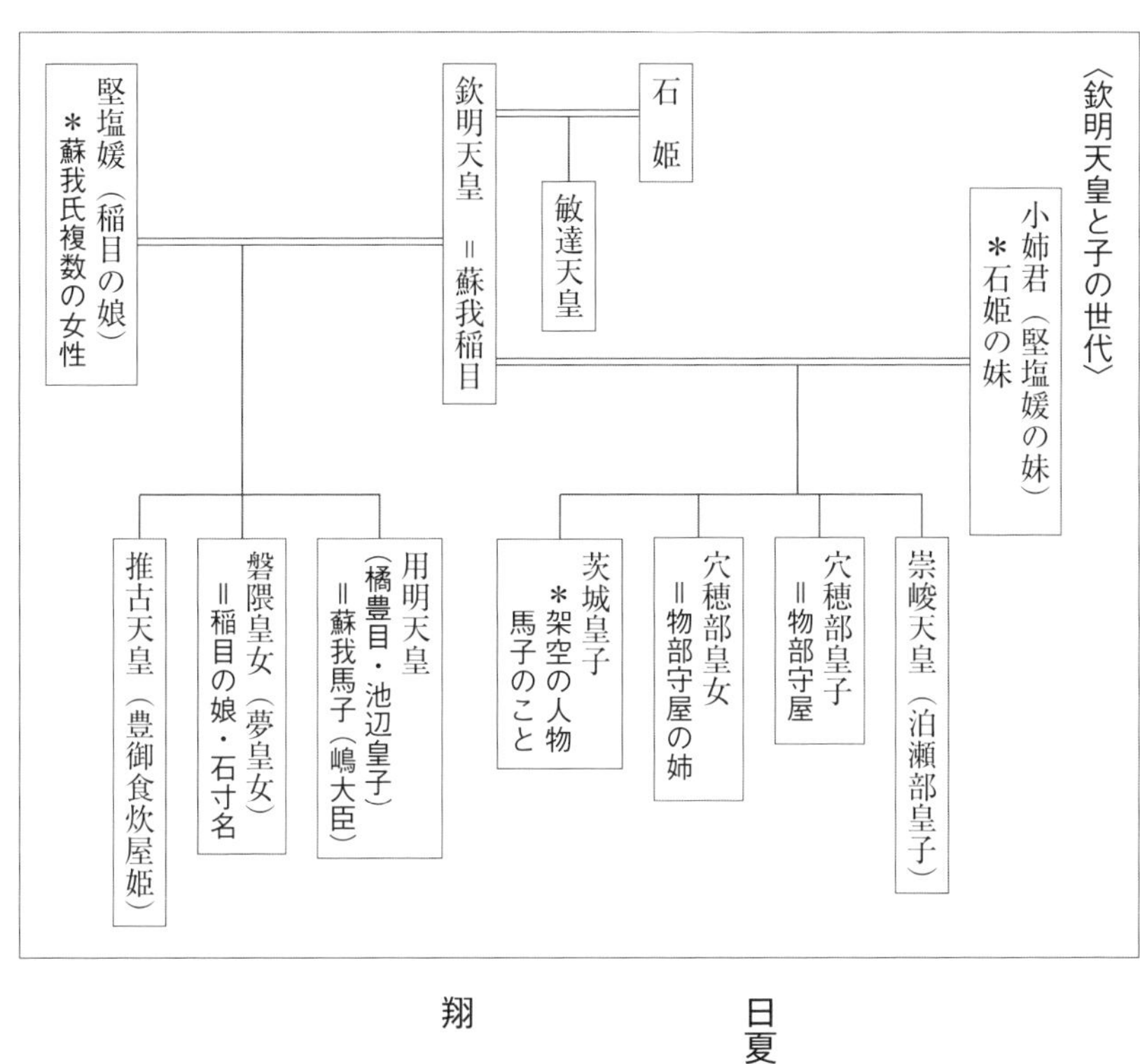

しい人物が現れたときに引き継いだと考えられるな。穴穂部皇女は間人(はしひと)皇后とも呼ばれているだろ。間人は前の天皇と次の天皇をつなぐ、つまり「天皇と天皇の間の人」の意味だよ。前に舒明天皇の娘の中皇命(なかつすめらみこと)が出てきたね。この中皇命も同じく臨時天皇のことだよ。

日夏　そうか。斑鳩(いかるが)の中宮寺(ちゅうぐうじ)は聖徳太子が母の間人皇后の宮を寺にしたと伝えられているの。でも、なぜ中宮寺の名がついたのかわかってなかったの。「中宮」が臨時天皇の宮を指しているとわかれば疑問解消ね。

翔　さて、用明天皇は病により一年半という短い在位期間で崩御してしまったね。馬子と穴穂部皇女二人合わせて用明天皇なのに、すぐに死んでしまったというのはヘンだろ。廃仏派の穴穂部皇子が豊国法師(とよくにのほうし)という僧を連れて見舞ったとあるのもヘンだよ。実は用明天皇が崩御したというのは穴穂部皇女が臨時天皇を辞めてしまったことなんだ。その理由も大臣馬子と臨時天皇の二人体制がうまくいかなくなったわけではないし、皇女本人が薨じたわけでもないよ。『日本書紀』では用明天皇が崩御したときの年齢が書かれていないよ。それはそうだよ。このとき穴穂部皇女も馬子も生きていたんだから。では、なぜ用明天皇が崩御したことにしたのか。それは穴穂部皇女が妊娠したからなんだ。

日夏 子ができたからといって臨時天皇を辞める必要はないでしょ。

翔 馬子の子ならな。生まれてくる子は田目皇子の子で、皇女は馬子と離婚、田目皇子と再婚したんだ。田目皇子は馬子と石寸名との子で、舒明天皇であり蘇我蝦夷でもあるよ。このとき皇女は三十六歳、田目皇子は十六歳と推定するよ。生まれてくる子は古人大兄皇子であり蘇我入鹿でもあるんだ。それから、穴穂部皇女は法提郎媛と同一人物だよ。

　穴穂部皇女：別名は間人皇后。父が欽明天皇で母が小姉君、弟は穴穂部皇子。用明天皇皇后となって厩戸皇子を生む。のち田目皇子の妃となって古人大兄皇子を生む

　法提郎媛：馬子の娘。舒明天皇の妃となって古人大兄皇子を生む

日夏 父親の妻と結婚するなんて、あり？　しかも、臨時天皇の位にある人と。たしかに『日本書紀』には穴穂部皇女が用明天皇崩御後、田目皇子の妃となって佐富女王を生んだとあるわ。再婚は事実で、男の子が生まれたのを女の子に書き換えたのかしら。そうとしても、まだ心が納得していないし、頭も混乱してきたわ。次々に同一人物が出てくるんだもの。

翔 主な登場人物が半分になるんだからスッキリすると思うんだがなあ。

日夏 半分どころか同一人物が加わって二人が三人に増えた感じよ。まいっちゃうわ。

翔 再婚の話に戻るが、さすがに義理の母子は憚られたんだ。それで、弟の穴穂部皇子が仏僧を連れて皮肉っ

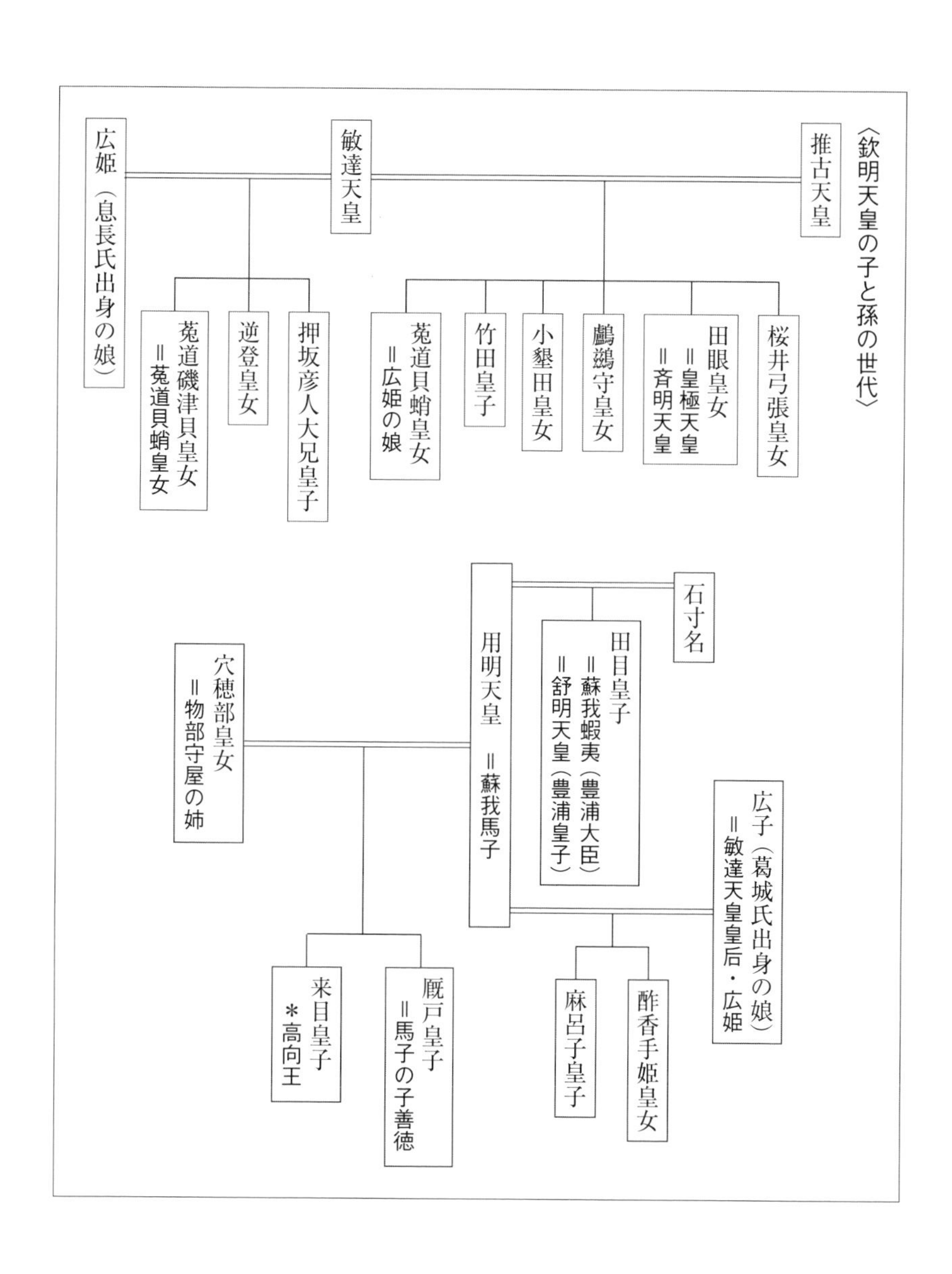

〈欽明天皇の子と孫の世代〉
推古天皇
敏達天皇
広姫（息長氏出身の娘）
桜井弓張皇女
田眼皇女
＝皇極天皇
＝斉明天皇
鸕鷀守皇女
小墾田皇女
竹田皇子
菟道貝蛸皇女
＝広姫の娘
押坂彦人大兄皇子
逆登皇女
菟道磯津貝皇女
＝菟道貝蛸皇女
石寸名
用明天皇　＝蘇我馬子
田目皇子
＝蘇我蝦夷（豊浦大臣）
＝舒明天皇（豊浦皇子）
穴穂部皇女
＝物部守屋の姉
広子（葛城氏出身の娘）
＝敏達天皇皇后・広姫
酢香手姫皇女
麻呂子皇子
厩戸皇子
＝馬子の子善徳
来目皇子
＊高向王

たんだ。姉さんのしていることは仏の道にかなっているのかい。子を生んで国が富むように豊国の僧を連れて見舞いに来たよ、とね。

智彦　別名の法提郎媛もそのことにちなんでいるのかな。一見「仏法を携えている」ととれるが、「お手本を腰のあたりに提げている」という意味もありそうだね。乳呑み児を意味する「提孩（ていがい）」という言葉もあるし。

翔　用明天皇が崩御しても同一人物の馬子がその後、長く生きていておかしくなかっただろ。馬子は敏達天皇のときに続いて間人臨時天皇、崇峻天皇、推古天皇まで大臣を貫き通したんだ。『日本書紀』はそれを利用して馬子の前後の蘇我氏天皇を分身させて片方を大臣に仕立て上げたんだ。欽明天皇を蘇我稲目大臣に、舒明天皇を蘇我蝦夷大臣に、古人大兄皇子（即位したが天皇名なし）を蘇我入鹿擬大臣というふうに。

智彦　臨時天皇だった手白香皇女が「間人」と呼ばれていないのは何故なんだろう。

翔　そのときは継体天皇が存命していたからだよ。手白香皇女の場合は臨時天皇より天皇代理と呼んだ方がいいのかもしれないな。

日夏　まだ混乱状態だわ。でも次に進めるわ。

第三十二代　崇峻（すしゅん）天皇（泊瀬部天皇（はつせべのすめらみこと））

記述年	西暦	修正年	日付	事項
	五二〇	五二八		生まれる
	五八七		四月	用明天皇崩御。六月、蘇我馬子らが穴穂部皇子と宅部皇子（やかべのみこ）とを殺す。七月、馬子や厩戸皇子らが物部氏を攻め、守屋を殺す

崇峻五年　五九二　八月　即位。馬子を大臣とする。倉梯（くらはし）に宮つくる。小手子（こてこ）を妃とする
十一月　蘇我馬子が東漢直駒（やまとのあやのあたいこま）に命じて天皇を弑逆（しいぎゃく）する（年なし。倉梯岡陵）

翔

馬子が穴穂部皇子を殺したあと、その弟の泊瀬部皇子を立てて崇峻天皇としたの。泊瀬部皇子も物部氏に近かったと思われるのになぜ次の天皇になれたのかしら。

馬子が泊瀬部皇子を即位させたのは事前に約束ごとがあったからだよ。泊瀬部皇子が天皇になれるのであれば、物部氏のうち泊瀬部皇子に近い人たちは、馬子の穴穂部皇子攻撃を妨害しないとのね。また物部氏以外の氏族も味方につけやすくなるしな。それに泊瀬部の名のとおり、穴穂部皇子とは違って物部氏の本拠地の育ちではなかったから与し易いと考えたんだろうな。馬子は穴穂部皇子を殺した一カ月後に物部守屋を殺しことになっているね。でも、二人は同一人物だから穴穂部皇子が死んだときに守屋も死んでいたんだ。その一カ月後に族長のいなくなった物部氏の本拠地に攻め入り、物部氏本家を潰滅させたんだ。男性二遺体が合葬されていた奈良県生駒（いこま）郡斑鳩町の藤ノ木（ふじのき）古墳は穴穂部皇子（守屋）と、一緒に殺された宅部皇子が被葬者かもしれないな。馬子は物部氏を叩いて蘇我氏に対抗できない状態にしたあとで、泊瀬部皇子を即位させたんだ。このときも馬子が実質的に天皇で、誰を名目上の天皇にするかの決定権を持っていたことがわかるね。

崇峻天皇は大伴糠手連（あらてのむらじ）の娘、小手子を妃にしたことになっているが、これが怪しいんだ。皇后にも立っていないし、例によって父親の名が糠手だもの。『日本書紀』には、崇峻天皇に馬子の娘の河上娘（かわかみのいらつめ）が嫁していたことがほのめかされていただろ。小手子と河上娘も同一人物かもしれないな。とすると、小手子は

馬子が崇峻天皇に張りつけた間諜ということなのかな。小手子から天皇の不審な動きを知らされた馬子が機を逃さずに刺客を放ったんだ。

日夏　今日はここまでね。わたしが勉強してきたことがちっとも役に立たなかったわ。

偽りの遣使

▽二月二十九日　日本古代史研究会　第十八回

遣隋使と遣唐使

日夏　一週間たってようやく同一人物が頭に入ってきたわ。

第三十三代　推古天皇（豊御食炊屋姫天皇）

記述年	西暦	日付	事項
	五五四		生まれる
	五九二	十二月	豊浦宮に即位
推古元年	五九三	四月	厩戸皇子を皇太子とする 厩戸皇子の生誕の話が挿入されている。「皇后懐妊開胎さむとする日に禁中に巡行して馬官に至りて厩の戸に当りてたちまちに産れませり」
推古二年	五九四		諸臣が競って仏舎を造る。これを寺という

推古四年	五九六	十一月	法興寺を造る。大臣の男、善徳臣を寺司にする
推古九年	六〇一	二月	皇太子が斑鳩に宮を興てる
推古十一年	六〇三	十月	小墾田宮に遷る。十二月冠位を行う。併せて十二階
推古十二年	六〇四	四月	皇太子、憲法十七条をつくる
推古十五年	六〇七	七月	小野臣妹子を大唐に遣わす
推古十六年	六〇八	四月	小野臣妹子が大唐より帰る。大唐の使人、裴世清らを連れてくる
推古十八年	六一〇	三月	高麗の王が僧曇徴を貢上してきた。曇徴は絵具や紙、墨の製法を伝えた
推古二十二年	六一四	八月	大臣が病に臥した。大臣のために一千人が出家した
推古二十八年	六二〇		皇太子と大臣共に議って天皇記、国記、公民等の本記を作成した
推古二十九年	六二一	二月	皇太子薨去
推古三十四年	六二六	五月	大臣薨去、桃原墓に葬る
推古三十六年	六二八	三月	崩御。年七十五（竹田皇子の陵に葬る）

『日本書紀』を読む前から厩戸皇子の生誕の話は聞いたことがあったでしょ。わたしはキリストの降誕の話をまねたものとばかり思っていたの。そこに目を奪われて、馬子の子だから厩戸の名がついたとまでは考えが及ばなかったわ。推古天皇の時代になると廃仏派は影を潜めてしまい、仏教が爆発的に広まったようね。政治も安定して中国に使者を送るようにもなったわ。しかし、突然の皇太子（厩戸皇子）の死には疑問が残るわ。そして『古事記』は推古天皇でおしまいね。

翔　即位するとすぐに厩戸皇子が皇太子となって政治を担ったとあるように、この時代は天皇と大臣と太子の三人体制だったんだな。五九六年に法興寺が完成、馬子の息子の善徳が寺司になったとあるが、前にも言ったように善徳は厩戸皇子のことだよ。厩戸皇子は仏教を国教にする役目を一手に引き受けたんだ。十七条憲法もその一環で、斑鳩に宮を興てたのも仏教政策に専念するためだよ。

日夏　斑鳩を「いかるが」と読むのはヘンね。字も「鵤」が正しいのではないの？　智彦ならわかるでしょ。

智彦　まいったな。まかせてと言いたいが、よくわからないんだ。音読みすれば「はんきゅう」で、訓読みなら「まだらばと」だね。厩戸皇子といっしょに死んで、陵も同じとされている菩岐岐美郎女（ほききみのいらつめ）という妃がいてね。この妃が膳氏（かしわでうじ）の出身で、その二、三代前に膳臣斑鳩という人がいて、名を「いかるが」といったんだ。あくまで推測だけど、そこから斑鳩を「いかるが」と読むようになったのかもしれないよ。

ただ皇子自身は斑鳩を「まんだら」と読んでいたような気がするんだ。そのことを説明するね。まず、語源から。

①鳥のイカル（鵤）が群居していた　／　②マダラバト　／　③険しい地形

など考えられているよ。「斑鳩」の字については①のイカルではなく、②のマダラバトが正しいと思うよ。ただし、現在の日本で考えられているキジバトのことではなくて、中国のジュズバト、現和名でカノコバトのことだよ。日本ではあまり見られないこのハトの首のまわりには、まるで数珠をかけているような白斑があるんだ。膳臣斑鳩は任那まで出征したことがあったので、朝鮮半島で伝え聞いた斑鳩が気に入って自分の名「いかるが」に斑鳩の字をあてたのではないのかな。

さて、ボクは厩戸皇子は絵ではなくて建築物で曼荼羅（まんだら）界をこの世に実現させるという壮大な考えを持っていたように思うんだ。法隆寺、中宮寺、法輪寺、法起寺はその目的で建立されたんだ。一般に曼荼羅（金剛界曼荼羅）はのちに密教とともに伝わったと考えられているんだが、阿弥陀如来のいる西方浄土を表す浄土曼荼羅はもっと早く、皇子の時代には伝わっていたと思うよ。皇子は、中国には首に数珠をかけたような斑鳩がいることを知って、「曼荼羅」に「斑鳩（マダラバト）」を重ねたんだ。だから斑鳩を「まんだら」と読んでいたかもしれないんだよ。

日夏　わからないと言いながら、ちゃんとわかったわよ。厩戸皇子はこのように仏教政策をすすめながら、さらに最新のものを取り入れようと中国に使者を送ったのね。

智彦　それは違うんだ。『日本書紀』を読む限りではそうみえるんだが、大和王朝は百済を主として朝鮮半島からのみ仏教を受け入れていたんだ。

日夏　では、遣隋使の話はどうなるのよ。つくり話とでも言うの？

智彦　つくり話と言うより借り物の話で、遣使したのは大分大倭だよ。『日本書紀』をつくるとき、中国側の記録に遣隋使のことがあるのを知った大和王朝は大分大倭の存在を隠して、奈良大和のこととして書き入れたんだ。『日本書紀』の遣隋使の話と中国の歴史書『隋書』俀国伝とを比べてみると以下の疑問点があるよ。

①『日本書紀』には『隋書』にある六〇〇年と六一〇年の遣使が書かれていない。大和王朝のことであったならば、抜けるはずのないできごと。六一四（推古二十二）年のときも「犬上君御田鍬（いぬかみのきみみたすき）、矢田部造（やたべのみやつこ）（名をもらせり）を大唐に遣す」だけで、とても当事者のこととは思われない。一大国家行事をたった一言で済ましてしまうはずはないし、大使の名がわからないはずもない。

②『隋書』では王の名は多利思北孤（たりしひこ）で男性だが、このときの大和の王は女性（推古天皇）。

③『隋書』では使いの裴世清は王と相見したとあるが、『日本書紀』では対面しないまま。

④隋の使者の行程をたどると、俀国は九州の東海岸になる。
⑤隋の使者が筑紫から大和に向かったと仮定して、阿蘇山に寄るはずがない。もっとも隋の使者が伝え聞いた阿蘇の話を入れただけかもしれないが。

日夏　遣使したのが大分大倭であれば①から⑤の疑問はすべて解消されるよ。
『隋書』俀国伝は『わたしの魏志倭人伝』で取り上げたわね。「開皇二十（六〇〇）年、俀王、姓は阿毎（あめ）、字は多利思北孤、号は阿輩雞彌（おほきみ）、遣使王宮に詣でる。（風俗のこと略）阿蘇山あり、火を発し石は天に接す」「大業三（六〇七）年、多利思北孤遣使朝貢、（中略）国書に曰く『日出ずる処の天子、書を日没する処の天子に致す、恙（つつが）なきや』帝、悦ばず。（中略）明年、裴世清を倭国に使わす。百済を渡り竹島に至り都斯麻国を経て大海の中にあり。また東に一支国に至りまた竹斯国に至りまた東に秦王国に至る。その人は華夏（中国人）に同じ、その理由を明らかにすること能わず。また十余国を経て海岸に達す、竹斯国以東はみな俀に附庸す。彼の都に至り、その王、裴世清と相見す。また裴世清の帰国に使者を伴けて来貢す、のち遂絶す」だったわ。「俀」を「タイ」と読んで、『隋書』俀国（たいたいこく）伝とする人もいるけれど、歴史学では「俀」の字は古くは「倭」と同義同音だったとして、字を置き換えて『隋書』倭国伝（わこくでん）と読んでいいことになっているわ。

智彦　そうなんだ。そこが大きな問題なんだ。中国には『隋書』より前に倭国に触れた歴史書がたくさんあるのだから、知らずに書き間違えたとは考えられないよ。同義同音だからといって、いい加減に「俀」の字を使ったはずもないよ。ここは意識して「俀国伝」にしたと考えるべきなんだ。その読み方は「ダイ」が正しいんだ。旁（つくり）が同じ「餒」「鮾」も「ダイ」と読むよ。中国の人は倭国の倭を「ワ」と読んだのだが、これは特殊な読み方で本来は「イ」なんだ。だから「倭」一字のときは「ワ」と読み、『大倭』ならば「ダイ」と読んだと考えるよ。この「大倭」を一字で表したのが「俀」なんだ。したがって『隋書』俀国伝（だいだいこくでん）と読むもので、大分大倭のことを書いているんだ。

日夏　隋はなぜ「大倭」を「俀」に変えなければならなかったの？　わざわざ遠くから朝貢してきた国の名を簡単に変えていいものかしら。

智彦　それは大倭を蛮夷の失礼な国として貶（おとし）めるためだよ。有名な「日出る処の天子」の国書が気に入らなかったんだ。「大倭」を「俀」に変えて、煬帝は溜飲を下げたのではないかな。「餧」は「飢える」ことだし、「鮾」も「魚が腐る」ことだから、当時の中国では「ダイ」と読むものは悪いイメージを持っていたんだ。大運河建設で国民を疲弊させ、高句麗遠征であっという間に国を滅ぼした煬帝をのちの人が「ヨウテイ」ではなく「ヨウダイ」と読むのはすごい皮肉だね。
「俀王、姓は阿毎、字は多利思北孤、号は阿輩雞彌」については、姓と字が天足彦（あまのたらしひこ）で、号が大君だよ。名にある「北」の字は「比」と書かれていたものを煬帝が「北」に変えたんだ。「北」には「そむく、敗れる」の意味があるからね。国書は厩戸皇子がつくったとされているが、つくったのは天足彦なんだ。使節の行程だが「都斯麻国」は対馬国、「一支国」は壱岐国、「竹斯国」は筑紫国でいいよね。ここまでは異論はないと思うよ。「秦王国」を北九州方面と考えている人が多いようだが、うきは市の浮羽（うきは）だよ。浮羽という地名は的（いくは）が変化したものなんだ。応神天皇の四〇九年に弓月君（ゆづきのみき）が百済より渡来し、翌年その民百二十縣を的戸田宿禰（いくはのとだのすくね）らがつれて帰ったとあったね。弓月君とその一族は浮羽に移住していたんだ。移住後すでに二百年近く（本当はもっと短い期間とみるよ）経っていたが中国の風習がまだ残っていて、隋の使節には同胞に感じられたんだ。弓月君が目指したところは的だったんだ。弓から放たれた矢は的に向かうものだよ。

日夏　冗談でなく、本気なのね。

智彦　もちろんだよ。そして十余国は現在の福岡県朝倉市杷木、大分県日田市大鶴、同市内花月川河岸・三隈川河岸、玖珠町北山田・塚脇、九重町引治、由布市湯布院・庄内・挾間、大分市稙田などが考えられるね。達した海岸は別府湾で、俀は大分大倭なんだ。振り返って、磐井君が敗れ熊野帝国が崩壊したときに大分大倭は息を吹き返し、帝国勢力の衰滅と反比例するように急激に力を取り戻したんだ。そして、六〇〇年代の大分大倭は中国に遣使できるほどの力を持つようになっていたんだよ。

日夏　この時代、奈良大和王朝と大分大倭王朝が並立していたと言うのね。遣隋使の話は大分大倭のものを大和王朝が取り入れたことはわかったわ。五つの疑問も解消できるわね。でも、小野妹子の存在はどうなるの。まったくのデタラメであそこまで書けるものかしら。それとも、妹子まで大分大倭の人だと言うの。

智彦　その答えを言ったら、また冗談だと思われそうだな。妹子は第二回遣隋使の大使で、隋の裴世清を伴って帰国したことになっているね。ところが『隋書』には小野妹子の名は一度も出てこないんだ。それもそのはずで、妹子は行ってなかったんだから。では、どうして大和王朝は妹子を大使に仕立て上げたんだろうね。大和王朝は「隋が大分大倭の大使を『蘇因高』と呼んでいた」ことを聞きかじって、似た名の人物を探し出したんだ。それが妹子だよ。因高が妹子になったんだ。ちょっと苦しいかな。大分大倭の使節団員が副長官（副使）のことを「そひのかう（そいのこう）」と呼んでいるのを聞いた隋の人が「蘇因高」の字を当てていたんだ。笑い話だよ、まったく。

日夏　何だか力が抜けそうね。妹子が国書を紛失した話も、もともと大和王朝への国書は無かったからなのね。

智彦　また、隋への使節なのに「大唐に遣す」となっていて、明らかに間違っているよね。執筆者が「ここはウソですよ」というようにわざと間違えたのではないかな。第二回の遣隋使以外にも疑問点はたくさんあるんだ。七〇二年までの遣隋使と遣唐使を並べてみたよ。

第一回遣隋使：六〇〇（推古八）年　『日本書紀』に記載なし
第二回　六〇七（推古十五）年　妹子を大唐に遣わす
第三回　六〇八（推古十六）年　妹子を大唐に遣わす
第四回　六一〇（推古十八）年　『日本書紀』に記載なし
第五回　六一四（推古二十二）年　犬上君、矢田部造を大唐に遣わす（簡潔）
第一回遣唐使：六三〇（舒明二）年　犬上君、薬師恵日を大唐に遣わす（簡潔）
第二回　六五三（白雉四）年　少し詳しい
第三回　六五四（白雉五）年　少し詳しい
第四回　六五九（斉明五）年　少し詳しい
第五回　六六五（天智四）年　まるで伝聞
第六回　六六九（天智八）年　簡潔
第七回　七〇二（大宝二）年

第一回と第四回の遣隋使は『日本書紀』に記載がなく、『隋書』にのみ出ているよ。第一回の六〇〇年は、大和王朝は新羅と交戦中で「万余（よろづあまり）の衆（いくさ）」を半島に送り込んでいるときだから、遣使の余裕などなかったと思われるんだ。第五回の遣隋使、第一回の遣唐使についての記述はとても簡潔で、当事者でないので詳しいことは書けなかったとしか思えないよ。第二回、第三回遣唐使のとき大和では孝徳天皇で、特に第三回の六五四年には間人皇女や中大兄皇子らが難波宮から出て行ってしまい、天皇は政治にやる気をなくしていたんだ。とても遣使できるような状況ではなかったはずだよ。第二回、三回、四回の遣唐使のことが少し詳しいのは、この頃奈良大和と大分大倭の間に交流があって、情報が伝わったことによるんだ。
第五回、第六回の遣唐使のとき奈良大和では天智天皇だね。特に第五回の六六五年は、白村江で大敗した直後で遣使の余裕もなかったし、遣使できるほど唐との関係を修復できていなかったはずだよ。防衛のために前年の六六四年には対馬、壱岐、筑紫に防と烽を置き、筑紫に大堤（水城）を築いたばかり。それに六六五年四月には間人皇女が薨じたうえに長門や大野、基肄城を築くなど、天智天皇は守りに入っていたところだよ。第五回については「是年、小錦守君大石等を大唐に遣わすと、云云」と伝聞であることを自ら明かしているよ。「云云」の二文字は「これだけしか書くことができないよ」という執筆者の心の吐露だね。この時期は敗戦の混乱で大分大倭の情報が大和王朝にまで伝わらなかったんだ。大和に対して大分大倭は唐、新羅と直接対決したわけではなかったので遣使できたんだ。この頃が大分大倭の最後の輝きのときで、その後の第七回七〇二年の遣唐使は、大和王朝によるものだよ。第六回六六九年から第七回までの三十二年の間に大分大倭が大和王朝に吸収されて一つになったんだ。

日夏

それなら思いあたることがあるわ。中国の歴史書『旧唐書』は、日本のことについて六四八年までは「倭国伝」としているの。その後しばらく空いて、七〇三年からあとは「日本国伝」となっているわ。倭が大分大倭のことで、大和王朝が統一したあとが日本なのだわ。防人のこともあるわ。防人はほとんどが東国から連れてこられたとなっているけれど、なぜ九州の兵士を使わなかったのかと不思議に思っていたの。でも、九州の兵士は使えないわよね。第一、旧熊野帝国の本拠地から徴集して対馬や壱岐に配置すれば、ふたたび朝鮮半島諸国と通じて反乱を起こさないとも限らないわ。それに、九州東部の大分大倭は遣唐使を送るくらいだから、防衛の必要性を感じてなかったでしょうし、大和王朝のために兵を出すいわれもないものね。
それからもう一つ。「九州年号」というものがあるの。日本の年号は六四五年の大和王朝による「大化」にはじまるとされているわ。ところが、それより古い年号が『海東諸国記』やそのほかいくつかの年代記に残されているの。九州にあった王朝のものとみて九州年号と呼ばれていて、これも古田武彦さんによって研究されているわ。古田さんは九州王朝説を唱えているの。歴史学では、この年号は私年号であって公のものではなく、また大和王朝の年号をまねたものとされているけれど、わたしは九州にあった王朝の年号とする説に賛成よ。ただし、九州とはいっても熊野帝国のものではないわね。磐井が敗れた五三一年が「発倒（殷到）」となっていて「殷が倒れた」意味だから、帝国とは対立する勢力のものよ。それで、大分大倭の年号と考えたいわ。そして、九州年号は七〇〇年代の初めには使われなくなっているようなので、大分大倭とともに消滅したと考えられるわ。

翔　ちょっと待った。五三一年のところが大事だよ。オレたちは磐井の死を五三一年、あるいは五三二年のどちらかと考えたのだったな。百済本紀が五三一年とし、九州年号も五三一年としているのならば磐井の死は五三一年なんだ。『日本書紀』には戦闘が二年間続いたように書かれていたが、最初の一年で大勢は決着していたんだ。それから、磐井の死を五三一年と知っているのは春秋二年制を知っているオレたちだけだよ。『日本書紀』では、磐井が死んだのは五二八年とされているから、九州年号が偽物であれば「発倒（殷到）」も五二八年になっていたはずなんだ。それなのに、後世の人は誰も知らないはずの五三一年になっているのだから、九州年号は本物ということだな。

日夏　すばらしいわ。いろんなことがつながっているものね。さあ、『日本書紀』に戻るわね。どこまでいっていたのかしら。

智彦　小野妹子の遣隋使のあとだよ。六一〇年に高句麗が僧・曇徴を遣わしてきているね。曇徴は紙墨をつくったとあったよ。このときはじめて日本に紙の製法が伝わったとされているんだ。
ところで、紙をどうして「かみ」というのか考えたことがあるかい？『日本国語大辞典』では次のようになっているよ。

①簡（簡は木簡のことでカン→カミ）／②高麗の方言／③兼編（かねあみ）
④書き見る／⑤楮（コウゾ）の皮身／⑥咀む（かむ）／⑦楮（かぢ）
⑧樺皮（かばヒ）／⑨白く清らか

語源の候補はたくさんあるが、どれなのかわかっていないんだ。ボクは、紙は日本でできた言葉と思うんだ。そうすると①の簡や⑧の樺皮など音読みからきたものではなく、②の高麗の言葉でもないことになるね。③のかねあみ、④のかきみる、⑤のコウゾの皮身、⑦のかぢもちょっと苦しいよ。⑨の白く清らかは後世に考えられたものだよ。紙の製法が伝わった当時は現代のように漂白できていたわけではないし、白く清らかがどうしてかみになるのかもわからないよ。あとには⑥の「咀む」が残るんだ。問題は、「咀む」が「紙（かみ）」になり得るかどうかだね。古代、母音の発音は二通りあったと考えられていて、「上」「髪」「紙」の「み」の発音は甲類で、「神」の「み」は乙類であるからその語源は「全く別のもので、いっしょにはできない」とされているよ。ボクは「紙」が神代からあった言葉ではなく、製法が伝わった七世紀より少し前にできた言葉と考えているんだ。その時代であれば甲類、乙類に厳格にこだわらなくてもいいと思うんだ。それで紙の語源を神とみたんだよ。そして神の語源が「咀む」なんだ。ときとして「噛みつく」怖い存在のことだよ。「酒を醸む（醸す）」の「醸む」も神と関連があると思うよ。それに、発音だけでなく用途からも考えてみたよ。

日夏　用途と言っても、紙は書くものに決まっているでしょ。

翔　いや「包むこと」「拭くこと」にも使っているな。大切な贈り物をきれいに包装紙で包むのは日本人の心のあらわれだね。ティッシュペーパーはほとんど拭くことに使っているよ。

智彦　そうなんだ。紙の製法が伝わった頃は、とても貴重なものだったはずだよ。ただ「書いて消耗してしまう」より「包む」「拭く」ことにも使ったのではないかな。

日夏　わたしは何て迂闊だったの。神社で使っている紙のことは頭になかったわ。注連縄（しめなわ）や玉串には紙の四手（しで）が垂れているし、神事で細かく切った紙を撒くのは、清める意味があるのよね。祭文は紙に書かれているし、その祭文もまた紙に包まれているわ。神社では紙を「書く」「包む」「拭く」ことに使っていたのね。

智彦　紙は神を祭る用具として使われたので「かみ」と呼ばれるようになったと思うんだ。拭くといっても目に見える汚れを拭くのではなく、見えない穢（けが）れを拭き取ることだね。包むのも穢れを寄せつけないためだよ。学校の卒業式では校長式辞も送辞も答辞も包まれているよ。外国だったらそのような余計な手間をかけるような、合理的でないことはしないと思うよ。でも、日本では、そういった大切なものを紙に包むことが心を込めることとして伝わっているんだ。どう？　「紙」の語源を「神」、「神」の語源を「咀む」としてもおかしくはないだろ。

呉の国

日夏　次に進むわ。六一四年、馬子が病に臥したとき、大臣のために一千人が出家しているわ。天皇以上の権力を持っていたことを見せつけるできごとね。

翔　そうだな。でも、その前に出てくる呉の国のことがどうもひっかかるんだ。以前、応神天皇や雄略天皇のときにも出ていたけど推古天皇の時代、呉が三回出ていただろ。『日本書紀』の言う「呉の国」と「揚子江の南にあった呉の国」とが、オレの頭の中で一致しないんだ。

智彦　それはボクもだよ。ちょっと考えてみようか。

日夏　歴史学では『日本書紀』の「呉」は中国江南の地、揚子江下流地域のこととされているわ。紀元前の春秋時代の呉や三国時代の呉の場所よね。

智彦　呉に関する記述を抜き出してみたよ。

①四二一（三〇六〔応神三十七〕）年「阿知使主、都加使主を呉に遣して縫工女を求めしむ。阿知使主等、高麗国（高句麗）に渡りて呉に達らむと欲う、高麗に至れども道路を知らず。高麗の王、久礼波、久礼志二人を導者とする、是によりて呉に通ることを得たり。呉の王、工女兄媛、弟媛、呉織、穴織、四の婦女を與う」

②四五三（三七〇〔仁徳五十八〕）年「呉国、高麗国、並び朝貢る」

③五〇〇（四六四〔雄略八〕）年「身狭村主青等を呉国に使しむ。五〇一（四六六〔雄略十〕）年、呉の献れる二つの鵝をもて筑紫に到る」

④五〇一（四六七〔雄略十一〕）年「百済国より逃げ化来る者有り、呉国の人なりという。磐余の琴弾、壃手屋形麻呂等は其の後なり」

⑤五〇二（四六八〔雄略十二〕）年「身狭村主青等を呉国に出使す。五〇三（四七〇〔雄略十四〕）年、

呉の献れる才伎(てひと)、漢織(あやはとり)、呉織(くれはとり)、衣縫(きぬぬい)の兄媛、弟媛等を将て住吉津に泊る」

⑥六〇九（推古十七）年「百済の僧道欣(どうこん)等、葦北津(あしきたのつ)に泊れり。『百済の王、呉国に遣す。其の国に乱れ有りて入ること得ず、暴(あら)き風に逢いて海中(わたなか)に漂蕩(ただよ)う』という」

⑦六一二（推古二十）年「天皇、（馬子に）曰わく『真蘇我(まそが)よ　蘇我の子らは　馬ならば　日向(ひむか)の駒　太刀ならば　呉の真刀(まさひ)　諾(うべ)しかも　蘇我の子らを　大君の　使はすらしき』」

⑧同年「百済人、味摩之(みまし)、帰化(もうきおもむ)けり『呉に学びて伎楽(くれがく)の儛を得たり』という」

日夏　呉は百済や高句麗と隣り合わせの国のように書かれているわね。

翔　だろ。①の中国江南の呉は、このときはもう国ではないので、王はいないはずだよ。それに、日本の使者が揚子江の南を目指すのに、高句麗に渡るのは理解し難いよ。さらに、高句麗に呉への案内人がちょうどいたというのもあり得ないだろ。地理的にみて不可だね。②の呉国と高麗国がいっしょに朝貢してきたのもヘンだよ。遠く離れた二国がそろって、それも当時は国ではなかった呉が朝貢することがあると思うかい。

智彦　『日本書紀』原文で呉は「勾礼」と書かれていることもあったよ。「ゴ」ではなく「クレ」と読むべきなのかもしれないね。「クレ」ならば高句麗の「句麗(くり)」にも近い発音だよ。呉は高句麗に近い国なのかな。高句麗の北隣にあった国「夫余(ふよ)」のような気がしてきたよ。「フヨ」を「クレ」と呼んだ理由はわからないけれど。

翔　オレも夫余が怪しいと思っていたんだ。夫余は紀元前に建国され、四九四年まで続いた国だよ。③の頃には高句麗に併合されてしまうんだが、文化水準は高く、農業、工業ともに発達していて、金銀を産出し、金属加工技術を持ち、鉄器も製造。早くから農具にまで鉄が使用されていたし、各戸に鎧や刀剣類が備えられていたともいうよ。養蚕による絹織物や麻織物、毛織物と多様な紡績技術も持っていて、日本が技術者を求める理由も十分にあったわけだよ。

智彦　クレを夫余のことと仮定して、『日本書紀』の記述①～⑧に照らしてみようか。

①で、夫余は縫工女を求めるにふさわしい国だね。中国江南の呉に行くのに高句麗に寄るのは方向違いも甚だしいよ。高句麗にちょうど二人の道案内がいたのも隣国であったなら、おかしくはないね。道行も「道路」となっているから江南の呉へ向かう海路ではないよ。②で、離れた二国がそろって朝貢するのはヘンだけれど、夫余と高句麗あり得るね。

翔　③の「鵝」とはガチョウのことだろ。シナガチョウの原種はサカツラガンだよ。中国東北部からサハリンにかけて繁殖する鳥で、夫余ならその地域内だが、江南の呉は範囲外だな。④で江南の呉から逃げてくるなら琉球経由だよ。夫余からであれば百済が経由地となって当然だ。

智彦　逃げてきた人は器楽にすぐれていたようだが、そもそも伎楽（呉楽）は江南の呉から伝わったものなのかな。ここで伝えているのは、古代中国北方の胡楽（こがく）に近いもののような気がするよ。⑤は①に同じだね。⑥で、百済が当時、隋の一地方であった江南の呉に遣使するはずはないよ。この頃は夫余も高句麗に併合されたんだが、ちょうど隋の高句麗遠征（六一二～一四年）前の緊迫した情勢のために、使節は夫余まで到達できなかったんだ。

翔　⑦の「馬ならば日向の駒」も宮崎の日向（ひゅうが）とは違うのではないか。日向の原文は「譬武伽」で、高句麗の良馬の産地を指していると考えたらどうだろう。それで「駒」と言ったんだよ。駒は「高麗の良馬」を意味しているんだ。「太刀ならば呉の真刀」も江南の呉では納得できないね。夫余であれば武器だけでなく農具にも鉄を使用し得るほどだから理解できるよ。もともと中国では、東北部の方が刀剣類の発達が早くて、銅剣から鉄剣へと変わりながら朝鮮半島北部へも伝わったんだ。朝鮮半島では、銅剣から環頭太刀へと変化したんだ。環頭太刀は高麗剣とも呼ばれていて「呉の真刀」はこの高麗剣のことではないかな。

智彦　真刀を「まさひ」と読ませているね。高句麗の古墳壁画に残されている馬上弓（日本なら流鏑馬）も馬射戯というのは偶然ではなさそうだね。朝鮮半島のすぐれた馬と刀を並べ称えることによって蘇我氏自身をも称えたんだ。⑧は④に同じだね。今まで呉が高句麗の北隣の夫余のこととは知らずに、江南の呉と信じられていたんだ。間違えて「越の国」の隣にされていたのだから「呉越同州」だね。

日夏　そう来ると思っていたわ。ここは「呉越同舟」しかないものね。

智彦　しまった。読まれていたんだ。今度はもう少しひねったものにしなくちゃ。話を戻して、呉がつくものについて。ベニバナは和名が「くれない」で「呉の藍」だね。ショウガは「呉の椒」とも呼ばれているし、蚕は「呉の蚯蚓」だよ。すべて夫余から伝わったのかも。宇佐神宮の「呉橋」もそうかな。呉服も「胡服」に近いと思わないかい。「胡瓜」や「胡麻」、「胡椒」、「胡弓」など「胡」がつくものも伝播の同じ線上にあるのではないかな。

翔　中でも、ベニバナやキュウリは原産地がエジプトや西南アジアで、古くから日本に入っていたようだからシルクロードを通って伝わったのではないか。そうであれば、夫余や中国北方を経由したからこそ「呉」や「胡」の字がついたと考えられるな。

植山古墳の被葬者

日夏　次に進むわ。六二〇年「皇太子と大臣が共に議って天皇記、国記、公民等の本記を作成した」とあったわ。『天皇記』は欽明天皇の父親が百済の王子だったことなどを堂々と書いていたのかもしれないわ。蘇我氏にとっては隠すことは何もないもの。で、このあとすぐに厩戸皇子が薨じてしまうのね。天皇記、国記の内容について馬子と意見が衝突したのかしら。まさか馬子が自分の子を殺したとは思えないけれど、変死もしくは自殺の可能性もあるわね。

そして、推古天皇の崩御ね。竹田皇子の陵に合葬するように言い残したとあったわ。奈良県橿原市にある植山古墳について聞いたことがある？　阿蘇ピンク石石棺が見つかり、石室が二つあることが確認されたときから植山古墳は竹田皇子と推古天皇の合葬陵とみられるようになったの。東石室が竹田皇子のもので西石室が推古天皇とされているわ。馬子が自分の力を誇示するため、わざわざ九州から石を運ばせた、推古天皇が早世した息子のためにピンク石を選んだなどと理由づけられているけれど、わたしにはピンク石石棺と竹田皇子がどう結びつくのかがわからないのよ。今まで確認されたピンク石石棺は息長氏に関係しているとわたしは思っているの。推古天皇や竹田皇子は息長氏との関係が薄いわ。

智彦　そうだね。ボクは竹田皇子の陵は植山古墳ではなくて、奈良県高市郡明日香村越の岩屋山古墳と考えているよ。竹田皇子の陵は大野とされていて越ではないことと、岩屋山古墳の造成時期と合わないことから歴史学では歯牙にもかけないような説だけれどね。

翔　二人の意見が一致したんだからそれでいこうぜ。要は植山古墳に葬られている人物を探し出せばいいんだ。それならピンク石石棺があった東石室は敏達天皇皇后広姫の、西石室を娘の酢香手姫皇女のものとしたらどうだい。

日夏　また頭が混乱してきたわ。広姫は息長真手王の娘だからピンク石石棺もあり得るわ。でも酢香手姫皇女は用明天皇妃の広子の娘で、広姫とは母娘ではないわ。

智彦　それに広姫の陵はすでに滋賀県米原市にあるとされているよ。

翔　広姫と広子が同一人物としたらどうだい。もう『日本書紀』の書き方には慣れてきたと思ったんだがな。同一人物説が成り立つかどうか、考えてみようか。

日夏　『日本書紀』では、敏達天皇皇后の広姫は五七五年に薨じたとなっているわ。

智彦　それなら米原市の広姫の陵は違う人を葬ったものだね。米原市の息長陵（村居田古墳）は五世紀末のものだからもっと以前の人のものだね。息長陵は広姫とは別人で、継体天皇妃の広媛が被葬者かもしれないな。息長陵にもピンク石石棺があったと伝えられているんだ。広媛は坂田大跨王の娘で、坂田氏は息長氏と同族だからピンク石石棺はあり得るね。

日夏　広姫に戻るわ。広姫は五七五年正月に皇后になったばかりで、その年の十一月には薨じてしまったの。子は押坂彦人大兄皇子、逆登皇女、菟道磯津貝皇女の三人よ。敏達天皇は直後と言っていい翌年三月には豊御食炊屋媛尊を皇后に立てているわ。そして炊屋媛との最初の子が菟道貝蛸皇女よ。同じような名を持った二人の皇女が同時期に出現したのね。注ではどちらかが誤りだろうとなっているわ。菟道磯津貝皇女は伊勢の祭祀を司る役目だったのを池辺皇子に犯されて解任されているの。菟道貝蛸皇女の方は、厩戸皇子の妃になったとあるけれど子のことは書かれてなくて、『上宮聖徳法王帝説』では、子はないとなっているわ。

日夏　次に用明天皇妃の広子について。『日本書紀』では葛城直磐村の娘で、『古事記』では当麻倉首比呂の

翔　娘。出身があやふやなのは、本当のことが書けなかったということね。用明天皇と広子との子は麻呂子皇子（当麻皇子）と酢香手姫の二人で、酢香手姫は伊勢の日神に三十七年間奉仕したとなっているわ。それだけわかれば十分だよ。馬子が仏教を取り入れることによって国政を取り仕切ろうとしたことは前に言ったよな。でも五七五年では、まだその体制には及んでなかったので、諸豪族を納得させる強い霊力をもった巫女が馬子にも必要だったんだ。蘇我氏内にはそのような巫女がいなかったから、息長氏出身で敏達天皇皇后の広姫を自分の妃にもらい受けたんだよ。広姫は死んだことにして、葛城系の娘「広子」としてね。

日夏　そんなこと、あり得ないわ。第一、敏達天皇が承諾するはずがないもの。

翔　それがしたんだ。馬子が妹の豊御食炊屋媛を嫁がせることを持ち出すと喜んで応じたんだ。敏達天皇としては、豊御食炊屋姫を妃にすることによって、蘇我氏の力を取り込むことができると踏んだのだろうが、結果は逆だったようだね。広姫（広子）は敏達天皇の子を身籠っていて、再婚後に生まれたのが菟道磯津貝皇女だよ。敏達天皇の子なので馬子側で育てずに、敏達天皇と豊御食炊屋姫に引き取られたんだ。そのときの名が菟道貝蛸皇女だよ。似た名の二人の皇女も同一人物なんだ。

日夏　仁賢天皇のとき、難波小野王が死んだことにして、ひそかに妃にしていたこととほとんど同じね。広姫と広子で名前も似ているというのに気がつかなかったわ。

翔　その後に生まれた酢香手姫は巫女で皇女だから、日の神に仕える最適任者だったろうね。三十七年間も斎宮を勤め、生涯独身を通して、死後は母・広姫の隣（植山古墳西石室）で永遠の眠りについたんだ。

日夏　酢香手姫も菟道磯津貝皇女と同じく、息長氏の血を引いていたので伊勢の神に仕えたのね。

智彦　広姫が再婚から二十年後に薨じたとすると五九五年頃のことだよ。酢香手姫は六二二年頃の薨去だね。植山古墳の造成時期に近いよ。それと、植山古墳の東石室は奈良県北葛城郡広陵(こうりょう)町の牧野(ばくや)古墳の石室に似ているんだ。牧野古墳の被葬者は押坂彦人大兄皇子とみられていて、母子の陵墓の石室が似ていることになるね。

翔　それにしても菟道磯津貝皇女は薄幸な女性だね。生まれたとき父親はすでに義父（馬子）で、実の父に引き取られたら、今度は義母（豊御食炊屋姫）だよ。のちに伊勢の神に仕えると、義父に犯され解任。その後、厩戸皇子に嫁すも子もなく、皇子の愛は膳部菩岐岐美郎女(かしわでのほききみのいらつめ)に向かったままなんだ。馬子は仏教を政治に利用しようとしただけだが、皇子の方は仏教の真の信仰者だったので、息長系の女性は気に入らなかったんだ。皇女は波乱の人生を送りながら、その没年も不明のまま歴史から消えてしまったんだ。

智彦　植山古墳の被葬者が広姫と酢香手姫母娘とすると、次は竹田皇子の陵がどこかだね。皇子の陵があるとされている「大野の岡」は橿原市の植山古墳から北側の和田町あたりと考えられているよ。しかし『万葉集』一九四番に「越の大野」とあるから越の中に大野があったと考えていいのではないかな。岩屋山古墳は越の丘の上に位置しているんだ。ボクはこの古墳を竹田皇子陵の候補としたいね。岩屋山古墳の石室とつくりが似ているのが大阪府南河内(みなみかわち)郡太子(たいし)町の叡福寺北(えいふくじきた)古墳（太子陵）で、七世紀前半（それも早い時期）とされているよ。同じく似ているとされる天理(てんり)市の峯塚(みねづか)古墳は六世紀末までさかのぼる可能性があるんだ。岩屋山古墳の造成時期は七世紀中頃とされているが、もっと早いこともあり得るということだよ。峯塚古墳と同様に六世紀末までさかのぼるものであれば、五九〇年頃に薨じた竹田皇子の陵でもおかしくはないよ。ただし、遺言のとおりに推古天皇が竹田皇子の眠る岩屋山古墳に合葬されたかというと、それは疑問だね。歴史学では植山古墳に合葬ののち太子町の磯長山田陵(しながのやまだのみささぎ)（山田高塚(やまだたかつか)古墳）に改葬されたとなっているよ。ボクは石舞台(いしぶたい)古墳の東南にある都塚(みやこづか)古墳に葬られ、のち磯長山田陵に改葬されたと考えているよ。都塚古墳は六世紀末の造成とされているがもう少し新しく、石舞台古墳に近い七世紀前半のものではないかな。

翔　地図を見ると、石舞台古墳と都塚古墳の位置関係が太子町の用明天皇陵（河内磯長陵）と推古天皇陵（磯長山田陵）のものと似ているよ。

日夏　さっき智彦が言っていた『万葉集』のことなんだけど、うたわれていたのは「越（こし）」ではなくて「越智（をち）」だわ。場所が違っているみたいよ。

智彦　ごめん、またボクの説明不足だよ。「越智」の「智」はつけ加えられたものなんだ。「玉垂（たまだれ）の」という枕詞を聞いたことがあるかい？　「たまだれ」は玉簾（たますだれ）のことで、玉を緒に貫（ぬ）くことから「緒」にかかることになっていて、転じて、「を、をち、をす」にもかかるとされているんだ。それなのに、ボクは『万葉集』の中で本来の「緒」にかかる例を一つも見つけることができなかったんだ。たしかに「越」や「小簾」にかかるものはあるんだが、それは「こし」「こす」と読むべきものだよ。一九四番に「玉垂の　越智の大野の　朝露に（下略）」とあるが、原文は「玉垂乃越能大野之　旦露（下略）」　だから「越智」ではないんだ。万葉集訓読では「越」にわざわざ「智」をつけ加えて「をち」と読ませているんだ。越に智がついていなければ「こし」と読むところだよ。一九五番は「玉垂の　越野　過ぎゆく（下略）」で、智の字はついていないよ。

玉垂の　小簾の間通（まとお）し　ひとり居て　見る験（しるし）なき　暮月夜（ゆうづくよ）かも　一〇七三番
玉垂の　小簾の隙（すけき）に　入り通ひ来（こ）ね　たらちねの母が問はさは　風と申さむ　二三六四番

この二つの歌も小簾を「をす」と読ませているんだが「こす」と読んだ方が意味が通るよ。人と人とが「すだれ越し」にやりとりすることの枕詞が「玉垂の」で、「すだれ越し」だからこそ「こ、こし、こす」にかかるんだ。

翔　「すだれを押す」では「暖簾に腕押し」のようなものだな。

智彦　『万葉集』よりのちの『古今和歌集』や『金槐和歌集』では「こ、こし、こす」にかかるものとはっきり認識されていたようなんだ。

玉垂の　こがめやいづら　こよろぎの　磯の波わけ　おきにいでにけり　『古今和歌集』八七四番

秋ちかく　なるしるしにや　玉すだれ　こすのまとおし　風のすずしさ　『金槐和歌集』一七三番

玉だれの　こすのひまもる　秋風に　妹こひしらに　身にぞしみける　同　二六六番

どう？　大野は越智ではなく越のうちにあったとしてもおかしくはないだろ。それに『万葉集』一九四番、一九五番は川嶋皇子を葬るときに柿本人麻呂が奉った挽歌なんだ。近年、川嶋皇子の陵は明日香村にある真弓（まゆみ）の丘のマルコ山古墳ではないかという説が出てきたんだが、真弓の丘は越のすぐ南西に続く丘陵だよ。越智の大野となると西に少し離れてしまうんだ。マルコ山古墳の被葬者が川嶋皇子である可能性は大きいね。マルコ山古墳は七世紀末から八世紀初の六角墳で、高松塚古墳やキトラ古墳と兄弟墳とみられているよ。以上のことからボクは岩屋山古墳を竹田皇子の陵と考えたんだ。

日夏　やっぱり植山古墳の被葬者は竹田皇子と推古天皇ではないのね。それにしてもわたしの出番は今日もなかったわ。それどころか二人の意外な展開についていくのがやっとだったわ。

第七章　皇位転変

傀儡師豊章

▽三月七日　日本古代史研究会　第十九回

山背大兄王の出自

日夏　だいぶ同一人物説に慣れてきたわ。今日はどう展開するのか楽しみね。

翔　何だか人任せの態度だな。自暴自棄になっていないか。

日夏　そんなことはないわ。二人の発想に驚き、心底感心しているのよ。さあ進めるわ。

第三十四代　舒明天皇（息長足日広額天皇）

記述年	西暦	日付	事項
	五九三		生まれる

	六二九	正月	即位
舒明二年	六三〇	正月	宝皇女を皇后とする。飛鳥岡の傍に遷りたまう。岡本宮という
舒明三年	六三一	三月	百済の王義慈が王子豊章を人質として送ってきた
舒明十三年	六四一	十月	崩御

翔　舒明天皇の即位にあたっては厩戸皇子の子の山背大兄王との後継者争いがあったようね。舒明天皇は蘇我蝦夷に推されて即位したとなっているわ。

敏達天皇から用明天皇、崇峻天皇、推古天皇までは欽明天皇の子だが、舒明天皇からは孫の世代になるよ。『日本書紀』では、敏達天皇の子の押坂彦人大兄皇子の子となっているから曽孫のようだがな。母親の糠手姫は例によって架空人物だよ。舒明天皇が蘇我氏ではないことにするために迂回系譜をつくったんだ。本当は用明天皇（馬子）と石寸名（磐隈皇女）の子の田目皇子で、蘇我蝦夷でもあるよ。母の石寸名は息長氏だね。磐隈皇女が伊勢大神に仕えたとあることからわかるな。子の舒明天皇の名に息長がつくのもそのためだよ。推測だが、石寸名の母は石姫のような気がするよ。

日夏　石寸名を息長氏とすることに異存はないわ。そうすると、用明天皇（馬子）は広姫と合わせて二人の息長氏の女性を妃にしたことになるのよ。そこまでする必要があったのかしら。その点をどう考えるの？

翔　実はオレも悩んだところだよ。苦し紛れだがこんなのはどうだ？　石寸名の子は田目皇子一人だろ。石寸名は五七二年頃、田目皇子を産み、五七五年までには薨じてしまったんだ。そのため用明天皇は無理をして広子を妃にしたんだ。広子の再婚は五七五年とみられるから、同時に二人の息長氏の巫女（妃）がいたわけではないんだ。そして田目皇子は幼くして母を失ったがために母親のような女性・穴穂部皇女（あなほべひめみこ）と結婚したのではないかな。

日夏　何だかこじつけのような気がするけれど、年代的に矛盾はないわね。

翔　次に皇位争いだが、候補としては用明天皇と穴穂部皇女との子、または用明天皇と石寸名との子が考えられるな。ところが、このときすでに穴穂部皇女の子は厩戸皇子も来目皇子（くめのみこ）も薨じていて、あとは孫の世代になっていたんだ。その点、石寸名の子の田目皇子は穴穂部皇女（再婚、もと用明天皇皇后）を妃としているうえに、山背大兄王より一世代上なのだから断然有利だったろうな。それに推古天皇も山背大兄王に「あなたは未熟だから、みだりに騒がず自重して群臣（まえつきみたち）の言（ことば）に従いなさい」と遺言しているんだ。これで決まりだと思ったんだがな。

日夏　それがすんなりとは即位できてないのよね。蘇我一族の境部摩理勢臣（さかいべのまりせのおみ）や許勢臣（こせのおみ）、紀臣（きのおみ）なども山背大兄王を推していて、推古天皇の遺言がなければ、山背大兄王の方が有力候補だったようでもあるわ。

翔　うーん。この遺言に鍵がありそうだぞ（推古天皇の崩御前と、舒明天皇の即位前にこの言葉が繰り返して出ていたな。繰り返すところが怪しいな）。未熟とは若すぎるということだろ（実際は、山背大兄王はある程度年を取っていたのかも）。となると、厩戸皇子の子ではなかったのかな。そういえば『日本書紀』には山背大兄王が厩戸皇子の子とは一度も書いてなかったぞ（山背大兄王の母は刀自古郎女（とじこのいらつめ）で、この女性も『日本書紀』には出てこないんだ。『上宮聖徳法王帝説（じょうぐうしょうとくほうおうていせつ）』では厩戸皇子と結婚して、子が山背大兄王のほかに財王（たからのみこ）、日置王、片岡女王の四人だったな……）。刀自古郎女は『日本書紀』では誰にあたるんだ？考えられるのはあの二人のうちどちらかだな（山背大兄王が厩戸皇子と刀自古郎女との子ではないとすれば、山背大兄王を生むことができたのは……）。あっと、わかったぞ。

日夏　翔、何を一人でブツブツ言っているの。

翔　わかったんだよ。山背大兄王は厩戸皇子の子ではなくて用明天皇（馬子）の子なんだ。だから舒明天皇と対等に皇位を争える位置にあったんだ。母は菟道磯津貝皇女(うじのしづかいのひめみこ)で池辺皇子(いけべのみこ)（馬子）に犯されたときにできた子だよ。磯津貝皇女が五七五年生まれとして山背大兄王は五九二年前後の生まれかな。そうすると、皇位争いのときは三十七歳前後だから十分に即位できる年齢に達していたことになるよ。前に磯津貝皇女は子もなく、夫の厩戸皇子からも疎んじられてかわいそうな女性と言ったよな。夫との間には子がなかったが馬子との間に山背大兄王がいたんだ。

日夏　母とされている刀自古郎女はどうなるの。刀自古郎女には四人の子がいるのだから、磯津貝皇女と同一人物にはできないわ。

翔　厩戸皇子と刀自古郎女は山背大兄王の育ての親なんだ。山背大兄王以外の三人の子は厩戸皇子の子だよ。

日夏　刀自古郎女が『日本書紀』では誰にあたるのかもわかったの？

翔　敏達天皇と推古天皇の娘の鸕鷀守皇女(うもりのひめみこ)だよ。両天皇の間には五人の娘がいたんだ。菟道貝蛸皇女(うじのかいたこのひめみこ)は磯津貝皇女のことで、厩戸皇子の妃にして山背大兄王の母。次の小墾田皇女(おはりだのひめみこ)は押坂彦人大兄皇子に嫁しているよ。次が鸕鷀守皇女で、誰と結婚したのか書かれていないんだ。次の田眼皇女は舒明天皇皇后。五人目の桜井弓張皇女(さくらいゆみはりのひめみこ)も誰と結婚したのか書かれていないんだが、『古事記』で押坂彦人大兄皇子の妃となっているから、結婚を隠されているのは鸕鷀守皇女だけだよ。それで鸕鷀守皇女が刀自古郎女と同一人物とみたんだ。

智彦　それは名前からもあり得るね。鸕鷀守は「鸕鷀(う)を守り育てる」意味なんだ。鸕鷀とはもちろん山背大兄王のことだよ。鳥のウは首が長いことからその名がついたんだ。「うなじ」や「うなづく」の「う」だよ。

翔　枕詞「しまつとり」はウにかかるんだが、ウが島にいることからできたとされているよ。島にいる鳥ならウミネコやアホウドリなどもいるからウに限ることではないのにね。ここは「島に置き去りにされた幼鳥が首を長くして親を待つ」ことからできたとしたいな。神話でも鸕鷀草葺不合尊（うがやふきあえずのみこと）は母の豊玉姫（とよたまひめ）に置き去りにされたので、叔母の玉依姫（たまよりひめ）に育てられたんだ。「鸕鷀」の字が使われているのはそういう意味があったからなんだ。山背大兄王も叔母の鸕鷀守皇女に育てられたと考えて正解だよ。

翔　字のことまでは知らなかったが、ウと近種のカツオドリはヒナがある程度大きくなると巣立ちのまえにヒナを置いたまま島を離れてしまうと聞いたことがあるよ。

日夏　鸕鷀はカツオドリのことかも。この頃の人々がカツオドリの習性まで知っていたとしたら驚きね。

智彦　それに、刀自は家事を司る婦人のことだから、鸕鷀守皇女にふさわしい名といえるね。

日夏　本当にいろんなことがつながっているものね。

智彦　舒明天皇は、はじめ滑谷岡（なめはさまのおか）に葬られて、のちに奈良県桜井（さくらい）市の押坂内陵（おさかのうちのみささぎ）（段ノ塚（だんのづか）古墳）に改葬されたとなっているね。だが、滑谷岡の位置がはっきりしていないんだ。最近、高市（たかいち）郡明日香（あすか）村の小山田（こやまだ）古墳が話題になっているのはそのためだよ。一辺が約七〇メートルの方墳で六四〇年頃の築造、当時の最高権力者のものと考えられているんだ。そこで浮上した被葬者候補が舒明天皇と蘇我蝦夷の二人だけど、どちらも決め手を欠いて結論は出ていないよ。二人が同一人物と知らなければ永遠の謎だろうな。

翔　舒明天皇は蘇我氏天皇としての最後の方墳（小山田古墳）と最初の八角形墳（段ノ塚古墳）の主なんだ。

幻の天皇「入鹿」

日夏　次に進むわね。

第三十五代　皇極天皇（天豊財重日足姫天皇）

記述年	西暦	日付	事項
	五九四		生まれる
皇極元年	六四二	正月	即位。蘇我臣蝦夷を大臣とする。子の入鹿が国の政を執ってその勢いは父より大きかった。これによって盗賊恐懾げて路に遺拾らなかった。蝦夷が祖廟を葛城の高宮に立て、八佾の儛をした
皇極三年	六四四	十一月	大臣蝦夷と入鹿が家を甘檮岡に双べ建てる。上の宮門、谷の宮門という
皇極四年	六四五	六月	中大兄皇子らが入鹿を斬る。古人大兄皇子「韓人、鞍作臣を殺しつ」という蝦夷が天皇記、国記を焼いた。皇極天皇は位を軽皇子（孝徳天皇）に譲り、中大兄皇子が皇太子となった

皇極天皇は舒明天皇の皇后で舒明天皇のあとを継いだの。別名は天豊財重日足姫で、押坂彦人大兄皇子の孫とされているわ。この時代、蘇我蝦夷と入鹿の親子が専横を極めたため中大兄皇子が入鹿を討って蘇我氏を滅ぼしたの。乙巳の変（大化の改新）と呼ばれるものね。天皇は直後に弟の軽皇子に位を譲り、これが最初の譲位とされているわ。

翔　『日本書紀』の皇極天皇の時代はほとんどがウソの話だよ。ウソの極み、即位自体がウソだったんだ。何から話したらいいのかな。まず、本当の天皇は誰だったかにしようか。それは舒明天皇と穴穂部皇女（法提郎媛）との子の古人大兄皇子で、蘇我入鹿と同一人物だよ。物部氏のような名「古人」は母の穴穂部皇女が物部氏に近かったことによるんだ。古人大兄皇子は舒明天皇が崩御するとすぐに即位したんだ。『日本書紀』はこのとき蘇我蝦夷がまだ生きているように書いてあるが、これは舒明天皇と蝦夷を別人としたためだよ。これらのことは『日本書紀』にも、ちゃんとわかるように書かれているんだ。

六四二年の記事から、入鹿がすでに政治を行っていたこと、厳しくはあっても善政で、悪事をはたらく者が少なかったことがわかるね。翌年十月、大臣の蝦夷が病のため朝議に来なかったとあるのも、すでに死んでいたからだよ。「蘇我大臣蝦夷、己が祖廟を葛城の高宮に立てて、八佾の儛をす」「蝦夷、紫冠を子入鹿に授けて大臣の位に擬う」「蘇我大臣蝦夷、児入鹿臣、家を甘檮岡に双べ起つ、上の宮門、谷の宮門という」「男女を呼びて王子と曰う」以上は蝦夷でなく、入鹿（古人大兄皇子）がなしたことなんだ。

智彦　入鹿は天皇として、当然のことをしたまでなんだ。

翔　のちのことだが、天智天皇が病に伏したとき、大海人皇子が「大后にあとをまかせたらどうでしょう」と言っているんだ。大后の倭姫王は古人大兄皇子の娘で、父親が天皇だったから後継者候補に挙げられたんだよ。次は皇極天皇の出自について。押坂彦人大兄皇子の孫というのはつくり話なんだ。『日本書紀』では、舒明天皇が押坂彦人大兄皇子と糠手姫の子となっているのに対して、天豊財重日足姫と軽皇子の姉弟は押坂彦人大兄皇子の子の茅渟王の子だから、押坂彦人大兄皇子からみると子と孫が同年代になってしまうよ。舒明天皇が遅い生まれで、茅渟王が早くに生まれていればあり得ないこともないが、それならば茅渟王が後継者候補になっていたはずだよ。皇極天皇は敏達天皇と豊御食炊屋媛との子の田眼皇女がその正体なんだ。五七六（敏達五）年三月条に「田眼皇女、息長足日広額天皇に嫁す」とちゃんと書かれていたよ。舒明天皇と田眼皇女の子は葛城皇子（中大兄皇子）、間人皇女、大海人皇子（のちの天武天皇）の三人とされているが、男二人は子になりすましたのであって、間人皇女だけが本当の子だよ。皇女は名前が似ている間人皇后（穴穂部皇女）とは別人で、五十年くらいの開きがあるよ。この間人皇女が『万葉

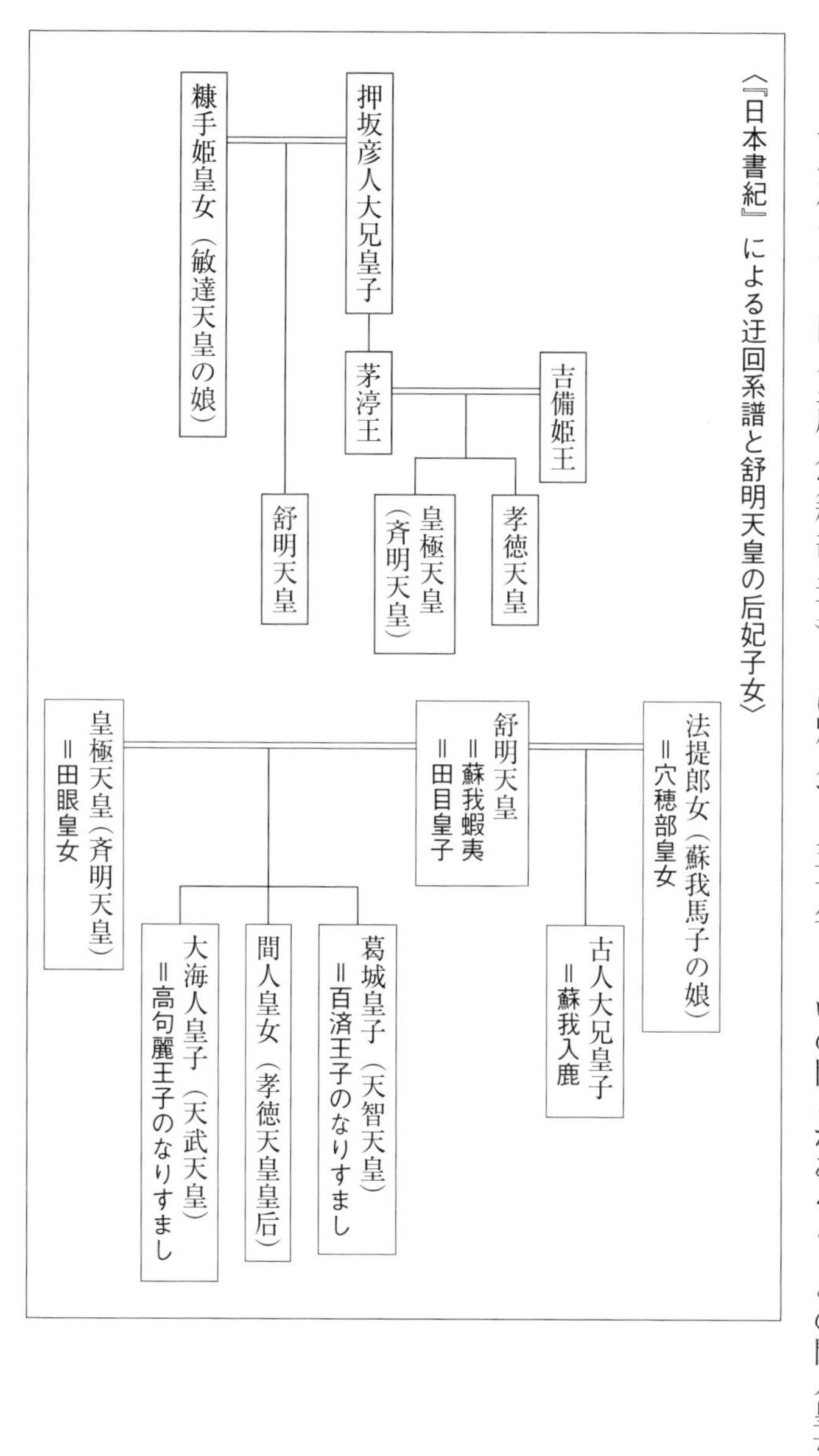

集』に出てきた中皇命(なかつすめらみこと)で、その名のとおり臨時天皇だったんだが、その話はあとに取っておくよ。『日本書紀』の皇極天皇の段で注目すべきは舒明天皇の葬儀の様子だね。

元（六四二）年十二月、雷(いかづち)一夜鳴る、息長足日広額天皇の喪(みも)を発(おこ)す、雷幾度も鳴る、天皇を滑谷岡に葬りまつる。この日に天皇（皇極天皇）小墾田宮に遷移りたまう。或本(あるふみ)に云わく、東宮(ひつぎのみや)の南の庭(おおば)の仮宮(かりみや)に遷りたまうという、雷鳴る、その音裂くるが若し

ここで『日本書紀』の執筆者は何が言いたかったと思う？

日夏　なんだか、死者が怒っているような書き方ね。

翔　そのとおり。雷鳴は舒明天皇の怒りを表しているんだ。何に怒っているかといえば、妻・田眼皇女の裏切りにだよ。葬儀が終わったその日に「東宮のもとに遷った」とあることからわかるんだ。舒明天皇にすれば自分は死んだのだから、葬儀のあとに妻がそれ相応の皇子と再婚しても怒ることはなかったと思うよ。しかし、蘇我氏を滅ぼして皇位を簒奪しようとしている男に走ったのだから、自分だけでなく蘇我氏全体に対する背信行為で、とても許せるものではないよ。それを執筆者は雷で示したんだ。東宮とは中大兄皇子のことなんだが、その名はあとでつけられたもので、実体は六三一年に人質として来日した百済王子・豊章だよ。『日本書紀』をつくるにあたって、舒明天皇と皇極天皇との長子に書き加えられて皇子とされたんだ。
ところで、智彦に質問だが「雷(いかづち)」の語源は「怒る」でいいのか？

智彦　そのような説もあるが、ボクは別のことを考えているよ。冗談と思われそうだがタコ、イカのイカと同じ

とみているんだ。

翔　そうか。オレはイカにも目がなくてねえ。呼子のイカもいいが、豊後水道のモイカ（アオリイカ）の刺身は忘れられないよ。智彦の説を信じるよ。

日夏　食べ物に釣られて話の前から納得してしまうなんて世話ないわね。

智彦　『日本国語大辞典』での雷の語源候補だよ。

①嗔之霊の義　／　②厳祇の義　／　③怒と槌　／　④怒れる心　／　⑤怒って土に落ちる

⑥怒り祇　／　⑦厳槌　／　⑧厳、ツは助辞、チは美称　／　⑨厳持　（下略）

次はイカで、

①イは発語の音、カは腹内の甲　／　②形がいかめしい　／　③イは白い、カは背の堅い

となっているよ。

日夏　ほとんどが「怒る」か「厳めしい」に関連するものだけれど、智彦の答えは別なのよね。楽しみだわ。

智彦　敷浪迪さんが「イカは光輝を意味する」と書いていたが、ボクは、イは息、カは火で「息をする火（火や光の点滅）」のことと考えたんだ。するとイカツチは「ピカッと光るいなびかりの霊」のことになるね。イカは表面の色素が斑点となってネオンサインのように点滅するからイカなんだ。

翔　そうだったのか。イカは釣り上げたあとでも点滅するんだが、新鮮なものでないと見られないんだ。刺身になってもまだ点滅しているモイカを思うと……。いや、次に進めよう。

乙巳の変について。六四五年「六月中大兄皇子らが入鹿を斬る、古人大兄皇子『韓人、鞍作臣を殺しつ』という」「蝦夷が天皇記、国記を焼いた。皇極天皇は位を軽皇子に譲った」、『日本書紀』では入鹿と古人大兄皇子は別人だから、皇子がまだ生きているように書いたんだ。韓人は百済王子の豊章のことで、鞍作

臣は入鹿だよ。蝦夷が『天皇記』、『国記』を焼いたとあるが、それは考えらないよ。『日本書紀』ができあがったあとに、それ以前の歴史記録が残っていては『日本書紀』のウソが歴然だろ。特に蘇我氏が天皇家であったことがバレてしまうね。それで焼いたことにしたんだ。実際には天皇記、国記を下敷きにして記紀がつくられたんだ。

智彦　それに『天皇記』、『国記』が皇極天皇のところではなく、蝦夷のもとにあったと書いていること自体、蝦夷や入鹿の方が天皇だったことを示しているよ。

翔　入鹿が天皇であったことは暗殺の状況からも窺えるよ。「（暗殺に向かう）佐伯連子麻呂等、水を以て送飯く、恐りて反吐す」「倉山田麻呂、流ずる汗、身にあまねくして声乱れ手動く」、恐怖のために飯が喉を通らず、水とともにかき込んだが吐いてしまった。汗びっしょりになって声も乱れ手も震えたということから、大臣にもなっていない入鹿ではなく、天皇である入鹿がみえてくるんだ。入鹿は誘殺されたんだ。父の妻であり、前皇后でもある田眼皇女から呼ばれては出て行かざるを得なかったんだ。中大兄皇子は手ぐすねを引いて待ち構えていたんだ。田眼皇女はよほど目の前の百済王子に惹かれてしまったんだな。

智彦　人質として日本に渡ってきた百済王子が天皇を弑逆したとなれば、ただでは済まないはずだよね。

翔　ふつうなら身の破滅だよ。そうならなかったのは、前天皇の皇后であった田眼皇女という有力な庇護者がいたからだよ。それに中大兄皇子は蘇我氏の内紛を実にうまく利用したんだ。馬子から蝦夷、入鹿と続く蘇我氏主流に取って代わることを狙っていた蘇我倉山田石川麻呂を味方に引き入れ、蘇我氏を分裂させたんだ。そのうえ、入鹿天皇弑逆の主役を軽皇子にすり替えて、自分は手伝っただけという形をとったから、中大兄皇子を咎めることができる者はいなくなってしまったんだ。『日本書紀』は「入鹿天皇の時代」を「皇極天皇の時代」に換えて、入鹿天皇弑逆ののちは弟に譲位したことにして、中大兄皇子を皇太子としているよ。この話にもほころびが見えるね。孝徳天皇が自分の子ではない中大兄皇子を皇太子にするはずがないもの。すぐに皇太子を決めるとすれば有間皇子しかないよ。待つのであれば、間人皇女との間に生まれてくる子となるね。

日夏　入鹿を殺したあと即位したのが孝徳天皇だから、孝徳天皇を乙巳の変の黒幕とする説もあるの。でも、孝徳天皇は中大兄皇子に祭り上げられてその気になっただけのようね。次に進めるわ。

厩戸皇子の末裔

第三十六代　孝徳天皇（天万豊日天皇）

記述年	西暦	日付	事項
	五九六		生まれる
大化元年	六四五	六月	即位。間人皇女を皇后とする。都を難波長柄豊碕に遷す
大化六年	六五〇	二月	白雉に改元
白雉四年	六五三		皇太子が皇后や皇弟を引き連れて飛鳥河辺行宮に遷ってしまい、天皇は恨んだ
白雉五年	六五四	十月	崩御

孝徳天皇は皇極天皇の弟で、別名は天万豊日尊、軽皇子。小足媛との間に有間皇子がいて、皇極天皇の

娘の間人皇女が皇后ね。天皇は乙巳の変を推し進めたことで知られているわ。あと「大化」「白雉」の元号を定めているわね。六四九（大化五）年には、中大兄皇子によって倉山田麻呂が死に追いやられているわ。倉山田麻呂は「馬子のような強い大臣」を目指していたのでしょうね。あと一歩というところでつぶされてしまったの。

六五三年難波宮のとき、中大兄皇子が孝徳天皇の皇后間人皇女や、その母の皇極天皇ほか主だった者を引き連れて飛鳥の河辺行宮に遷ってしまったの。天皇の悲嘆の歌が残されているわ。

鉗着（かなきつ）け　吾（あ）が飼ふ駒は　引出（ひきで）せず　吾が飼ふ駒を　人見つらむか

気落ちしたのか暗殺されたのか、翌年十月に崩御しているわ。結局は、孝徳天皇も倉山田麻呂も中大兄皇子の手の内で踊らされたあげく、あえない最期を遂げたのね。あとは翔にまかせるわ。

翔

まず、即位のことから入ろうか。『日本書紀』では乙巳の変のあと、ただちに譲位したとなっていたよ。でも、孝徳天皇は古人大兄皇子と皇位を譲り合ったともあるんだ。そのとき古人大兄皇子は「臣（やつかれ）は出家して吉野に入りなん、仏道を勤め修（おこな）いて天皇を祐（たす）け奉（まつ）るらん」と刀を解いて投げ捨て、髪を剃り袈裟を着たと書かれていたよ。それが九月になると「古人謀反」として吉野で討たれてしまうんだ。古人大兄皇子は蘇我入鹿で、すでに死んでいるものを三カ月後に謀反人として討ったことにしたんだ。ここもつくり話であることが歴然で、捨刀、出家、吉野、剃髪などは、のちに天武天皇が病床の天智天皇に対してとった行動とまったく同じだよ。天武天皇の話を借りてきたに違いないよ。また、兵四十人で討ち取ったとなっているが、仮に謀反を起こそうとしていたとすれば、天皇に匹敵する力を持っていたはずなんだ。たった四十人で討ち取れるはずがないよ。実際には死者を討つのだから、僧一人でもよかっただろうがね。次に孝徳天皇の正体について。うすうす感づいていたかもしれないが、皇極天皇とは姉弟ではないよ。『日本書紀』には出てこないが、厩戸皇子と刀自古郎女の子の財王（たからのみこ）がその人だよ。『上宮聖徳法王帝説』では山背大兄王が蘇我入鹿に攻められたとき、山背大兄王とともに一族郎党死んだことになっていたね。『聖徳太子伝補闕記』（しょうとくたいしでんほけつき）には厩戸皇子の弟妹四人、山背大兄王の弟妹十一人、山背大兄王の子八人とあるんだけど、誰が死んだのかはっきりしていないんだ。オレは財王が生きていて孝徳天皇になったとみたよ。母の刀自古郎女は敏達天皇と推古天皇との子で、鸕鷀守皇女のことだったよ。その妹が田眼皇女（皇極天皇）だから孝徳天皇にとって皇極天皇は叔母にあたるね。姉弟ではなかったが名に「財」（たから）がついているところが共通しているよ。そして、鸕鷀守皇女は別名が軽守皇女だよ。子が軽皇子だから「軽守」なんだ。軽皇子は父親が厩戸皇子で、祖父が用明天皇（馬子）、母方の祖父母が敏達天皇と推古天皇だから天皇になる資格は十分にあったんだ。軽皇子は乙巳の変で入鹿を倒すことによって、兄弟ほか厩戸皇子一族の敵を取ったことになるね。だが視点を変えると、中大兄皇子が蘇我氏の有力者同士を戦わせて、その力を半減させたとも言えるな。

智彦　乙巳の変で蘇我氏が滅亡したように言われることが多いよね。でも、蘇我氏は滅んではいなかったんだ。孝徳天皇も田眼皇女も間人皇女も蘇我氏だし、実力者の倉山田麻呂もいたんだから。

翔　孝徳天皇が財王であり得るかどうかもう少しみていくよ。まずは名前から。「軽」についてはすでに言ったとおり。「孝徳」の名は父親の「聖徳」に似ているだろ。父の聖徳は善徳でもあったよ。天万豊日は祖父・用明天皇の橘豊日に似ているよ。次に天皇としての事蹟をみると、それまでの天皇とは明らかに違っていることがあるんだ。それは次々に決まりごとを公布していること。有名な改新の詔（みことのり）や薄葬（はくそう）の詔、冠

智彦　位十三階制、さらに十九階制へ改正、八省百官の制定などだよ。似ているだろ、冠位十二階を定め、十七条憲法をつくった父親に。血は争えないんだ。

でも、最初の五年間でこれだけのことをすると、いくら国のためとはいえ煙たがられたろうね。六四六（大化二）年には「官司の処々の屯田、吉備嶋皇祖母の処々の貸稲を罷むべし」とあるから、これでは天皇の身内からも反感を買ったことは想像に難くないよ。また、六四八（大化四）年には「古き冠を罷む、左右大臣なお古き冠を着る」とあるよ。あまりの矢継ぎ早の改革に、ついていけなくなった者や抵抗する者も出てきんだ。まじめすぎて敬遠されたと想像するよ。決まりをつくっても、まわりの人々が守ってくれなかったんだ。これこそ「朝令暮壊」だね。

日夏　「朝令暮改」でしょ。何か言いたそうにしていると思ったわ。

智彦　それから、陵からも孝徳天皇と厩戸皇子が近い関係にあったことがわかるよ。孝徳天皇の陵は大阪府南河内郡太子町の磯長谷にあって。厩戸皇子の陵に近いんだ。孝徳天皇が『日本書紀』のとおりに押坂彦人大兄皇子の孫であれば、磯長谷につくるはずがないよ。

日夏　蘇我氏の歴代天皇を振り返ってみたときに、用明天皇や崇峻天皇の世代と、舒明天皇や蘇我入鹿、田眼皇女、孝徳天皇の世代が少し離れているように思うの。実際はどうだったのかしら。

翔　それはオレも気がついていたよ。『日本書紀』から考えると、敏達天皇や用明天皇、崇峻天皇は父親の欽明天皇が子供の時に生まれたことになるし、逆に舒明天皇は敏達天皇の曽孫になってしまうものな。オレは、推古天皇より前の二世代を圧縮して一世代としたために敏達天皇、用明天皇、崇峻天皇の生まれをさかのぼったとみているよ。その理由は欽明天皇の妃の堅塩媛を稲目の娘としたことにあると思うんだ。欽明天皇と稲目は同一人物なんだからあり得ないだろ。堅塩媛は二世代にわたる複数の女性なんだ。逆に舒明天皇や皇極天皇は、迂回系譜で蘇我氏から遠ざけられたために孫や曽孫にされてしまったんだ。実際にはもう少し早く生まれていたんだよ。その中間の推古天皇だけには時間のごまかしがないんだ。だから、ほかの天皇にはなかった崩御のときの年齢が書かれているんだ。

▽三月十四日　日本古代史研究会　第二十回

たぶれごころ

▼飛鳥の由来

日夏　翔の考えでは蘇我氏の天皇がまだ続くのね。

第三十七代　斉明天皇（天豊財重日足姫天皇）

記述年	西暦	日付	事項
	六五五	正月	即位
		五月	「庚午の朔に空中にして龍に乗れる者有り、貌、唐人に似たり。青き油の笠を着て葛城嶺より馳せて生駒山に隠れぬ。午の時に及至りて住吉の松嶺の上より西に向いて馳せ去ぬ」とある
斉明三	六五七	九月	有間皇子が陽狂するという

斉明四	六五八	五月	皇孫建王が八歳にして薨去。天皇は「要ず、朕が陵に合せ葬れ」と言った
		十月	紀温泉に幸す
		十一月	（謀反の罪を着せて）有間皇子を紀温泉に送り、藤白坂に絞れ死にさせた
斉明五年	六五九		出雲国造に命じて神の宮を建てた
斉明七年	六六一	正月	船で西に向かい、伊予の熟田津の石湯行宮に泊まった
		三月	娜大津に至った
		五月	朝倉橘広庭宮に遷った
		七月	崩御
		八月	皇太子が喪の儀式を行った「是の夕に朝倉山の上に鬼有りて大笠を着て喪の儀を臨み視る」とある

斉明天皇は、はじめて重祚した天皇として知られているわ。それと大規模な土木工事で「狂心」などと揶揄されてもいるわね。

翔　最初の皇極天皇のときは蘇我入鹿が本当の天皇だったので、田眼皇女にとってはこれがはじめての即位だよ。その証拠に、天皇の生立ちがここで書かれているんだ。皇極天皇として本当に即位していたなら、そのときに出ていたはずのものだよ。その生立ちだが、斉明天皇は皇后になる前に結婚歴があって、舒明天皇とは再婚だったこともここではじめて明かされているんだ。

日夏　そうなのよね。前夫は用明天皇の孫で高向王、子は漢皇子となっているわ。高向王を用明天皇の子とする説もあるけれど、どのような人なのかわかっていないの。

翔　オレは高向王を厩戸皇子の弟の来目皇子と同一人物とみたよ。であれば、用明天皇の孫ではなくて子だな。すると敏達天皇と推古天皇の娘の鸕鷀守皇女と田眼皇女の姉妹が、用明天皇と穴穂部皇女の子の厩戸皇子と来目皇子の兄弟にそれぞれ嫁いでいたことになるよ。来目皇子が六〇三（推古十一）年に新羅遠征途上の志摩で薨じてしまったので、田眼皇女は舒明天皇と再婚したんだ。

智彦　来目皇子の陵は大阪府羽曳野市の埴生崗上墓（塚穴古墳）だよ。この陵には大規模な外堤があって、石舞台古墳のものと似ているんだ。なぜ馬子のものと似ているのか謎となっているよ。馬子が用明天皇と知っていれば、父と子の墓が似ていてもおかしくないとわかるんだ。また、太子町の磯長谷には敏達天皇陵、用明天皇陵、推古天皇陵、孝徳天皇陵、聖徳太子廟があって「王陵の谷」とも呼ばれ、蘇我氏にゆかりある人たちが葬られているのに、来目皇子だけは埴生崗上墓で、離れていることも疑問なんだ。

翔　磯長谷は厩戸皇子以降に蘇我氏の墓域になったと考えたらいいんだ。敏達天皇陵は、もともとは母の石姫の陵だろ。敏達天皇が崩御したあと陵の造成は捨て置かれたままで、やっと埋葬の運びとなったところが母親の陵なんだ。石姫の陵が磯長谷になった理由はわからないけど、このときの磯長谷は蘇我氏のための墓地ではなかったんだ。次に来目皇子が薨じたときも磯長谷は来目皇子にふさわしいとは考えられてなくて、羽曳野が選ばれたんだ。ところが、厩戸皇子は磯長谷をいたく気に入って、自分の死後は磯長谷に葬るように遺言したんだ。厩戸皇子が磯長谷に葬られたのち、そこは蘇我氏の陵墓地となって次々に蘇我氏天皇が葬られるようになったんだ。それが来目皇子の陵が離れている理由だよ。

智彦　用明天皇陵と石舞台古墳の墳丘規模や形が似ているのは、同一人物のものだからだね。馬子（用明天皇）が生前つくらせていた石舞台古墳は、馬子の死後に造成が取りやめとなり、磯長谷にあらためてつくられたので封土がないのかな。

ところで、飛鳥が二カ所あることを知っている？　現在の明日香村のことはよく知られているよね。もう一つ、羽曳野市から太子町にかけても飛鳥なんだ。「飛鳥」をなぜ「あすか」と読むのかも謎だね。『古事記』では水歯別王（反正天皇）が「明日、大和に入る」と言って泊まったところが難波に近い「近つ飛鳥」、翌日泊まったところが「遠つ飛鳥」と呼ばれるようになったとあるよ。もちろん真実とは考えられていないよ。語源は、

①渡来人が安住の地を得たことによる安宿　／　②アが接頭語でスクが村

③インド・アショカ王の転　／　④鳥のイスカの転

⑤崩地や洲処など地形説　／　⑥スカは神聖な地という聖地説

が候補として挙がっているが、ボクは仏教の聖地説だと考えているよ。斑鳩が「曼荼羅」を意味したように「あすか」も仏教にちなむもので、これも厩戸皇子が名づけたとみているんだ。仏教系の幼稚園や保育園の名で「ルンビニ」や「アソカ」というのを聞いたことがないかい？　マーヤー夫人がルンビニー園のアソカ樹の下で釈迦を出産したことから仏教系の保育施設では好んでつけられているようだよ。厩戸皇子はこの「アソカ」を自分が気に入った土地の名に持ってきたんだ。それが「あすか」だよ。だから「近い、遠い」は天竺（西）に近いか遠いかということになるね。

日夏　「あすか」が「アソカ」からきたのはわかったわ。でもそれがどうして飛鳥になるの？

智彦　斑鳩のジュズバトと同じように、飛鳥も鳥が関係しているからだよ。ただし、④のイスカではなくてコノハズクだよ。

翔　そうなのか？　コノハズクは木に止まったままで飛びまわる鳥の感じがしないな。

日夏　飛んだとしても昼間ではなくて夜のイメージで、「明日」の字にふさわしくないわ。

智彦　だから今まで誰も気づかなかったんだ。漢字で「角鴟（角があるトビ）」とも書かれるように古代、コノハズクは良く飛ぶトビの仲間とみられていたんだ。だから「飛鳥」なんだよ。

日夏　それでは仏教の聖地とは結びつかないわ。智彦は飛躍しすぎじゃない？

翔　わかったぞ。鳴き声からだな。

智彦　正解。コノハズクは声の仏法僧とも呼ばれるように「ブッポウソウ」と啼くんだ。厩戸皇子のつくった十七条憲法の第二条は「篤く三宝を敬へ、三宝とは仏・法・僧なり」だよ。磯長谷は「近つ飛鳥」だから皇子がいかに磯長谷を気に入っていたかがわかるね。

日夏　悔しぃー。

翔　まあ、落ち着いて。鳴き声のことを知らなければわかるものではないよ。

智彦　長い間コノハズクの声はブッポウソウのものと取り違えられてきたんだ。だが、それは鎌倉時代あたりからのことで、それ以前の厩戸皇子の時代ではブッポウソウと鳴くのはコノハズクと正確に捉えられていたようだよ。

万葉集に隠された人麻呂の思い

翔　斉明天皇が即位したあと異常なできごとがあっただろ。「空中にして龍に乗れる者有り、貌、唐人に似たり。青き油の笠を着て葛城嶺より馳せて生駒山に隠れぬ。午の時に及至りて住吉の松嶺の上より西に向ひて馳せ去ぬ」、そして崩御のときにも同じようなことがあったよな。「朝倉山の上に鬼有りて大笠を着て喪の儀を臨み視る」即位のときの「龍に乗る笠を着た唐人のような者」と、崩御のときの「大笠を着た鬼」は同じ人（鬼）を指しているのはわかるだろ。その正体は不明とされているが、斉明天皇の夫の舒明天皇（蘇我蝦夷）のほかは考えられないよ。自分を裏切り、蘇我氏をも裏切った斉明天皇の即位と葬送の様子を見定めるために現れたんだ。そしてここでも皇極天皇が創作された天皇だとわかるよ。本当なら皇極天皇即位時に鬼が現れたはずだもの。

智彦　鬼の出現は斉明天皇が舒明天皇の霊に苛まれ、怯えていたことを暗示しているんだ。

翔　六五八年に孫の建皇子が薨じているね。「建王が八歳にして薨去。天皇は『要ず朕が陵に合せ葬れ』と言った」、斉明天皇は孫を溺愛したんだ。紀温泉に行幸したおり、建王を想って詠んだ歌が残されているよ。

山越えて　海渡るとも　おもしろき　今城（いまき）の中は　忘らゆましじ
水門（みなと）の潮のくだり　海くだり　後も暗（くれ）に　置きてか行かむ
愛（うつく）しき　吾が若き子を　置きてか行かむ

日夏　建王は中大兄皇子と倉山田麻呂の娘の遠智娘（おちのいらつめ）との子となっているわ。でも、斉明天皇が自分の娘でもない遠智娘の子を溺愛するとは考えにくいわね。遠智娘は一男二女を生んだことになっているの。ところが一書に曰くで、「娘二人を生んだ」ともあるから、建王は遠智娘の子ではないかもしれないわ。

翔　今度は正解。

日夏　「今度は」は余計よ。

翔　遠智娘は父親の倉山田麻呂の死後（六四九年）、間をおかず死んだのだから建王を六五一（白雉二）年に生むことはできないよ。つまり、建王の母親が誰なのか秘密にされたということさ。それは生むはずのない人が生んだからだよ。そして、生まれた子が斉明天皇に可愛がられるとなると、生んだ人は決まってくるよ。そう、娘の間人皇女だよ。間人皇女が孝徳天皇の子を生んだのなら秘密にしなければならないことは何もないよ。ところが中大兄皇子の子だったんだ。斉明天皇は自分が愛する中大兄皇子と自分の娘の子だったからこそ、孫に異常なほどの愛を注いだんだ。

日夏　かなりゆがんだ愛だわ。「吾が若き子」とまで言い切る、その心が理解できないわ。

翔　六五〇（大化六）年は白雉（しろきぎす）が献上されたことから「白雉（はくち）」に改元されたとなっているよ。実は皇后、間人皇女懐妊の喜びで改元されたんだ。六五一年建王が生まれ、孝徳天皇はいかほど喜んだことだろうか。それが六五三（白雉四）年になって、間人皇女が中大兄皇子と関係していたことがわかり、建王も自分の子ではないと知ったときの絶望は想像を超えるものがあるよ。

日夏　中大兄皇子が間人皇女を連れて難波宮から飛鳥へと移ってしまったときのことね。孝徳天皇の歌は何て悲痛な歌なんでしょう。

智彦　『万葉集』三番で舒明天皇が娘の間人皇女に「弓を鳴らせて知らせようとした」のも中大兄皇子には気をつけろということだったんだ。

翔　建王が薨じた年の十一月、有間皇子が処刑されているね。前年には「気が狂ったふりをした」ともあって、このときすでに身の危険を感じていたんだ。しかし、そのかいもなく命を絶たれてしまったわけだ。

智彦　有間皇子に対して柿本人麻呂はよほどの思い入れがあったと思うよ。『万葉集』巻二の挽歌（ばんか）の最初の歌が有間皇子へのものなんだ。有間皇子は蘇我氏最後の皇子だから、蘇我氏に捧げる挽歌なのかもしれないね。挽歌最初の一四一番、一四二番は処刑が待ち受けているであろう紀の温泉への道すがら、皇子が磐代（いわしろ）で松ヶ枝を結んでうたったものだよ。丸数字についてはあとで説明するよ。

② 磐代の　浜松が枝を　引き結び　真幸くあらば　また還り見む　一四一番

④ 家にあれば　笥に盛る飯を　草枕　旅にしあれば　椎の葉に盛る　一四二番

続く二首は長忌寸意吉麿という正体不明の人が皇子を追想して詠んだものなんだ。

磐代の　岸の松が枝　結びけむ　人は帰りて　また見けむかも　一四三番

磐代の　野中に立てる　結び松　情も解けず　古思ほゆ　一四四番

これに山上憶良の歌が続くんだ。

鳥翔成　あり通ひつつ　見らめども　人こそ知らね　松は知るらむ　一四五番

後見むと　君が結べる　磐代の　子松がうれを　また見けむかも　一四六番

これだけではないよ。巻一の雑歌の中にも有間皇子をうたったものが隠されているんだ。中皇命が紀の温泉にあったとき詠んだものだよ。

① 君が代も　わが代も知るや　磐代の　岡の草根を　いざ結びてな　十番

③ わが背子は　仮廬作らす　草無くは　小松が下の　草を刈らさね　十一番
⑤ わが欲りし　野島は見せつ　底深き　阿胡根の浦の　珠そ拾はぬ　十二番

中皇命は間人皇女のことだね。有間皇子にとって義母にあたるが、二人は年齢的には近かったんだ。孝徳天皇の崩御後、間人皇女と有間皇子は急接近するんだ。歌がそのことを教えてくれているよ。二人の歌を丸数字の順に並べてみると呼応する心がはっきりと伝わってくるよ。

①間人　磐代の岡の草を結んで　命のたすかることを祈ってくだい
②有間　磐代の松枝を結びます、命があればまた見ることもできるでしょう
③間人　わが夫は宿にも困っていることでしょう
④有間　死出の旅で、食事をとる器も無いさまです
⑤間人　ああ、もう取り戻すことのできない珠（命）となってしまったのですね

日夏　ああよかった。間人皇女は中大兄皇子を愛していたのではなかったのね。母親の愛人の子を生むなんて、好きになれない人だと思ったの。建王はしかたがない状況で生んでしまったのね。

翔　処刑の前年、有間皇子が「気が狂ったふり」をしたのも間人皇女が迫り来る危機を伝えたからだな。間人皇女の心が有間皇子に傾いたのをみて、斉明天皇はよけいに建王を可愛がったんだ。そして蘇我氏最後の有力な皇子と皇女が結びつくことは、中大兄皇子にとって危険極まりないことで、処刑は避けられないものだったんだ。

智彦　このことを人麻呂は長年にわたって無念に思っていたので、九首の歌を『万葉集』に残したんだ。

翔　正体不明の長忌寸意吉麿も人麻呂のことで、憶良は同志とみていいのだろうな。

日夏　有間皇子の名は有馬温泉から採ったとされているの。それを「有馬」でなく「有間」としたのは間人皇女との結びつきを慮ってのことなのね。或本にいわくで、処刑のとき皇子は十九歳とされているけれど、何だかわざとらしいわ。六三一（舒明三）年の有馬温泉行幸のときに生まれたとすると二十八歳になるわ。

智彦　ところで、一四五番の憶良の歌のことなんだが、一句目の「鳥翔成」の読みがわかっていないんだ。『万葉集』の注では古来難訓、平安時代には「とりはなる」以後「とりはなす」「あすかなし」「つばさなす」「かけるなす」「ととびなす」「あまがけり」など考えられているが定訓とは言い難いとなっているよ。ボクはむずかしく考えず、単純に「とりとなり」と読んでみたよ。「有間皇子の魂が鳥となって何度も磐代に通ってくるのだが、人々が気づくことはなく、ただ結び松だけが知っている」が大意だよ。

日夏　『万葉集』九番も難読歌なのよ。中皇命の歌と同じく紀の温泉で、額田王（ぬかたのおおきみ）が詠んだとされているわ。

翔　難読歌か。それはオレにまかせておけよ。

智彦　莫囂圓隣之大相七兄爪湯気　わが背子（せこ）が　い立たせりけむ　厳橿（いつかし）が本　九番

というものなんだ。上二句の読み方がわかっていないんだ。

翔　うーん。やっぱり智彦にまかせるよ。

智彦　この歌は歌集のはじまりと言っていい場所に置かれているだけに、古来注目を集めてきたんだ。そのためにさまざまな読み方が考えられているよ。「夕月の仰ぎて問ひし」「夕月し覆ひてなせそ雲」「紀の国の山越えて行け」「さか鳥のおほふな朝雪」「ふけひの浦西つめに立つ」「み吉野の山見つつ行け」「夕月の光踏みて立つ」「静まりし浦浪見放け」などの例が『万葉集』の注に並んでいるよ。

翔　ずいぶんたくさんあるもんだな。「夕月」の例がいくつかあるが、どこらか月が出てきたんだろう。

智彦　「莫」を「暮」と同じとみて「圓」は「円」で、夕方のまるいものからの想像かな。

翔　まるで連想ゲームだな。ならば、オレもひとつ。「隣に住む大きな顔をした七人兄弟の上の兄よ。爪に湯気を立ててまで、いろいろうるさいことを言うんじゃあないよ」ではどうだ？

日夏　おもしろいけれどボツよ。一字ずつ、どのような読み方ができるか調べていくしかないわね。

智彦　「莫」は音読みでは「ボ、モ、バク、マク」だね。『万葉集』では「なし、よひ」の読みもあるよ。似た字の「模、謨」は「ム」と読まれているね。

翔　最初の一字でそんなに読み方があるのか。前途多難だな。

智彦　多岐亡羊ともね。二字目の「囂」は「ゴウ、キョウ、ギョウ、かまびすし」で、万葉仮名の読みは不明だよ。圓は「エン、まろし、つぶら」など。隣は「リン、となり、ならぶ」で、万葉仮名では「り」もあるよ。之は「シ、ゆく、これ、」で「の、が」もあるね。この五文字を一句としていいのかな。

日夏　次が七文字だから、それでいいのでしょうね。

智彦　「大」は「タイ、ダイ、タ、ダ、おほ」だが『万葉集』では「おほ（おお）」と読むようだよ。相は「ショウ、ソウ、あひ、すけ、みる」などだね。「フ」とも読むが「流らふ」「散らふ」などの例からして「大ふ」では合わないね。七は「シツ、シチ、なな」で万葉仮名に「な」があるよ。兄は「ケイ、キョウ、あに」で、万葉仮名では「え」だね。爪は「ソウ、ショウ、つめ、つかむ、とる」だよ。「ソ」と読むと思うんだが、この字は「受」の略字形も考えられるので「ズ」の読みも捨てきれないね。湯気は読み方の例にもあったように「行け」でいいと思うよ。

日夏　次は歌の背景を考えてみようか。わたしは続く十から十二番の歌に関係があるような気がしているの。同じ紀の国の温泉で詠まれたものだしね。そうだとすれば有間皇子の処刑に関わっている歌になるわ。だからわざと難読漢字を使ったのではないかしら。処刑に抗議する歌がすぐに理解できるものだったら、額田王の立場が悪くなってしまうもの。

翔　額田王は有間皇子と間人皇女との仲をひそかに応援していたんだ。

智彦　それで次の十三番の歌が死をもって二人を引き裂いた中大兄皇子のものとなっているんだ。

香久山は　畝火雄々しと　耳梨と　相あらそひき　神代より　斯くにあるらし　古昔も　然にあれこそ　うつせみも　嬬を　あらそふらしき　　十三番

翔　雌山二山が雄山を取り合った感じがするが、香久山と耳成山（みみなしやま）が雄山で、畝傍山（うねびやま）は雌山だよ。香久山が中大兄皇子で、耳成山が有間皇子なんだ。「雄々し」は「愛惜し」がもとの字で、畝傍山が間人皇女だよ。九番は額田王が詠んだのだから「わが背子」は中大兄皇子のことだな。中大兄皇子が矢をつがえて待ち構えているから、その前に早く行ってしまいなさいとの歌なんだ。

日夏　有間皇子が謀反で捕まったのは蘇我赤兄（あかえ）にそそのかされて話に乗ってしまったところ、すぐに裏切られて中大兄皇子に訴えられたのだったわ。では、一句目をどう読むか考えてみようか。

智彦　「莫」は「な」か「む」で、字数から「よひ」ではないね。「囂」は仮に「か」としておくよ。「圓」は「ゐ」「ま」「つ」のどれもありそうだね。「隣」は「り」「と」のどちらかで、「之」は「の」でいいと思うよ。続けるとどうなるかな。「なかゐりの」「むかゐりの」「なかまりの」「むかまりの」「なかつりの」「むかつりの」か。うーん。どれもしっくりこないな。「り」を「と」に替えてもダメだね。

日夏　「圓」を「わ」と読んだらどう？　万葉仮名なら「丸」も「わ」と読むもの。「むかわりの」ならありそうよ。

智彦　それアリだね。でも、言葉としては「むかはりの」となるもので「波」「八」「方」などの字を使うところだよ。「向かはり、迎はり」ならば「以前と同じことがまためぐってくる、報いがくる」などの意味で、「身代はり」なら「身代わり、人質」のことになるね。

翔　それでいこうぜ。額田王は「圓」の字にこだわったんだ。何か深い意味を持たせたに違いないよ。

智彦　では一句目は仮に「むかわりの」としておくよ。二句目の「大」は「お」か「おほ」だろうね。相は「そ」「あ」が候補だが「お、おほ」に続くものとしては「あ」はないね。「そ」か、あるいは「み」が復活というところだね。「七」は「な」、「兄」は「え」、「爪」は「そ」または「ず」で、あとに「行け」がくるんだ。続けるとどうなるかな。「おほそなえそ行け」「おほみなえそ行け」「おほそなえず行け」「おほみなえず行け」などだね。「大備えそ、大備えず」では意味がつながらないよ。「大御萎えず行け」「大忌萎えそ行け」もどうも違うような気がするなあ。

日夏　動作を禁止する「な……そ」と考えて、「な得そ」とは読めないかしら。

智彦　すると「おほみ　な得そ　行け」となるね。「おほみ」は「大御」ではなさそうだね。

翔　「大臣」はどうだ。

智彦　「おほおみ」をつづめた「おほみ」だね。

翔　それなら前に出てきたことがあっただろ。葛城円大臣(かつらぎのつぶらのおおおみ)だよ。『古事記』では都夫良意富美(つぶらのおおみ)となっていたよ。それで円と大臣とがつながるんだ。圓の字は円大臣を連想させるために使われたのではないのか？

日夏　円大臣は眉輪王(まよわおう)と坂合黒彦皇子(さかいのくろひこのみこ)を匿ったために、雄略天皇に焼き討ちされたのだったわね。歌は「かばってくれる大臣を待たずに早く逃れてしまいなさい」とうたっているようだわ。かばってくれる大臣とは誰のことなのかしら。

翔　それは蘇我赤兄だよ。だから兄の字を使っているんだ。「むかはりの」は「報いを受けるであろう赤兄」を指しているんだ。赤兄は円大臣のように身を挺して守ってくれる人ではないと忠告しているんだ。

智彦　有間皇子は蘇我赤兄が裏切ったことに気がついていなかったのかな。

翔　二人とも蘇我氏だから、身内に裏切られるとは思っていなかったのかもな。それに『日本書紀』では有間皇子は斉明天皇の悪政を咎めて謀反を起こしたように書かれているが、皇子自身にはそのつもりはなくて、父の孝徳天皇の敵を取ろうとしていたのかもしれないな。そうなると相手は斉明天皇ではなくて中大兄皇子ということになるよ。皇位をねらったのではなく、敵を取ろうとしたのであれば眉輪王と同じだから、以前あったことがまためぐってきたようなものだな。

大国主神

日夏　六五九年「出雲国造に命じ、神の宮を建てた」とあるわ。この神宮を熊野大社（島根県松江市）とする説もあるけれど、わたしは出雲大社と考えているの。このとき神宮を造営する理由は祟る神を鎮めることにあったの。翔の言うとおり、舒明天皇（蘇我蝦夷）がその祟り神なの。建王の死を舒明天皇の祟りによると考えたのだわ。有間皇子を殺したことも理由の一つに加えられるわ。有間皇子の死によって蘇我氏の有力な後継者は間人皇女のほかは一人もいなくなってしまったんだもの。きっと蘇我氏の先祖を祭る必要があると考えたはずよ。それに熊野帝国の神をこの時期に祭らなければならない理由は見あたらないから、熊野大社ではないわ。熊野大社はもっと歴史が古いのよ。

智彦　出雲大社が大国主神を祭っていることは知られているね。拝殿から見て、内殿内にある神座がなぜ西向きになっているのか謎なんだ。参拝者は横向きの神を拝んでいることになるからね。大国主神は、九州を見ている（本殿の西側に筑紫社がある）や、敵対する新羅を見張っているなどの説があるが、本当はどうなのかわかっていないんだ。

日夏　出雲大社の祭神は大国主神の名を借りた舒明天皇で、祟り神である舒明天皇がこれからは大和を顧みることのないように西を向かせたの。なぜ西かというと、出雲の真西が百済だからよ。舒明天皇は、百済川（曽我川）のほとりに百済宮を建て、崩御後の殯は「百済の大殯」と呼ばれたくらい自分に百済の血が流れていることを強く意識していたわ。それで舒明天皇は大和に背を向け、百済だけを見ていればいいと西向きにされてしまったの。

翔　その考えには賛成するが、出雲大社が蘇我氏の先祖まで祭ったとは言えそうにないな。

日夏　それがね。もう一つ神社があるの。大社本殿の北側で、ちょうど大社拝殿の正面方向に素鵞社（そがのやしろ）という小さな社があるの。この素鵞社で蘇我氏を祭っているのよ。わたしたちが大社に参拝すると、横向きの舒明天皇を拝みつつその先にある、直接は見えない素鵞社をも拝むことになるの。素鵞社は、表向きは大国主神の祖先の素戔嗚尊（すさのおのみこと）を祭っているけれど、それはただ素戔嗚尊の名を借りただけのもので、素鵞の「素」は「す」ではなくて「そ」と読むべきものなのよ。

智彦　大国主神もこのときつくり出されたのではないかな。どうも、国産み神話のときにはいなかった新しい神のような気がするんだ。『古事記』の大国主命は八束水臣津野命のことと思うよ。百済は「大きい国（クダ・ナラ）」の意味というから、舒明天皇こそ大国主（百済主）にピッタリだよ。

翔　『出雲国風土記』では、杵築大社（出雲大社）を「天の下造らしし大神の宮」としているんだ。祭神は天

日夏　皇だと言っているようだね。六六一年、天皇自らが百済救援に向かうことになったのね「船で西に向かい、伊予の熟田津(にきたつ)の石湯行宮(いわゆのかりみや)に泊まった」「三月娜大津に至った」、そして外海に出ることなく、なぜか朝倉に宮をつくったの。「五月朝倉橘広庭宮に遷った」「七月崩御」、病を得たために渡航を取りやめたのでしょうね。皇太子の歌「君が目の　恋しきからに泊てて居て　かくや恋ひむも　君が目を欲り」は中大兄皇子が母、斉明天皇を偲んで詠んだとなっているわ。

智彦　それはヘンだね。どうみても亡くなった恋人の姿を思い浮かべてうたったものだよ。先入観を持たずに読めば、母親を偲んでの歌と感じる人はいないと思うよ。

わざうた

日夏　斉明天皇は新羅を討つために駿河国で船をつくらせたわ。できあがって難波に向かう途中、夜中に理由もなく船の向きが反転して人々は敗戦を予感したというの。また、信濃の国に蠅が大発生して西に向かい巨(おお)坂(さか)を飛び越え、その高さは天に至るほどで人々は敗戦のしるしと思ったとあるわ。そして敗戦を予言するわざうた（童謡）が流行ったのね。

まひらくつのくれつれおのへたをらふくのりかりがみわたとのりかみをのへたをらふくのりかりが
きしとわよとみをのへたをらふくのりかりが

というものよ。もとは漢字で、最初の「まひらくつ」は「摩比邏矩都」となっているわ。この「わざうた」の意味がわからないのよ。

翔　まさか、そのわけがわからないものをオレたちに解読させようなんて思ってないだろうな。

日夏　そのまさかよ。がんばってね。智彦はもう、そのつもりになっているようよ。

翔　猫に木天蓼（またたび）だな。

日夏　ヒントにはならないと思うけれど、江戸時代にこのような訳があるわ。「背が平たい男のつくった山の上の田を雁がやってきて食う、（天皇の）御狩りがおろそかだから雁が食う、御命令がゆるいから雁が食う」

翔　それじゃあ、ますますわからないよ。聞かなかったことにしよう。自分で考えた方がましだよ。

智彦　まず、暗号表のようなものは要らないはずだな。『日本書紀』に書かれているんだから、読む人が読めばわかるといったものに違いないよ。文字の順番を入れ替えたり、何番目かの文字を抜き出したりするものでもなさそうだな。単純に換字することで暗号化されたとみていいのだろうな。

翔　それならば原文の漢字にあたらずに、ひらがなで考えてもいいことになるね。次はどこで区切るかだ。同じことばを繰り返しているところがあるな。「みをのへたをらふくのりかりが」はその前後で区切って良さそうだ。それにその十四文字も七、七に分けたらどうかな。

智彦　七文字または五文字に分ける可能性は高いね。途中で二カ所ある「ふくのりかりが」をその前後で区切るとして、最初の「ふくのりかりが」までは十六文字だね。（七、七、二）や（七、五、四）の組み合わせは考えにくいから（六、五、五）かな。歌の最初は五文字となることが多いので順番は（五、六、五）としておくよ。二番目の「ふくのりかりが」までは十四文字だから（七、七）だね。最後の「ふくのりかりが」までは十三文字だが、二番目のところで「みをのへたをら」が決まっているので（六、七）の順だね。

するとこうなるよ。

まひらくつ　のくれつれお　のへたをら　ふくのりかりが　みわたとのりか　みをのへたをら　ふく
のりかりが　きしとわよと　みをのへたをら　ふくのりかりが

日夏　すごいわね。まさかこんなふうにどんどん進むなんて思っていなかったわ。ひょっとすると本当に解読できるかも。軽く言ってみただけなのに。

翔　もう、スイッチが入ってしまったからね。日夏でも止められないよ。

智彦　今までのは下準備にすぎないよ。これからが勝負だね。次は見合う言葉を探さなくては。どこから見当をつけたらいいのだろう。

翔　ここでも「ふくのりかりが」が鍵だな。うしろから二文字目と四文字目が「り」で繰り返されているだろ。結びのことばの「なり」「たり」などの二文字前が「なり」なら「な」、「たり」なら「た」となっているものを探せばいいんだ。「な□なり」「た□たり」「け□けり」などだよ。

智彦　「いだいて」「あきあめ」「くろくも」「なもなし」「うちうみ」「ましませ」などどうかな。ちょっと前後のつながりがうまくいきそうにないね。「たへたる」はどうだろう。前に三文字加えて「いひつたへたる（言い伝えたる）」などよさそうだよ。

翔　ならば「く」は「ひ」で、「の」は「つ」だから「まひらくつ」は「□□□ひ□」、「のくれつれお」は「つひ□□□□」だな。

智彦　そうだね。ここから□にあてはまる言葉を探していけばいいんだ。それにもう一つ気がついたことがあるよ。六文字の言葉「きしとわよと」だよ。日本語では六文字のものはそう多くはないし、三文字目と六文字目が同じものは見あたらないよ。それで三文字のことば二つをつないだものとみたらどうかな。「おほぢこうぢ（大路小路）」「うみぢくがぢ（海路陸路）」「あさなゆふな（朝夕）」「ひだりみぎり（左右）」などだよ。その中では「あさなゆふな」が前後のつながりが良さそうだね。ここで候補とした字を並べてみようか。

まひらくつ　のくれつれお　のへたをら　ふくのりかりが　みわたとのりか　みをのへたをら
〈□□□ひ□　つひ□□□　つ□□□□　いひつたへたる　□ゆ□なつたへ　□□つ□□□□
ふくのりかりが　きしとわよと　みをのへたをら　ふくのりかりが
いひつたへたる　あさなゆふな　□□つ□□□□　いひつたへたる〉

翔　これだけでは船が反転したことにも蠅が大発生したことにもつながらないな。五九五（推古三）年に「沈水（じん）（沈香（じんこう））」のことが出ていたよな。「みをのへたをら」を「じむつくりむと」としたらどうだろう。沈水は水に沈む木だから「沈む船をつくった」となるんだ。

智彦　そうすると「みわたとのりか」が「じゆりなつたへ」となって意味がわからなくなるよ。

翔　そうか、ダメだな。ちょうど状況に合っていると思ったんだがな。

智彦　それにボクが言い出した「いひつたへたる」も主語が抜けているようで満足できないんだ。

日夏　ちょっと待ってね。ほら、六二七（推古三十五）年にも蠅が大発生したことがあったわ。「蠅が集まってその高さ十杖となる。大空を飛んで信濃坂（しなののさか）を越える。鳴る音は雷のようで、東は上野国（かみつけの）に至って散ってしまった」、これが参考にならないかしら。

智彦　まるで火山の噴火のようだね。

翔　いや、噴火そのものだったんだ。雷のような音は噴火音で、蠅は火山灰のことなんだ。それに翔の「じむつくりむと」の「つくる」を生かして「みをのへたをら」を「□しつくりしと」とすれば言葉がつながりそうだね。いや、ちょっとしっくりこないな。「□しつまりしと」の方がいいかな。それから「まひらくつ」の「とひ」を「問ひ」とすれば、続くのは「の」だろうね。「問ひ」は尋ねるというより取り調べることのような強い感じだよ。もう一度、字を並べなおしてみよう。

智彦　ならば「ふくのりかりが」は「はひつたへたる」と読めるよ。この方が良さそうだね。

まひらくつ　のくれつれお　のへたをら　ふくのりかりが　みわたとのりか　みをのへたをら

〈□□とひの　つひ□の□□　つまりしと　はひつたへたる　□ゆりなつたへ　□しつまりしと

ふくのりかりが　きしとわよと　みをのへたをら　ふくのりかりが

はひつたへたる　あさなゆふな　□しつまりしと　はひつたへたる〉

「□□とひの」は「からとひの」、「つひ□」は「つひえ」が考えられるよ。ならば「つひえのえ□」は「つひえのえき」だね。最後に「□ゆりなつたへ」を「くゆりなつたへ」、「□しつまりしと」を「くしつまりしと」とすれば全部埋まるよ。

からとひの　つひえのえき　つまりしと　はひつたへたる　くゆりなつたへ　くしつまりしと　はひつたへたる　あさなゆふな　くしつまりしと　はひつたへたる

漢字を交ぜるとわかりやすくなるよ。

韓問ひの　潰えの役　詰まりしと　灰伝へたる　燻りな伝へ　屈し詰まりしと　灰伝へたる　朝な夕な　屈し詰まりしと　灰伝へたる

日夏　燻りは煙のことだよ。これなら敗戦を予感させる「わざうた」と言えそうだね。白村江（はくすきのえ）の戦いでは日本軍の舟の大半が火をかけられて灰になったのね。

翔　それなら、船が灰になることが詠み込まれている歌とわかるな。

日夏　よくもまあすらすらと難問を解いてしまったものね。

智彦　ところで、最初のわけがわからない訳に雁が出ていたが、どうして「かり」と言うか知ってる？　カリカリと鳴くからという説が有力で、ほかに春になると北へ帰るからというのもあるんだ。でも、ボクはまったく別の語源を考えているよ。雁の特徴は先頭から逆V字形に広がって飛ぶ姿、雁行陣（がんこうじん）にあるんだ。その形「離（か）り」からきているとみたんだ。

翔　野鳥図鑑によると雁の鳴き声は「クワハハン、クワハハン」だ。カリカリには遠いな。

日夏　わたしも智彦の考えに賛成。それで前からおかしいと思っていたことが解決できるかも。平安時代の装束に「狩衣（かりぎぬ）」があるわ。活動的で動きやすいことから狩のとき着用されたので、その名がついたとされているの。でも、わたしには狩に適しているとはどうしても思えないの。激しい動きをとれば袖が抜けてしまいそうなんだもの。わたし自身で着比べてみたことがないので絶対とは言えないけれど、古墳の埴輪が着用している衣褌(きぬはかま)の方がずっと動きやすそうよ。狩衣は身ごろと袖が離れていて、背中の上方でくくっているのね。そのため肩から脇にかけてV字形の隙間があるの。雁の飛行形態と同じね。その形から「かりぎぬ」となったもので「狩衣」の字はあとからあてたものではないかしら。

智彦　考えられることだね。

翔　二つの大きな古墳があった大分県杵築(きつき)市狩宿(かりしゅく)も「離り」に関係があるのかな?

智彦　あると思うよ。杵築市狩宿は応神天皇が仮の宿を定めたことからついたとの伝承があるが、「地形から」が正しいんだ。全国には狩宿のほかに、仮宿、刈宿、雁宿、借宿などたくさんの「かりしゅく」があるよ。一部に「かりやど」と読むところがあるためか、「かり」を刈り込まれたような急斜面、「やど」は谷間の「やと（谷戸）」とする説もあるんだ。地形的には間違ってないんだが、「かりやど」が湯桶(ゆとう)読みの「かりしゅく」へと全国的に変化したとは考えられないよ。「しゅく」は「透く」で、「山が左右に離り透いた」地形のことだよ。杵築市狩宿は住吉浜リゾートパークの入り口から奈多海岸の手前まで、両側を山に挟まれた細長い低地からついた地名で、川に沿って国道二一三号線が走っているよ。全国各地の「かりしゅく」は都市化が進んで山が削られ、地名の由来を想像することができなくなっているところが多いんだ。その中で比較的「かりしゅく」地形がわかりやすいのが鹿児島県曽於(そお)郡大崎(おおさき)町の假宿と福島県双葉(ふたば)郡浪江(なみえ)町の苅宿かな。そしてボクがもっとも典型的な「かりしゅく」と思っているのが岐阜県中津川(なかつがわ)市田瀬(たせ)の狩宿だよ。

翔　そうだったのか。オレは杵築の狩宿には大きな古墳があったので「夙(しゅく)（陵を守る守戸(しゅこ)、墓守）」からきたかと思っていたんだ。地形からとするのが正解だな。

百済王子と高句麗王子

▽三月二十一日　日本古代史研究会　第二十一回

日夏　天智天皇から蘇我氏ではなくなるのね。どのように進むのかしら。

第三十八代　天智天皇（天命開別天皇）

記述年	西暦	日付	事項
	六一四		生まれる
斉明七年	六六一	七月	（斉明天皇）崩御。皇太子が称制する
		八月	（軍隊を遣わして）百済を救おうとする
		九月	織冠を百済の王子豊璋に授ける（豊璋は舒明天皇紀では豊章の表記）
天智元年	六六二	五月	大将軍阿曇比邏夫ら船師百七十艘を率いて豊璋を百済国に送り、その位を継がせる
天智二年	六六三	六月	豊璋が福信を斬って首を醢にした
		八月	（白村江で）日本と大唐の船師と戦い、日本が敗れる。豊璋は高麗に逃げ去った

天智三年	六六四	二月	筑紫国等に防（さきもり）と烽（すすみ）とを置いた。また、筑紫に大堤（おおつつみ）を築いて水を貯えた
天智四年	六六五	二月	間人皇女薨去
天智六年	六六七	三月	都を近江に遷した
天智七年	六六八	正月	即位
		二月	倭姫王を皇后とする。大唐が高麗を打ち滅した
天智十年	六七一	正月	大友皇子を太政大臣（おおまつりごとのおおまえつきみ）とした
		十月	東宮（もうけのみや）（のちの天武天皇）が沙門（ほうし）となって吉野に入った
		二月	崩御

天智天皇は舒明天皇と斉明天皇の子で、妹が間人皇女、弟が大海人皇子となっているわ。

翔　斉明天皇が崩御したとき、蘇我氏の有力な後継者は間人皇女だけになったんだ。その間人皇女を手の内に入れている中大兄皇子がこのとき一番の実力者でもあり、血筋に関係なく即位できたはずだよ。なのに、即位しなかったのは本人が百済救援に向かったからなんだ。『日本書紀』の同一人物締めくくりではないが中大兄皇子と百済王子の豊璋が同一人物で、「豊璋を百済国に送った」は中大兄皇子自身が百済に渡ったことなんだ。このとき臨時天皇として政治を執ったのが間人皇女で、そのため「間人」の名がついたんだ。六六三（天智二）年に豊璋は福信の首を醢にしているね。

日夏　福信は百済の王の一族で百済復興に力を尽くし、豊璋の日本からの帰国を整えて百済王につけた功労者ね。

翔　百済国内では豊璋より人望があって、軍の実権を握っていたのはしかたないよ。それが気にいらずに斬首してしまったのだから、豊璋に従う百済軍にまともな働きができたはずはないよ。いくら日本が援軍を送っても、白村江の敗北を免れることはできなかったということさ。それに、「醢にした」は塩漬けにしたことなんだ。当時の大陸では敵の首を腐敗させずに長期間にわたって曝す風習があったんだ。それで思い出されるのが蘇我倉山田石川麻呂の死だよ。自死した倉山田麻呂の首をわざわざ斬り落としたとあったろ。「物部二田塩を喚して大臣の頭を斬らしむ」、塩漬けにしたとは書かれていないが二田塩が斬ったことでそのことを暗示しているんだ。かわいそうに娘の遠智娘はその首を見せられ、気が狂って死んでしまったんだ。このことからも大陸の戦時習慣を知っている中大兄皇子と豊璋が重なってくるよ。中大兄皇子は百済王子だったからこそ百済救援に執念を燃やしたんだ。しかし、白村江で日本が敗れ、豊璋は高麗に逃げ去ったよ。

日夏　高麗（高句麗）に逃げた豊璋のその後は、はっきりとした記録がないわ。捕まって唐に連行され、流罪になったともあるけれど伝承の域を出ないわ。

翔　オレは日本に舞い戻ったとみているよ。さすがに百済再興はあきらめて日本の王（天智天皇）におさまり、今度は日本防衛に力を入れたんだ。

智彦　六六四年「筑紫国等に防と烽とを置いた。また、筑紫に大堤を築いて水を貯えた」がそれだね。豊璋は六六二年に百済で位を継ぐとあるから、天智天皇は百済の王でもあったんだ。

日夏　百済の王は第三十代義慈王（六四一～六〇年在位）が最後とされているわ。『三国史記』での余豊璋は王とされていないわ。すでに国が滅んでいたからでしょうね。

智彦　豊璋の王位は「槿花一日の栄」で終わったんだ。

翔　六六八年に大唐が高麗を滅ぼしているから、百済に続いて高句麗からも多くの人民が日本に移住してきたと考えられるな。六七一年「大友皇子を太政大臣とした」はウソだよ。「皇太子」を「太政大臣」に書き換えたんだ。大友皇子は、天智天皇崩御のあと間を置かずに即位したとみるよ。

日夏 次に進むわね。

第三十九代 天武天皇（天渟中原瀛真人天皇）

記述年	西暦	日付	事項
	六二二		生まれる。天智天皇の娘・鸕野皇女（のちの持統天皇）を正妃とした
天武元年	六七三	五月～七月	（壬申の乱）大分君恵尺、稚臣らが活躍した。大友皇子は自死した
天武二年	六七四	二月	即位。正妃を皇后とした
天武三年	六七五	十月	大来皇女が斎宮として伊勢神宮に向かった
天武十年	六八二	三月	川嶋皇子、忍壁皇子らに命じて帝紀及び上古の諸事を作成させた
朱鳥元年	六八六	七月	朱鳥に改元した
		九月	崩御

翔 『日本書紀』では天武天皇が天智天皇の弟となっていることは前にも言ったわ。天智天皇が百済の王子であったように、天武天皇も正統な皇位継承者ではなかったんだ。天智天皇が舒

日夏　明天皇と斉明天皇の子になりすましたことに倣って、天武天皇もその弟になりすましたんだ。

翔　天智天皇が百済の王子なのはわかったわ。では、天武天皇は何者だったの？

日夏　高句麗の王子だよ。渡来してきた王子の何代目かにはなるだろうが、便宜上、王子としておくよ。

翔　何よそれ。何で高句麗の王子が突然、日本の天皇になれるのよ。

日夏　ふつうはなれないよ。だからこそあらたな歴史書をつくって、過去を隠そうとしたんだ。『日本書紀』では、天智天皇も天武天皇も百済王子や高句麗王子であることを主張せずに、連綿と続く大和の天皇の血筋にすっぽりとおさまったんだ。

智彦　高句麗の王子が奈良大和に来たことがあったかな？

翔　奈良大和ではなくて大分大倭にいたんだ。別名の大海人皇子は、尾張大海媛や大分県海部郡の海人族（津守氏）に関係があることを示しているよ。津守氏は『日本書紀』にも何回か出ていたよ。

五四三（欽明四）年十一月「津守連を遣して百済に詔して曰わく（下略）」

五四四（欽明五）年二月「（百済本紀）津守連、日本より来りて詔勅を宣いて任那の政を問う。（名を）津守連己麻奴跪という」

六四二（皇極元）年二月「津守連大海を以て高麗に使すべし」

六五九（斉明五）年七月「大仙下津守連吉祥を唐国に使す」

己麻奴跪は「高麗の子」だな。多国語（高麗、新羅、百済）が話せることで、大分大倭の海事と外交を担っていたんだ。津守連大海が大海人皇子のことだよ。己麻奴跪が高句麗王子で、大海は己麻奴跪の孫か

智彦　曽孫あたりだろうな。母親は国東方面の尾張氏の女性かもしれないね。大海人が胸形君（むなかたのきみ）の娘・尼子娘（あまこのいらつめ）を妃にしたのも、胸形（福岡県宗像（むなかた）市付近）が大分大倭から高句麗への外交ルート上にあったからだよ。大海人は大和王朝とも行き来するようになって、奈良大和においても次第に重用されるようになっていくんだ。智彦の説のとおり、第二回、三回、四回の遣唐使のことが少し詳しく書かれているのは大海人が情報をもたらしたからだろうね。その後、豊璋が白村江で敗れて高句麗に遁走したとき、日本に戻れるよう取り計らったことから命の恩人として厚遇され、大和王朝内で破格の地位を獲得したんだ。
それで、白村江の敗戦の翌年、六六四（天智三）年二月に「大皇弟（ひつぎのみこ）」として出てくるんだね。それまでは大分大倭からの賓客に過ぎなかったが、一気に身内として扱われることになったんだ。

翔　九州の他県にはないのに、鹿児島県内各地に天智天皇の巡幸伝説が残っていることから、おそらく天智天皇は高句麗から日本に逃げ戻ってくるとき、対馬や壱岐付近を通るルートは避けて、鹿児島に上陸したんだ。関係する神社は南九州市の釜蓋（かまふた）神社、指宿（いぶすき）市の枚聞（ひらきき）神社、志布志（しぶし）市の山宮（やまみや）神社などだよ。

日夏　そうだったのか。わたしも何で鹿児島の神社で天智天皇を祭っているのかなと思っていたのよ。

智彦　壬申の乱で大分君恵尺、稚臣が動いたのも大海人皇子が大分大倭の有力者だったからだね。

日夏　大分県大分市羽田（はだ）に大分社（おおいたしゃ）（大分大明神）、片島（かたしま）に片島神社（片島大分社）があって大分君稚臣を祭っているの。この羽田、片島のすぐ西南が津守よ。大海人皇子と津守連、それに大分君との結びつきは当たっているようね。大分大倭に高句麗の王子がいたなんて夢にも思わなかったわ。わたしの想像力ではとうてい到達できないところね。それから翔の言うとおり、壬申の乱のとき大友皇子はすでに即位していたけれど、それを歴史に残すわけにはいかないので皇太子の大海人皇子が太政大臣の大友皇子を討ったことにしたのだわ。

翔　乱のあと大分君稚臣ら大分大倭の有力者が奈良大和へと移っていったため、大分大倭は衰退するんだ。いや、大分大倭の有力者が多数、大和王朝の中枢に入り込むことで二つの王朝が一つの大王朝にまとまったとみるべきかな。ここまで百済系の天皇は何代もあったが、高句麗系は天武天皇がはじめてだよ。壬申の乱で多くの勢力がすでに即位していた大友皇子にではなく、大海人皇子についたのは天智天皇への反発からだよ。六七一（天智十）年正月、天皇は百済人五十余人に一挙に冠位を授けたんだ。「大錦下を佐平余自信と沙宅紹明に、小錦下を鬼室集斯に」というふうにね。それで百済人以外は天智天皇の政治に失望したんだ。わざうたがそのことを言っていたよ。「橘は　己が枝枝　生れれども玉に貫く時　同じ緒に貫く」とね。天智天皇としては自分のまわりを百済人で固めることによって磐石の体制を敷いたつもりだったが、かえって人心は離れ、天皇は何も百済の王族でなくてもよく、高句麗出身の人でかまわないという意識が大和王朝内で醸成されていたんだ。

智彦　ボクたちは壬申の乱の経過を無視していたけれど、乱の流れを見直す必要がありそうだね。

日夏　そうね。どのようにして乱がはじまったかをまとめてみるわ。

六七二年四月まで　吉野の大海人皇子と近江朝の大友皇子は互いに様子見の状態

五月　海人皇子に情報が届く。「朝廷は人を徴し、武器を持たせている。近江から飛鳥まで斥候を配置し、宇治の橋を封鎖した」

六月二十二日　大海人皇子は行動を決意。身毛君広ら三人を不破へ

二十四日　吉野脱出、従うは舎人と女孺の三十余人ばかり。菟田から伊賀を夜行。伊賀の衆数百が来帰

二十五日　高市皇子（たけちのみこ）が合流し、鈴鹿へ。伊勢の国宰が帰順。鈴鹿山道を押さえる。三重評を夜行

二十六日　大津皇子が合流。桑名評家に泊

二十七日　不破へ。尾張国宰の小子部連鉏鉤（ちいさこべのむらじさひち）が二万の衆を率いて来帰

七月

二日　攻撃へ転じる。紀臣阿閉麻呂（きのおみのあへまろ）が数万の兵を率いて伊勢より大和へ、村国男依（むらくにのおより）が近江へ

大海人皇子はわずかな供をつれて東に遁走したと考えられているの。でもこれだけ短期間のうちに逃げながら態勢を整えて、大勢力となるやすぐに反撃に転じるなんて、できすぎだわ。

翔　大海人皇子は逃げ出したわけではないんだ。これは用意周到に計画されたものだよ。

智彦　そうなのか？　兵士もいない状況で二日続けての夜行は必死の逃走のようにみえるよ。

翔　吉野で兵をそろえなかったのは、近江朝の目をくらますためと不破まで一気に移動するためだよ。大軍ではすばやい行動は取れないだろ。吉野にいるはずの大海人皇子は羽の生えた虎となって空を駆け、近江朝が気づいたときには不破に陣取っていたんだ。経路をみても、本当に逃走するのであれば近江朝から離れるように伊勢から尾張へ船で渡るところだけど、吉野から不破まで最短コースをとっているんだ。だから不破が目的地だったことははっきりしているよ。途中で高市皇子や大津皇子がうまい具合に合流できたのも、不破に着いたちょうどその日に尾張から二万の兵が到着したのも、あらかじめ計画されていたからだよ。大海人が行程を急いだのは兵の到着日に合わせる意味もあったろうね。

智彦　どうして兵士がそろっている尾張に向かわず、不破で待ち合わせたのだろう。

翔　位置的、地形的な理由だよ。不破は琵琶湖を横目に近江朝と対峙するところであるし、両側が山だから大軍に攻め込まれにくいんだ。それに、尾張で兵を整えてから出撃したのでは、時間のロスが生じて近江朝に防御態勢を敷く時間を与えてしまうことになるよ。時間が経過すればするほど、すでに即位している大友皇子の方が有利になるのは目に見えているから、大海人皇子は短期決戦でなければならなかったんだ。もう一つの理由は、不破を含む美濃が大分大倭出身者の支配するところであったからだよ。美濃には牟義地名もあるように、先に遣わした身毛君広が治めていたと考えるよ。岐阜県の美濃も牟義も、かつて景行天皇のとき大碓皇子が封じられて始祖となった杵築の美濃の身毛津君の一族が入ってできた地名なんだ。だから不破は鈴鹿の関さえ押さえておけば、敵に背後を突かれる恐れがない場所だったんだ。

日夏　美濃も尾張も大分大倭の人々がつくった国だったのね。だから大海人皇子についたわけか。

翔　さらに言うと、二万の兵も海路で尾張に渡って来た大分大倭の海部の衆だよ。大海人皇子は兵の尾張到着を確認してからただちに行動に移ったんだ。考えてごらんよ。二万の兵が尾張で集められた兵とすると、大海人皇子は自前の兵をまったく持っていなかったことになるよ。その後に参集した兵も含めて、すべての兵が寄せ集めになってしまうんだ。それは考えられないよ。

二万の兵は部隊の核になる兵たちで、その指揮官が大分君恵尺と稚臣だったんだ。大分大倭の有力者二人が単身で大海人皇子のもとに駆けつけたなんてはずはないよ。だから乱の計画は数カ月前からひそかに練られ、周到に準備されていたことは間違いないよ。

智彦　このとき妃の鸕野皇女も大海人と行動をともにしていたんだね。天智天皇の娘でありながら異母弟の大友皇子に内通してないようだね。父親が築いた王朝が廃絶するかもしれないのに反対しなかったのだろうか。

日夏　しなかったのよ。鸕野皇女は冷徹を通り越して、心にカミソリの刃を忍ばせているような人だったの。大海人皇子が皇位を奪い、将来自分の子が天皇になるのであれば天智天皇の血がつながることにもなるでしょ。そのためには大友皇子はむしろじゃまな存在だったのよ。のちに実姉・大田皇女の子の大津皇子さえ殺しているくらいだから、異母弟の命など問題外だったの。この鸕野皇女の性格は生まれつきのものではなく、生立ちによるものよ。幼少期に父親が祖父（蘇我倉山田石川麻呂）を殺し、そのため母親（遠智娘）が狂死するという悲劇に出会わなかったらまったく違ったものになっていたでしょうね。雄略天皇のように自ら動いて殺戮したわけではないけれど、標的に対しては、静かにそして執拗に刃を向けたのよ。大津皇子を殺したあとは、実子の草壁皇子（くさかべのみこ）ともうまくいかなくなったようなの。草壁皇子は数年後に原因不明で夭逝しているわ。その後、天武天皇の第一皇子の高市皇子も四十三歳で原因不明の死となっているわ。さらに文武（もんむ）天皇の即位に反対した弓削皇子（ゆげのみこ）も死んでしまったの。第九皇子とされているからまだ若かったはずよ。

智彦　ちょっと背筋が寒くなってきたよ。

日夏　大友皇子が敗れた遠因は、天智天皇にあったのね。倉山田麻呂を殺し、遠智娘をも死なせてしまったことが大友皇子の死につながったのだわ。

翔　六七五年に大来皇女が斎宮として伊勢神宮に向かっているけど、このときが現在の伊勢神宮のはじまりなのかな。

日夏　わたしもそう思うわ。大来皇女は史料に残る最初の斎宮（さいくう）よ。それに伊勢神宮の第一回遷宮は六九〇（持統四）年だから、伊勢神宮の創建を六七〇年代前半とみてちょうど合うの。遷宮は二十年のうちに一回するようになっているのね。ぴったり二十年でなくてもいいらしいわ。

翔　このときまで大和王朝では大和の周辺部で日神を祭っていたんだ。大和の神「大倭大神」の近くで祭るこ

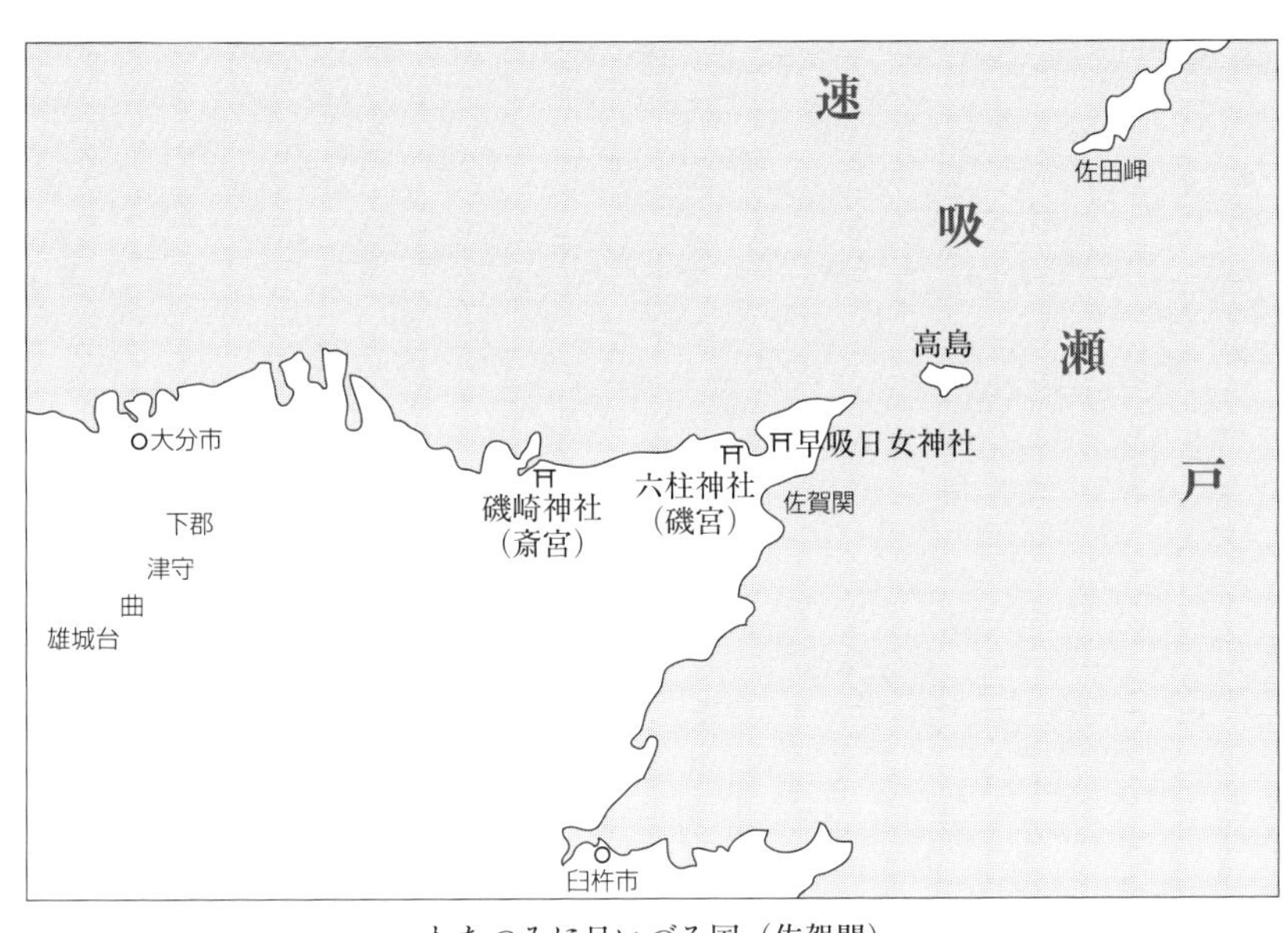

わたつみに日いづる国（佐賀関）

とが憚られたからだよ。六七四（天武二）年四月に大来皇女を泊瀬斎宮に居らしむとあるから、その場所は泊瀬だったんだろうな。ところが大分大倭で育った天武天皇にとっては佐賀関の磯宮こそが日神を祀った神社だったんだ。磯宮は大分大倭から見て東の日が昇る場所にあったから、天武天皇はその日神を奈良大和から見て、東に位置し日が昇るところの伊勢に遷したんだ。佐賀関では海のすぐ向こうに高島が浮かび、速吸瀬戸の先に四国の佐田岬半島が伸びてきているね。伊勢では答志島が浮かび、伊良湖水道の先に渥美半島が伸びてきているんだ。位置だけでなく眺めも似ていたんだな。

智彦　大和王朝が泊瀬で祭っていた日神と天武天皇が伊勢で祭った日神は別の神ではないの？　どうも伊勢の天照大神は天皇家の皇祖神ではないような気がするんだ。

日夏　それ、どういうこと？

智彦　疑問に思ったことを並べてみるね。

①天皇が儀式で天照大神を祭ったとは聞いたことが

ない。

②明治天皇より前に、伊勢神宮を参拝した天皇はいない。持統天皇は伊勢に行幸しているが参拝したとはなっていない。

③斎宮御所が神宮の敷地内ではなくて一五キロ以上も離れている。

④斎宮が神宮に参拝するのは年数回しかなく、しかも神事を司ることはない。

⑤斎宮の代わりに祭りを執り行うのは大物忌という巫女。

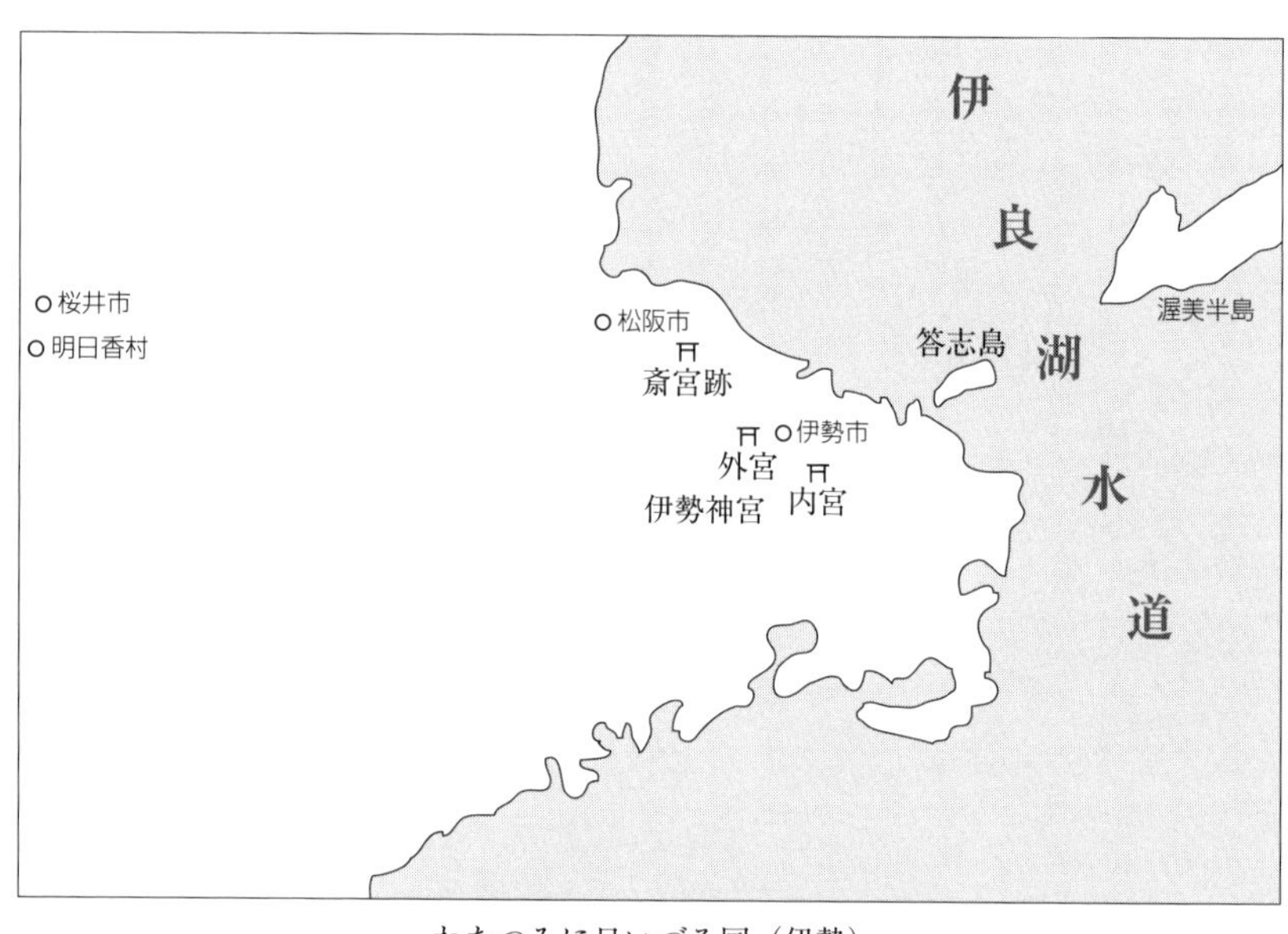

わたつみに日いづる国（伊勢）

日夏 そうね。たしかにおかしいわ。①の天照大神を祭る儀式がないことも、②の神宮に参拝しないことも伊勢神宮の神が天皇家の皇祖神ではないことを示しているわね。③の御所が離れていること、④の斎宮が天照大神を祭ることがないことも同じね。⑤のように大物忌が祭るだなんて、天照大神がまるで祟り神のようだわ。今まで考えたこともなかったわ。そうなると天照大神の正体はいったい何なのかしら？

翔 熊野帝国の大王しかないよ。伊勢内宮ではたぶん帝国最後の大王の磐井を祭っているんだ。外宮は伊勢に派遣されていた将軍を祭ったんだろうな。

智彦　外宮の敷地内に高倉山古墳があるんだが、被葬者は外宮で祭られている豊受大御神かもしれないね。とすると豊受大御神は帝国（素戔嗚系）の神ということになるね。
それにしても斎宮の役目は何だったのかな。大和からわざわざ伊勢まで出かけていって、祟り神を鎮めるための祭りもしないいんだからおかしいよ。

日夏　何もしないのなら斎宮は皇女でなくても良さそうなものね。

翔　御所が神宮から離れているところに鍵があるんだな。

日夏　そうか、斎宮は御所において帝国の怨念を断つ役目を担っていたとしたらどうかしら。御所で祓いの儀式をすることにより、地の神が祟りの通過を阻止するの。それで、御所から奈良大和までは磐井の祟りが及ばないようにしたの。もちろん竹玉を使ってね。だから斎宮御所を「多気（竹）の宮」と呼んだのよ。斎宮は神宮における役目は何もなくて、御所で務めを果たしていたのだわ。

智彦　御所の跡から「竹の輪」がたくさん出てきたらおもしろいね。

翔　当初は「竹の輪」だったとしても、のちに貨幣を使ったのではないか。四角は大地の意味もあるから、四角の穴が開いている方が地の神が願いをよく聞いてくれて効果が大きいと考えたんだ。今後の発掘で和同開珎がザクザク見つかるかもな。

日夏　結局、伊勢神宮も宇佐神宮も出雲大社も祟り神を祭ったものだったのね。

翔　次は六八二年「川嶋皇子、忍壁皇子らに命じて帝紀及び上古の諸事を作成させた」について。

日夏　このときの「帝紀、上古の諸事記録」が『日本書紀』のもとになったと考えられているわ。

翔　『日本書紀』ではなくて『古事記』のもとになったんだ。天武天皇の詔によってつくられはじめた歴史書は『日本書紀』ではなくて『古事記』だよ。それで、『古事記』の序文は天武天皇をべた褒めしているんだ。「道は軒后（黄帝）に軼ぎ、徳は周王に跨えたまいき（中略）、智海は浩汗として潭く上古を探り、心境は煒煌として明らかに先代を観たまいき」とね。さらに、その『古事記』のもとになったのが乙巳の変で蘇我蝦夷が焼いたという『天皇記』『国記』だよ。『天皇記』がつくられたのは推古天皇のときだっただろ。『古事記』が推古天皇で終わっているのもそのためだよ。記紀は『旧辞』を参考につくられたとされているが、『天皇記』『国記』が『旧辞』のことと考えられるな。

日夏　『旧辞』は記紀の前にあったとされる現存していないまぼろしの歴史書のことね。

智彦　あり得るね。「古事」も「旧辞」も訓読みすればどちらも「ふること」だよ。

翔　天武天皇は高句麗人の目で新羅を見ていたので、『古事記』は新羅に対して感情的にはなっていないんだ。ところが『日本書紀』は百済王子である天智天皇のためにつくられたので「百済を滅ぼした新羅憎し」で終始しているんだ。

智彦　天武天皇は『旧辞』のどこをどう変えようとしたのかな。

翔　自分が舒明天皇と斉明天皇との子になりすますために

①天皇家がずっと続いてきたようにした。

②よって百済王子の血を引く蘇我氏天皇を天皇と蘇我氏大臣との二人に分割した。

③自分が奈良大和で生まれ育ったことにして大分大倭の存在を隠した。

④大分大倭の前身の湯布院倭も隠した。

⑤大和王朝を支配していた熊野帝国の存在も隠した。

といったところかな。

日夏　『古事記』は天武天皇が大和王朝の正統な後継者であったかのようにつくられたのね。

翔　ただし、推古天皇で終わっているから天武天皇自身に触れているのは序文だけだよ。

智彦　ところで、天武即位前紀に「遁甲（とんこう）を能（よ）くしたまう」と書かれていたね。遁甲とは忍術のことだよね。そんなに古くから忍術があったのかな。

日夏　そういえば推古天皇のときにも「新羅の間諜を捕らえた」とか「書生に天文・遁甲を学習わしむ」などと書かれていたわ。

翔　オレも気になって調べてみたよ。真偽のほどはわからないが、壬申の乱のとき大海人皇子が多胡弥（たこや）という忍者を使っていたとあったよ。そればかりか厩戸皇子も大伴（おおとも）細人（さびと）という忍者を使っていて「志能便（しのび）」と呼んでいたらしいよ。

日夏　この時代から「しのび」なんていう言葉があったのね。

智彦　「天文・遁甲を学習わしむ」とあるところから、忍術は日本古来のものではなくて朝鮮半島から伝わってきたもののようだね。

日夏　厩戸皇子も忍者を使っていたとすると、仏教伝来が絡んでいそうね。

智彦　敏達天皇のとき百済から馬子に弥勒像を届けたのが鹿深臣（かふかのおみ）だったよ。なんとなく甲賀に似ていると思わない？

翔　うん。服部半蔵も服部という渡来技術者集団の子孫かもしれないな。

日夏　忍者の歴史は思ったより古かったのね。

翔　天武天皇は高句麗流だったんだろうな。あと、陵については智彦にたのむよ。

智彦　このころ、天皇や皇子の陵墓は八角形になってきたんだ。天武天皇・持統天皇陵とされている野口王墓（のぐちおうのはか）、文武天皇陵ではないかといわれている中尾山古墳、斉明天皇・間人皇女陵とみられる牽牛子塚古墳、草壁皇子の陵とみられる束明神古墳など八角形だよ。枕詞「やすみしし」のとき出てきた舒明天皇のものが最初のようだね。墓形が八角形の理由はわかっていないんだ。

①仏教の供養堂である八角円堂から

②仏塔をまねた

③中国皇帝が天地を祀るときの儀場（八角方壇）から

④天皇の高御座に似せた

などが考えられているよ。ボクは補陀落山の形からと思うんだ。補陀落山はインドの南海にあって観世音菩薩がいるという八角形の島のことだよ。

日夏 そうか。法隆寺の夢殿は厩戸皇子の夢に基づいてつくられたというもので、八角形よ。その中央に救世観音菩薩像が安置されていたの。八角形墳は観音信仰からできたのだわ。

智彦 キトラ古墳のことは聞いたことがある？　墓室を囲む四神の壁で知られているが、ボクは墓室天井の星座が気になっているんだ。当時高句麗だった平壌付近の夜空を描いたとみられていて、それはなぜなのか謎となっているよ。でも、天武天皇が高句麗王子の血を引いているならばその周囲に高句麗の人がいても不思議ではないね。壁画がある古墳は天武天皇の皇子あるいは高句麗の王族の陵である可能性があるということだよ。キトラ古墳や近くの高松塚古墳の壁画は高句麗の壁画古墳にとてもよく似ているんだ。マルコ山古墳はキトラ古墳や高松塚古墳の兄弟墳といわれながら、壁画がないのは被葬者が川嶋皇子だからだよ。川嶋皇子は天智天皇の子で百済系だものね。

日夏 いよいよ『日本書紀』最後の天皇ね。

第四十代　持統天皇（高天原広野姫天皇）

記述年	西暦	日付	事項
	六四五		生まれる
朱鳥元年	六八六	九月	即位せずに政治を執る
持統三年	六八九	四月	皇太子の草壁皇子尊薨去
持統四年	六九〇	正月	神祇伯中臣大嶋朝臣が天神寿詞を読む。即位
持統八年	六九四	十二月	藤原宮に遷る
持統十一年	六九七	八月	皇太子（文武天皇）に位を譲る

翔

持統天皇は天智天皇と遠智娘の娘で、天武天皇皇后ね。

六八六年「即位せずに政治を執る」とあるけれど、これは草壁皇子が即位するまでの代理と考えられているんだ。しかし、持統天皇と草壁皇子との方針が一致しなかったために皇子は即位せず、持統天皇がそのまま政治を執ったと考えられないかな。六八四（天武十二）年に「大津皇子、初めて朝政を聴こしめす」とあることから、大津皇子の方が皇太子だったと考えられるね。次の六九〇年正月「神祇伯中臣大嶋朝臣が天神寿詞を読む。即位」だが、この頃に湯布院倭や大分大倭のことをどのように隠してしまうか決まったんだ。自分たちの先祖のことを隠すのだから、祟られることのないように気を使ったんだ。特に大分大倭最恐の祟り神・迦具夜比売に対しては大祓詞をつくって中臣氏が奏上することになり、さらに比売を祭る宇佐神宮もこの頃、創建が検討されたんだ。

日夏　宇佐神宮の造立は七二五（神亀二）年とされているから時期的におかしくないわね。

翔　六九七年に皇太子に位を譲っていて、これが二回目の譲位とされているが、皇極天皇の譲位はつくり話なので、これが最初のものだよ。持統天皇は自分の死によって皇位を継承した場合、文武天皇が即位できるかどうかを非常に危ぶんだようだね。それで過去に例のない譲位という形で直接、確実に引き継いだんだ。二回目としたのは過去に例があったことにして反発をかわすためだよ。これで『日本書紀』は終わりだね。

智彦　ああ、ついにここまできたのか。感慨も一入（ひとしお）だね。

日夏　まだ仕上げが残っているわ。記紀も『万葉集』も『風土記』も完成したのは持統天皇よりあとのことなんだもの。来週、もう少し先までみてからおしまいにしましょう。

終章 日本書紀その後

▽三月二十八日　日本古代史研究会　第二十二回

百人一首

日夏　文武天皇の時代で挙げるべきできごとは一つね。

七〇一（大宝元）年八月、大宝律令完成

翔　このとき大和王朝は日本をほぼ統一したと考えたらいいんだろうな。

日夏　元明天皇の時代には注目されるできごとがいくつかあるわ。

七〇八（和銅元）年三月、藤原不比等が右大臣になる

七一〇（和銅三）年三月、平城京に遷都

七一二（和銅五）年一月、『古事記』撰上

七一三（和銅六）年五月、『風土記』編纂を命じる

翔　藤原不比等が右大臣になったあと、完成間近だった『古事記』の作成が打ち切られたんだ。『古事記』は二十三代顕宗天皇までは詳細に語っているだろ。ところが二十四代仁賢天皇から三十三代推古天皇に至っては、あまりにも簡潔だよ。それまでの記述とは様子がまったく違っているよ。この時代のことは、もとになったと思われる『天皇記』には詳しく書かれていたけれど、その中から蘇我氏が天皇家だったことを消していったら簡素なものになってしまったんだ。それで、これからどのように肉づけしていくか検討しているところで打ち切りとなったんだ。

その後、数十年間、政治の闇の中で眠っていたものを太安万侶の子孫が正当な歴史書であったと装う序文をつけ加えて世に出したんだ。だからその内容は天武天皇の遺志に沿ったものとなっているよ。七一二年の『古事記』撰上はあとでつくられた話で、七一二年は作成が打ち切りになったときだろうね。

日夏　なぜ打ち切られたかは、わたしにもわかったわ。元明天皇と不比等は天武天皇でなく天智天皇のための歴史書作成へと方向転換したのね。それが『日本書紀』なのだわ。そのうえで『日本書紀』の内容に矛盾しないよう地方の歴史を書き換えさせるために『風土記』編纂命令が出されたということね。太安万侶は字こそ違うものの、多氏なのではないかしら。壬申の乱で大海人皇子に従って活躍した身毛君や尾張氏に近い人だったので天武天皇を称えたのだわ。

次に、元正天皇の時代で挙げておくことは一つね。

七二〇（養老四）年五月、『日本書紀』完成

智彦　『日本書紀』は『古事記』とは違って天智天皇のためにつくられたものだから、新羅を信用の置けない、ろくでもない国として扱っているのね。百済王子であった天智天皇は新羅を徹底的に嫌っていたもの。これで、なぜ二つの歴史書がつくられたかわかったね。ここで一つ気がついたことを言ってもいいかな。『小倉百人一首』を知ってる？　百人の歌人の歌を一首ずつ選んだもので、その一番が天智天皇、二番が持統天皇の歌で、最初の二首が父娘のものなんだ。それで『日本書紀』と同じように天智天皇を称える目的でつくられたのかなと思ってね。

翔　百人一首ってカルタだろ。カルタに順番なんてあるのか？

智彦　撰者の藤原定家がほぼ年代順に並べたもので、ちゃんと順番があるんだよ。

翔　そうなのか。それなら何か意味がありそうだな。

智彦　秋の田の　仮廬の庵の　苫をあらみ　我が衣手は　露にぬれつつ　一番　天智天皇
春過ぎて　夏来にけらし　白妙の　衣ほすてふ　天の香久山　二番　持統天皇

翔　どちらも聞いたことがあるな。

智彦　二番は少し違っているものが『万葉集』にもあるよ。

春過ぎて　夏来たるらし　白栲の　衣乾したり　天の香久山　二十八番

翔　二番は持統天皇が「天下を自分のものとした」と受け取れないこともないが、一番は天智天皇を称えるものとしてはちょっとみすぼらしいな。
天智天皇が、農民の苦労を思い、農民の身になって詠んだからとされているよ。

智彦　『日本書紀』のように書き換えたものではなさそうだが、それにしても天皇を称えるためのものにはみえないな。

翔　視点を変えて、百人一首は藤原氏のためのものと考えたらどうだ？　天智天皇と藤原鎌足の結びつきが藤原氏発展の出発点だったろ。そして持統天皇と藤原不比等のときに藤原氏の繁栄の基礎が確立したんだ。だから藤原氏の栄華のスタートとして一、二番に天智天皇と持統天皇の歌をもってきたのではないか。

智彦　そうか、百人一首の最後の二首が昔を偲ぶ歌になっているわけがそれでわかったよ。

人もをし　人も恨めし　あぢきなく　世を思ふゆゑに　物思ふ身は　　九十九番　後鳥羽院
百敷（ももしき）や　古き軒端（のきば）の　しのぶにも　なほあまりある　昔なりけり　　百番　順徳院

定家は「藤原氏がこの世の春をほしいままにした時代のなんと良かったことだろう。それも今は昔となってしまったことだ。武士が世の中を動かすようになってから、藤原氏に残されたものは文学の道だけになってしまった」と嘆きつつ選歌したんだ。一、二番は藤原氏の世のはじまり、九十九番と百番は終わりを告げるものなんだ。

翔　百人一首は天智天皇を称えるためのものではないという結論でいいな。

日夏　ちょっと待って。ここで百人一首が出てくるとは思わなかったので考える時間が欲しくて黙っていたの。わたしも一番、二番の歌は前からヘンだと思っていたわ。だって、戦のときならいざ知らず、天皇が夜露に濡れるような掘っ立て小屋に泊まるはずがないもの。天皇が小屋にいるものとして訳すから「苫をあらみ」が「苫が粗いので」となってしまうのよ。ここは「（昼は稲刈りで忙しく、日が暮れてから）夜露に濡れつつ苫を編んでいる」と訳すところで、詠み人は当然ながら農民だわ。それと二番の「春過ぎて」にどうも引っかかるのよ。あまりにもわざとらしいんだもの。夏が来たことをうたうのであれば「鳴く蝉の」や自分の名の鸕野讃良（うののささら）にかけて「卯の花の」などにすれば良かったのよ。だから二番の歌には「春過ぎて」でなければならない何かが隠されているはずよ。

智彦　言われてみればそのとおりだね。一番は稲刈りの歌だから「仮廬」は「刈り穂」をかけているんだ。今まで気にも留めてなかったよ。稲刈りのために仮小屋をつくるのは田がとても広いからという理由ではなさそうだね。

日夏　広いのではなくて住居から遠かったのよ。大化の改新ではじまった制度の一つに班田収授法（はんでんしゅうじゅのほう）があるわね。六歳以上の者に均等に口分田（くぶんでん）を支給するという一見公平な制度よ。ところがその運用は人間がするのだから、厳正なものではなかったの。有力者には利水が良くて、住居に近い田が支給され、コネがない者には住居から遠い田が支給されたのよ。稲刈りの時期には自分の家から通えないので仮小屋が必要だったの。それに班田収授法が定着したのは持統天皇の頃とされているから、一番の歌は天智天皇の治世より二、三十年あとの歌ということになるわ。

翔　すると、また一つ謎が出たな。藤原定家は作者が天智天皇ではないと知りながら、なぜこの歌を一番にもってきたんだ？　当時なら誰もが知っていて、バレバレだったのではないのか。

日夏　あえて承知でもってきたのでしょうね。天智天皇にはこの歌以外にふさわしい歌がなかったと考えられるわ。どうも「秋」がポイントのような気がしてきたわ。二番の歌が「春」にこだわったあげくの「夏」だものね。

智彦　仮廬について『万葉集』に別の歌があるんだ。

秋の野の　み草刈り葺き　宿れりし　宇治の京の　仮廬し思ほゆ　　七番

額田王の歌で、宇治に行幸したのときの仮廬がなつかしいというものなんだ。天皇も行幸のときには仮小屋に泊まることもあるのがわかるね。この歌があったので、定家は一番に歌を引っ張ってきても許されると思ったのではないかな。

日夏　行幸が秋とは限らないけれど、ここではやはり秋ね。

翔　当時、人に季節をあてることがあったのではないのか。ならば天智天皇が「秋」で持統天皇が「夏」だな。天武天皇は「春」なんだ。天武天皇の時代が終わって持統天皇の世になったから「春過ぎて　夏来にけらし」なんだよ。

智彦　すると百人一首にはないが「冬」が大友皇子だろうね。秋（天智天皇）から冬（大友皇子）を経て春（天武天皇）になったが、やがて春も終わり天智天皇の娘である持統天皇の夏になったということか。「春」と「秋」にあたる人物について詠んだと思われる『万葉集』の歌を思い出したよ。これも額田王の歌だよ。額田王は、はじめ天武天皇に嫁してその後、天智天皇の妃になった人だね。天智天皇が春山と秋山のどちらがいいか問うたときに額田王が答えてうたったんだ。

冬ごもり　春さり来れば　鳴かざりし　鳥も来鳴きぬ　咲かざりし　花も咲けれど　山を茂み　入りて

も取らず　草深み　取りても見ず　秋山の　木の葉を見ては　黄葉(もみじ)をば取りてそしのふ　青きをば
置きてそ歎く　そこし恨めし　秋山われは　十六番

翔　額田王は当然「秋山」を選んだよ。天智天皇本人を前にして天武天皇を指す「春山」とはとても答えられないよね。人に季節をあてるというのは正解なんだ。持統天皇の季節が夏なのは、その名前の鸕野讃良からではないかな。「さらら」は仏教にちなんで、沙羅(さら)双樹(そうじゅ)のこととみたんだ。

智彦　沙羅双樹の花期は五月から七月となっているから当たりかも。

日夏　元号の朱鳥(あかみとり)も気になってきたわ。朱鳥は朱雀(すざく)のことよね。朱雀は高松塚(たかまつつか)古墳やキトラ古墳の壁画にあるように方角なら南、季節ならば夏を意味しているのよ。

智彦　朱鳥は天武天皇の元号だよ。

日夏　そうよ。六八六年七月、天武天皇のときに改元されたのね。天武天皇の病気快癒を願っての改元と考えられているわ。でも、天武天皇は九月には崩御して、あとを継いだ持統天皇がそのまま朱鳥の元号を使い続けたの。何だか怪しいと思わない？　天武天皇は七月すでに崩御、その死を隠したまま持統天皇の世になったことを意味する朱鳥に改元。九月になって大津皇子(おおつのみこ)を倒す準備が整ったところで天武天皇の崩御を発表、ただちに大津皇子を討った、とは考えられないかしら。

翔　ありそうだな。草壁皇子(くさかべのみこ)は外連(けれん)のない人で、そのようなやり方が気に入らずに母から離れていったのかもしれないな。関係ないと思った百人一首からいろんなことがわかったな。

智彦　「濡れて乾す　衣が百の　父と母」という川柳もあるが、天智天皇と持統天皇が藤原氏の父母役を務めたんだ。

翔　ところで、この時代については隼人(はやと)や蝦夷(えみし)の反乱にも目を向けておきたいんだ。隼人は七〇〇（文武四）年、七〇二（大宝二）年、七一三（和同六）年、そして元正天皇の七二〇（養老四）年に反乱を起こしているよね。特に養老四年は時を同じくして陸奥(むつ)の蝦夷も反乱しているよ。

智彦　わかった。智彦は隼人と蝦夷を熊野帝国の末裔とみたんだな。

翔　そうなんだ。隼人は古代、南九州に居住していた一部族とされているよ。陸奥の蝦夷も異民族とされ、アイヌ説もあるよ。ボクは隼人を南九州で帝国に従っていた人々と考えたんだ。そして蝦夷は関東や北陸に派遣されていた帝国のいくつかの部族が大和王朝に圧されて陸奥へと流れていったとみたんだ。

翔　そうかもしれないな。たしか陸奥には安東(あんどう)氏という謎の豪族がいたんだよな。安東の名が「倭の五王の安東将軍」からきていたとしたらおもしろいな。

日夏　安東氏は鎌倉時代から南北朝にかけての話ね。一概に否定はできないわね。帝国の残勢力が北へ北へと落ち延びて陸奥を最後の砦として栄えたのが安東氏かもしれないもの。青森県、岩手県、宮城県のいくつかの神社の祭事・七つ子参りは数え年七歳の男児の初参りのことなの。思い出すでしょ。武内宿禰が七歳で熊襲(くまそ)王の川上梟帥(かわかみたける)を訪ねて「タケル」の名を受けたこと。品陀和気命(ほんだわけのみこと)（応神(おうじん)天皇）も七歳のとき伊奢沙和(いざさわ)気大神(けのおおかみ)から名を受けたこと。百済の蓋鹵(がいろ)王は子の嶋君(しまきし)が七歳になったとき、七支刀をつくって帝国大王の武に贈り、のちに嶋君が武寧(ぶねい)王となったことを。七つ子参りが帝国の遺習ならば、陸奥の蝦夷を帝国の生き残りとみることもできそうね。
このあと聖武(しょうむ)天皇、孝謙(こうけん)天皇、淳仁(じゅにん)天皇、称徳(しょうとく)天皇、光仁(こうにん)天皇の時代で挙げることは一つだけよ。

七五九（天平宝字三）年頃、『万葉集』完成

智彦　『万葉集』は『日本書紀』のウソを訴えるために出されたんだ。巻一、二は大伴家持が撰者ではなくて柿本人麻呂の撰によるもので、その内容からすれば七二〇年代にはできあがっていたはずだが、その時点では発表できなかったんだ。巻二の挽歌には皇子や皇女の死を悼む人麻呂の歌がたくさんあるよ。しかし、天智天皇や天武天皇への歌が一首もないんだ。まるで人麻呂は天智天皇や天武天皇を嫌っていたようだね。家持は時を経てもこの巻一、二をそのまま世に出せば、やはり危ういと考えて、あと十八巻つけ加えて国民の歌集の体をとり、政権中枢の目を逸らせようとしたんだ。

翔　そのとき、『古事記』もそっと世に出されたんだよ。あたかも七一二年に完成し、すでに発表されていたかの如くにな。多氏と思われる太安万侶の子孫と大伴氏の家持は連携していたのだろうな。

大倭夢の跡

日夏　記紀万葉の探究はこれで終わりね。あと気になるのは六〇〇年代の大分大倭の都が大分のどこにあったのかだけよ。崇神天皇から垂仁天皇、景行天皇、成務天皇にかけては大分川下流右岸の牧、下郡、曲、雄城台だったわね。

智彦　遣隋使や遣唐使を送り出す力があったのだから、それに見合う遺跡があってもいいはずだよね。

翔　ところが大分にはそれらしい遺跡も古墳もないんだ。

智彦　近い時期でいいなら、別府市実相寺の鷹塚古墳（六世紀後半）や大分市宮苑の千代丸古墳（七世紀初）があるよ。でも半世紀ほど前のものだね。それに両古墳の被葬者は地方の王であったとしても大分大倭の大王であったとは見難いよ。

日夏　どうしてこの時代の遺跡が見つからないのかしら。

翔　①まだ見つかっていない。または気づいていない。
②中世から現代に至るまでの開拓により消滅した。
③大和王朝によって破壊され消滅した。
④オレたちの間違いで大分大倭などなかった。
のどれかだな。

日夏　ここまできて④はないわ。きっと大和王朝によって隠されたのよ。

翔　大分大倭の位置は『隋書』俀国伝が参考になると思うんだ。その「邪馬台国に関する記述」は信憑性に欠けるとしても、隋の使節が直接もたらした俀国の様子は信用していいと思うよ。

智彦　『隋書』俀国伝には次のようにあったよ。
「気候温暖にして草木は冬も青く土地は肥沃で水辺多く陸地少なし。鵜を水に潜らせ魚を獲る」「死者は棺槨におさめる、葬に及び屍を船上に置き、陸地へと牽く」と。「水辺多く、陸地は少なし」は海に近くて川が多いということ、海から背後の丘陵地までの土地に奥行きがないということで、陸地がまったくないという意味ではないね。「鵜で魚を獲る」とあるから大きな川もあったんだ。「屍を船上に置き、陸地へと牽く」では海から川辺をさかのぼったのかな。近江毛野臣の葬送に似ているね。

翔　やっぱりむずかしいな。決め手になるものがないからな。それらしい遺跡や古墳がなくていいなら、候補地は大分市の原川と乙津川に挟まれた一帯だよ。現在は仲西町、寺崎町、山津町、乙津町、皆春といった地域だね。二つの川の間にもう一つ今堤川も流れ、川の多いところなんだ。今は埋め立てられて海は遠くなっているが、背後に大きな丘陵が迫っていて、昔は海岸から丘陵までの幅はあまりなかったろうな。乙津川のすぐ東が大野川で、丘陵を登ると小池原、千歳、その奥が猪野、葛木だよ。丘陵地帯も含めてこのあたりには古墳がまったくないな。

智彦　大分市全体をみると西部の大分川の両岸、それから東部の大野川右岸にはたくさんの古墳があるよ。でも中部の大野川左岸にだけは見あたらないよね。

翔　だろ。ほかの場所にはたくさんあるのに、この地域だけまったくないというのがかえって怪しいとは思わないか。消滅させられたということもあるかな。

智彦　見つかっていないだけかも。このあたりから古墳が発見されれば大分の古墳の「空白地域」を埋めると同時に「空白時代」をも埋めることができるんだがなあ。

日夏　仲西町から小池原に上がったところにある白鳥神社や乙津港町から千歳に上がったところの千歳天満社、小池原の八坂神社のあたりはどうかしら。

智彦　近辺に古墳はないが、地蔵原遺跡があるよ。弥生中期から平安前期までの複合遺跡で、五世紀から六世紀にかけての多数の住居跡があって、奈良時代の掘立柱建物跡からは瓦葺のものや倉庫などもあったと推定されているよ。大分大倭の名残の可能性なきにしもあらずだね。

翔　それと第四回の遣唐使は「難波の三津浦から出発した」という手記があったとされていたな。原川と乙津川の間の海岸部は、原川、今堤川、乙津川の三つの川にちなんで三川地名なんだ。「難波の三津浦」は三川かもしれないよ。

日夏　そのあたりは近年まで良港があったみたいよ。江戸時代、熊本の細川氏が参勤交代のとき鶴崎（三川の東側）から海路を採ったとされているわ。「三津浦＝三川」については、直接的証拠はないけれど、地形状況から見込みアリね。大分市中部については今後の遺跡発見に期待したいわ。さあこれで、わたしたちの古代史の旅はすべて終わりよ。当初目指した「カモメ飛ぶ大和」にも行きついたし、「日本がどのようにしてできあがったのか」もわかったわ。思ってもみなかった熊野帝国の存在も浮かび上がって、とてもおもしろかったわ。

智彦　一三〇〇年間待ち続けた『日本書紀』執筆者の魂も平静になれるかも。

翔　だが、オレたちの説が世の中に認められるようになるには相当の時間がかかるだろうな。

日夏　それはそうよ。都が「宮」から「京」になったときでさえ、代々の遷都がなくなるのに百年以上要したんだもの。わたしたちは幼いときから「日本をつくったのは大和王朝」と刷り込まれているので、その意識が変わるには数世代にわたる時の流れが必要でしょうね。でも、他人がどう思おうといいじゃない。わたしたちが納得できるものであれば。

主要参考文献

■書籍ほか

『持田古墳群』　宮崎県教育委員会　一九六九年
『日本国語大辞典』　小学館、一九七三年
毎日新聞社編『古事記の証明　ワカタケル大王と太安万侶』毎日新聞社、一九七九年
『日本古典文学大系１　古事記・祝詞』岩波書店、一九八一年
『日本古典文学大系２　風土記』岩波書店、一九八一年
『日本古典文学大系４　万葉集１』岩波書店、一九八一年
『日本古典文学大系67　日本書紀上』岩波書店、一九八一年
『日本古典文学大系68　日本書紀下』岩波書店、一九八一年
斎藤忠著『猪群山　山頂巨石群の研究』猪群山を有名にする会、一九八三年
敷浪迪著『古語新解』国書刊行会、一九八四年
谷川健一編『日本の神々　神社と聖地　第一～七巻』白水社、一九八四～八六年
藤井綏子著『九州ノート　神々・大王・長者』葦書房、一九八五年
宇佐公康著『宇佐家伝承古伝が語る古代史』木耳社、一九八七年
藤井綏子著『古代幻想　旅人の湯布院』海鳥社、一九八八年
農文協編『野菜園芸大百科18巻』農山漁村文化協会、一九八九年
浜口哲一・森岡照明・叶内拓哉・蒲谷鶴彦著『日本の野鳥』山と渓谷社、一九九一年

井沢元彦著『逆説の日本史Ⅰ　古代黎明編』小学館、一九九三年
李寧熙著『甦る万葉集　天智暗殺の歌』文藝春秋、一九九三年
井沢元彦著『井沢元彦の世界宗教講座』徳間書店、一九九四年
橋昌信著『日本の古代遺跡49　大分』保育社、一九九五年
白川静著『字通』平凡社、一九九七年
加藤貞弘著『「和名抄」大分県古地名の語源と地誌』古国府歴史研究会、二〇〇三年
吉村靖徳著『九州の古墳』海鳥社、二〇一五年
『史跡　本庄古墳群保存管理計画書』国富町　二〇一六年

■新聞

大分合同新聞、二〇〇〇年十一月十三日、日曜文化
大分合同新聞二〇〇四年四月二十四日、韓国忠清文化財研究院「韓国に日本式横穴墓群」
読売新聞、二〇〇四年十二月九日「大王と海」

■インターネット

九州年号総覧（http://www.furutasigaku.jp/jfuruta/nengo/nengou.html）

田原明紀（たはら・あきのり）
1953年大分市に生まれる。大分大学経済学部卒。主な著書に『わたしの魏志倭人伝』（海鳥社，2016年）がある。
大分県臼杵市在住。

探証 日本書紀の謎　中学生が解き明かすこの国のはじまり

■

2021年1月25日　第1刷発行

■

著者　田原　明紀
発行者　杉本　雅子
発行所　有限会社海鳥社
〒812-0023　福岡市博多区奈良屋町13番4号
電話 092（272）0120　FAX 092（272）0121
http://www.kaichosha-f.co.jp
印刷・製本　モリモト印刷株式会社
［定価はカバーに表示］
978-4-86656-094-6